망령의 포로

문재인과
아베 신조

망령의 포로

문재인과 아베 신조

머리말

　작금의 한일 관계는 한치 앞을 예측할 수 없이 복잡하고 점점 어려운 국면으로 접어들고 있다. 이미 경제전쟁이라고 일컬어질 정도로 관계는 악화되고 있고, 북한의 비핵화 문제를 놓고 전전긍긍하고 있다.

　2019년 대한민국 대법원의 일제 강제징용 손해배상 사건 배상 판결 및 해당 기업의 자산 압류, 매각 명령에 대항해 일본이 한국에 대해 단행한 일련의 경제제재 조치가 시발점이다. 2019년 7월 1일자 일본 정부의 공식 입장은 '한국에 대한 보복이 아닌, 기존의 수출 구조 재정비에 따른 조정일 뿐'이며, '국제 평화와 안전 유지를 위해서'라고 밝히고 있다. 같은 날 일본 경제산업성이 반도체 및 디스플레이 제조 핵심 소재의 수출을 제한하기로 발표하면서 본격적으로 한국에 대한 경제제재에 돌입하였다.

　문재인 대통령이 결국 '한일군사정보보호협정 GSOMIA'을 연장하지 않기로 결정했다. 표면적으로는 일본의 한국에 대한 수출 금지 및 화이트리스트 배제 조치에 맞대응하는 결단이라지만, 속내는 다른 데 있는 것 같다는 일부 전문가들의 의견도 있다. 바로 자녀 표창장 위조 문제 등 각종 의혹으로 벼랑 끝에 몰려있는 조국 법무부장관을 지키기 위한 불가피한 선택이라는 것이다. 정말 그게 사실이라면 어처구니없는 일이다.

　게다가 한국은 한국대로 또 일본은 일본대로 각각 복잡한 국내 문제로 속을 태우고 있다. 한국은 좌경화되어 가는 정국에 온 나라가 흔들리고 있으며, 일본은 우경화되어 가는 현실 속에서 애꿎은 일반 국민들만 근심이 가득하다.

이 책은 이렇게 어려운 난국에 처해 있는 두 나라의 정치 상황을 몇 가지 요인에 의해서 분석·진단해 보고자 하는 데 목적이 있다.

먼저 두 나라 국가수반의 성장배경과 주변 사람들과의 인간관계 혹은 조직 분위기를 살펴보도록 한다. 문재인 정부의 좌경화와 아베 신조 정부의 우경화, 그 원인과 현상 및 장래의 상황을 조망하는 것은 나름 의미가 있을 것이다.

정치politics에 대해 가장 널리 쓰이고 있는 학문적인 정의는 데이비드 이스턴David Easton이 내린 '가치의 권위적 배분authoritative allocation of values'이다. 또는 정치를 국가의 활동에 초점을 맞추어 정의하는 경향도 있는바, 대표적으로 막스 베버는 정치를 '국가의 운영 또는 이 운영에 영향을 미치는 활동'이라고 정의하고 있다. 80년대 이후 포스트모더니즘의 영향으로 정치를 국가의 영역뿐 아니라 모든 인간관계에 내재된 권력관계로 정의하는 경향도 생겼다. 이와 같이 정치는 '배분', '국가 혹은 정부의 활동', '권력관계'라고 하는 세 가지 측면에서 정의되고 있으며 어느 한 측면도 소홀히 여겨질 수는 없다. 가장 이해하기 쉬운 정치의 정의는 아마도 해롤드 라스웰Harold Lasswell이 말한 "누가 무엇을, 언제, 어떻게 갖느냐Who gets what, when and how"라는 것일 것이다. 라스웰 또한 정치를 '배분'의 측면에서 정의하고 있음을 알 수 있다.

정치라는 말은 고대 중국의 유가 경전인 《상서》尙書에서 '道洽政治'라는 문장으로 처음 등장한다.

'정치'政治에서 '정'政은 특히 자신의 부조화로운 면을 다스려 극복하는 것을 의미한다. '치'治는 특히 다른 사람들이 스스로 자신들의 부조화로운 면을 극복할 수 있도록 돕는 것을 뜻한다. 따라서 정치政治는 자신과 다른 사람의 부조화로운 것, 부정적인 것을 바로잡아 극복하는 일이다. 이러한 의미에는 다른 사람을 지배한 다는 의미가 들어있지 않으며, 다른 사람을 돕는다는 의미가 주를 이루고 있다. 정치政治는 다른 말로는 수기치인修己治人, 즉 자신을 닦은 후 남을 돕는 것이다. 따라서 정치가政治家는 먼저 자신의 부조화로운 것, 네거티브한 것, 즉 천지자연의 이치에 조화하지 못하는 자신의 부정적인 측면을 다스려 극복한 후, 그것을 바탕으로, 다른 사람의 어려움, 곤란함, 부조화로운 면을 제거하는 것을 도와줄 수 있는 사람, 즉 군자 또는 성인을 의미한다.

그런데 현실은 어떠한가. 한국의 문재인은 인간 노무현과의 만남을 운명이라고 말하고 있다. 그를 통해서 정치에 입문했고 그와 더불어 한 시대를 풍미했으며, 운동권 세력의 포로가 되어 좌충우돌하고 있지 않은가. 앞으로 그를 이을 후계자는 또 누구인가. 한편 일본의 아베 신조는 정치 명문가에서 태어나 어른들의 무릎 위에서 밥상머리 교육으로 정치를 배워 어릴 적부터 싹터온 개성이 강하다. 그의 정치 스승인 외조부로부터 군국주의의 싹을 키웠고 일본회의라고 하는 집단에 의해서 좌지우지되고 있다. 그의 심복은 또 누구인가.

이러한 내용들을 하나하나 더듬어 살펴보도록 한다. 이 책을 쓰게 된 계기는 근자에 우리나라에서 숨가쁘게 불어닥치는 정치 바람 때문이다. 세월호 침몰, 각종 촛불시위, 국정농단, 전직 대통령 탄핵, 좌파정부의 등장, 끝없는 태극기 부대, 조국 게이트의 폭발 등 하루도 조용히 넘어가는 날이 없다.

끝으로 이 책의 출판에 많은 도움을 주신 한올출판사 임순재 사장님과 최혜숙 실장님 그리고 관계자 여러분의 노고에 깊은 감사의 말씀을 드린다.

2019년 10월

저자 씀

차 례

Part 01

문재인

인간 문재인

운명이다

운동권 세력 망령의 포로

문재인의 심복

인간
문재인

인간 문재인

개 요

문재인文在寅, 1953년 1월 24일~ 은 대한민국의 제19대 대통령이다. 본관은 남평南平
이다.

경희대학교 재학 시절 학생운동을 이끌며 박정희 유신 체제에 항거하다가
1975년 서대문구치소에 투옥됐고 대학에서 제적당했다. 출소 후에는 신체검사
도 받지 않은 상태로 군에 강제 징집되었다. 특전사를 제대한 후 복학해 다시 학
생운동을 이끌며 전두환 군부 독재에 항거하다가 1980년 청량리구치소에 투옥
됐으나, 조영식 경희대 총장의 신원보증으로 옥중에서 사법시험에 합격하면서
석방되었다. 1982년 사법연수원을 최우수 성적으로 수료했으나 학생운동 전력으
로 판사 임용이 거부되자 부산에서 노무현 변호사와 합동법률사무소를 운영하

며 인권변호사로 활동했다.

2003년에 참여정부의 초대 대통령비서실 민정수석을 역임했다. 2004년, 자리에서 물러나 히말라야 산맥으로 트래킹을 떠났으나, 도중에 노무현의 탄핵 소추 소식을 듣고 즉시 귀국하여 변호인단의 간사를 맡았다. 2005년 다시 청와대에 들어가 대통령비서실 시민사회수석, 민정수석, 정무특보를 거쳐 참여정부 마지막 대통령비서실장을 지냈다.

노무현 전 대통령의
민정수석 재임 시절

자료 : news.joins.com

문재인은 2012년 제19대 총선에서 부산 사상구에 출마하여 당선되면서 본격적으로 선출직 정치활동을 시작했다. 동년 대선 출마를 선언했으며 손학규, 김두관, 정세균 등과 겨루어 전국 순회경선 13회 전승을 거두며 민주통합당 제18대 대선 후보로 확정되어 출마하였으나 새누리당의 박근혜 후보에게 패배하였다. 2015년 2월 8일에 새정치민주연합 대표에 선출되었고, 2016년 1월까지 새로 개편된 더불어민주당 대표를 지냈다. 대표직에서 물러난 후 제20대 총선에 출마하지 않았지만 더불어민주당 소속 후보들을 위해 지원 유세를 다녔다. 2016년 11월 박근혜 대통령 탄핵 국면 시기 상임고문으로 활동했다.

2017년 3월 10일, 박근혜가 대통령직에서 파면되어 조기 대선이 결정되자 대권에 재도전하였고, 이재명, 최성, 안희정과 겨루어 전체 표수의 과반을 얻어 결선투표 없이 2017년 4월 3일 더불어민주당 대선 후보 경선에서 최종 승리하여 더불어민주당 제19대 대선 후보가 되었다. 2017년 5월 9일 치러진 대선에서 41.1%를 득표하여 24%를 득표한 자유한국당 홍준표 후보를 누르고 당선되었으며, 대통령이 파면되어 치러진 궐위선거이기 때문에 중앙선거관리위원회 당선인 결정 시간인 2017년 5월 10일 8시 9분 대통령직 인수위원회를 구성하지 않고 바로 제19대 대통령에 취임했다.

문재인 대통령 취임식

자료 : hankookilbo.com

인간 문재인

생 애

유년 시절

　문재인은 1953년 1월 24일 경상남도 거제군 거제면 명진리 694-1번지에서 아버지 문용형과 어머니 강한옥 사이에서 장남으로 태어났다. 문용형 부부는 2남 3녀를 두었다. 문용형은 함경남도 흥남의 남평 문씨 집성촌인 솔안마을 출신으로 함흥농고 졸업 후 일제시대 흥남시청에서 농업계장으로 근무했다. 그는 한국 전쟁 발발 후 1950년 12월 23일에 흥남 철수 작전 무렵에 메러디스 빅토리호에 가족과 함께 탑승했다. 문용형은 거제에 정착한 후 공무원 경력을 제시하며 거제도 포로수용소의 노무자로 일자리를 얻었고 그의 부인은 계란 행상을 했다. 이후 문용형 부부는 부산으로 이사했다. 문재인은 남항초등학교에 다니던 시절, 가난 때문에 학교 바로 위의 '신선성당'에서 양동이를 들고 줄을 서서 정기적으로 배급을 타먹어야 했다고 말했다. 문재인은 천주교에 입교하고 세례를 받았다.

학창 시절

1965년에 남항초등학교를 졸업한 문재인은 경남중학교에 입학했고, 1968년 중학교를 졸업한 후에는 경남고등학교에 수석 입학했다. 고교 시절 초기에는 학내에서 '문과에 문재인, 이과에 승효상'이란 말이 있을 정도로 학업에서 두각을 나타냈지만, 말기에는 술·담배에도 손을 대며 방황을 하다 대학 입시에 실패하였다. 문재인은 졸업 후 1971년 종로학원 진입 시험에서 일등을 하며 학원비를 면제받고 재수를 시작했다. 이후 경희대학교 설립자이자 당시 경희대 총장이었던 조영식이 문재인에게 '4년 전액 장학금'을 약속하며 경희대 입학을 권유하였고, 문재인은 그 권유를 받아들여 재수 후, 1972년 경희대학교 법대에 수석으로 입학하였다. 문재인은 경희대학교 법대 시절 총학생회 총무부장으로서 예비 검속에 걸린 총학생회장을 대신해 집회를 주도하다가 1975년 4월 11일 집회 때 구속되어 서대문구치소에 수감되었고, 그 해 6월 집회 및 시위에 관한 법률 위반으로 징역 8월에 집행유예 1년을 선고받고 대학에서도 제적당했다.

군복무 ♟♟

출소 후 신체검사를 받지 않은 상태에서 강제로 군에 징집된 문재인은 1975년 8월 육군에 입대하였고 대한민국 39향토보병사단 신병훈련소를 거쳐 특수전사령부 예하 제1공수특전여단 제3특전대대 대대본부 작전과에서 복무했다. 문재인은 특수 훈련에서의 우수한 평가 결과로 인해 특전사 복무 중 당시 특전사령관 정병주와 공수여단장 전두환으로부터 두 차례의 최우수 특전사 표창을 수상하기도 했다.

사회 생활 ♟♟

전역 후에는 경희대학교에 복학해 1980년 복학생 대표로 전두환 정권에 항거하다가 5·18 광주 민주화 운동 하루 전에 시행된 5·17 비상계엄 전국 확대 조치로 시행 당일 밤 형사 5~6명에 권총이 겨누어진 채로 긴급 체포되었고 바로 청량리구치소에 수감되었다. 옥중에서 제22회 사법시험에 합격하며 풀려난 문재인은 사법연수원에 들어가 동기였던 박원순, 고승덕, 조영래 사이에서 1등을 하며 두각을 나타냈다. 사법연수원 시험성적이 수석이었고 연수원 내 최고상인 법무부 장관상도 수상했지만 학생운동 전력 때문에 성적이 차석으로 밀렸으며 희망하던 판사 임용도 이루어지지 않았다.

이후 문재인은 몇몇 로펌의 영입 제의를 거절하고, 고향인 부산으로 내려갔다. 그곳에서 변호사 노무현을 만나 함께 합동법률사무소를 운영하며 인권변호사 생활을 했다. 또한 부산지방변호사회 인권위원장, 부산민주시민협의회 상임위원 등을 역임하였다. 법무법인 부산에서 노무현과 인연을 맺은 것을 계기로 30년 가까이 가장 친한 친구이자 최측근으로 활동했다. 노무현이 정계에 입문하여 청문회 스타가 된 뒤에도 부산변호사협회 인권위원장을 지내면서 인권변호사로 일했으며 부산 미국문화원 방화 사건, 동의대학교 사건 등 굵직한 시국사건을 변론했다. 그는 1996년 8월 발생한 페스카마호 사건에서 조선족 선원들의 변호를 맡았다.

주목받는
문재인·노무현
과거 변호사 사무실
건물 사진

자료 : news.joins.com

1988년에는 김영삼으로부터 노무현, 김광일과 함께 국회의원 영입 제안을 받았지만, 문재인은 3명 중 유일하게 정치입문을 거절했으며, 정계입문을 결심한 노무현과 김광일은 국회의원에 당선되었다.

참여정부 시절 ♟♟

문재인은 참여정부 초대 대통령비서실 민정수석을 지냈으나, 녹내장과 고혈압 등 건강 악화로 1년 만에 청와대를 떠났다. 그러나 민정수석을 그만두고 네팔 산행 도중 연락이 두절된 상황에서 영자 신문을 통해 노무현 대통령의 탄핵 소식을 듣고 즉시 귀국하여 변호인단을 꾸렸으며, 2005년 다시 청와대에 들어가 대통령비서실 시민사회수석, 민정수석, 정무특보를 거쳐 참여정부 마지막 대통령비서실장을 지냈다.

청와대 안에서 이정호 대통령비서실 시민사회수석, 이호철 대통령비서실 국정상황실장 등과 함께 PK인맥을 대표했는데, '왕수석'으로 불리며 한나라당으로부터 "왕수석인 문재인 수석의 월권과 청와대의 시스템 경시로 인해 국정 원칙이 파괴됐다."라는 비난을 받으며 2인자로 주목받기도 했다. 비서실장 시절 이해찬 국무총리가 부적절한 관계에 있는 인사들과 내기 골프를 쳤다는 소식을 듣고 고심하던 노무현 대통령에게 해임을 촉구하기도 했으며, 청와대에서 근무하던 시절 모든 직원에게 존댓말을 쓰는 것으로 유명했고, 자신의 주장을 내세우기보다 다양한 의견을 듣고 상황을 명확하게 정리해내는 업무 스타일을 보였다는 평이 있다. 또한 참여정부 들어 검사장으로 승진한 17명 중 문재인과 이호철 비서관의 경남고등학교 동문은 한 명도 없었는데, 두 사람은 동창회에 얼굴을 비추지도 않았고, 고등학교 동창인 고위 공직자가 문재인의 방에 들렀다가 얼굴도 못 본 채 나온 바가 있으며, 청와대 출입기자단과 식사나 환담 자리도 갖지 않았다고 한다.

2006년 11월 6일 국정자문회의 의원 138명을 보궐할 때 국정자문위원으로 추가 보선되었다. 노무현 전 대통령은 문재인에 대해 "노무현의 친구 문재인이 아니라 문재인의 친구 노무현이다. 내가 알고 있는 최고의 원칙주의자"라고 말했다.

노문지교(盧文之交)

자료 : twitter.com

인간 문재인

●
●

정치활동

노무현 전 대통령의 서거 이후 장례 절차와 관련한 일을 맡았으며, 이후 노무현재단 이사장을 역임했다. 그 후 2011년 8월 신동아 여론 조사에서 '당신이 원하는 국회의원' 부문에서 지지율 1위를 차지했고, 2012년 4월 11일 대한민국 제19대 총선에서 부산 사상구에 출마하여 국회의원에 당선되었다. 이후 민주통합당의 대선 예비주자의 한 사람으로 거론되다가 6월 초 출마를 발표했다.

2012년 제18대 대통령 선거

대한민국 제18대 대통령 선거는 대한민국의 제18대 대통령을 선출하기 위한 선거로 2012년 12월 19일에 실시되었다. 선거 결과 새누리당의 박근혜 후보가 51.6%의 득표율로 당선되어, 대한민국 제6공화국 출범 이래 최초로 유효투표수의 과반을 득표한 대통령이자 대한민국 역사상 최초의 여성 대통령이 되었다. 또한 전임 대통령이었던 이명박이 새누리당에서 탈당하지 않음에 따라 제6공화국 출범 이후 처음으로 같은 당적의 인물들이 대통령을 이어가게 되었다.

2012년 6월 17일 서대문 독립공원에서 문재인은 "보통 사람이 중심 된 정의로운 나라를 만들겠다."라고 대선 출마를 공식 선언했다. 슬로건은 "사람이 먼저다.", 캠프명은 '담쟁이 캠프'로 정해졌다. 이후, 8월 25일부터 9월 16일까지 열린 국민참여경선에서 손학규, 김두관, 정세균과 겨루어 전국 순회경선 13회 전승을 거두며 민주통합당의 제18대 대통령 선거 후보로 선출되었다. 그리고 2012년 11월 18일 2기 지도부 총사퇴에 의해 민주통합당의 대표권한대행이 되었다.

유력 대권 후보로 떠오른 안철수와 단일화를 추진하였지만, 단일화 과정을 둘러싼 문제로 11월 23일 안철수가 대선 후보직을 사퇴하였다. 진보정의당의 심상정 대선 후보도 후보 등록을 앞두고 문재인 지지를 선언하며 대선 후보직을 사퇴하였다. 그리고 상도동계인 김현철, 김덕룡, 문정수의 지지를 받았으며, 대선 후보급인 문국현, 박찬종의 지지를 받았다. 또한 보수인사로 알려졌던 윤여준의 찬조연설이 화제가 되기도 했다. 그밖에 김영삼의 측근으로 김대중 비자금 사건을 폭로한 것으로 유명한 강삼재 또한 그에 대한 지지를 선언한다.

문재인은 김대중, 노무현 정부의 6·15 공동선언, 10·4 공동선언에 기초해 대북

18대 대선 1차 토론, 박근혜-문재인-이정희

자료 : news.tf.co.kr

포용 정책을 계승, 발전시키겠다고 밝혔다. 또한 외교정책과 관련, 한반도를 둘러싼 주요 관련 국가들과 한반도 문제를 함께 논의하겠다는 입장을 보였다.

이후 12월 새누리당 박근혜 후보, 통합진보당 이정희 후보와 함께 토론에 참석했다. 문재인 측은 국가정보원에서 자신을 비방하는 여론조작을 벌인다고 12월 11일 공개하였다. 문재인 측은 그런 활동을 벌인 직원 중 한 명을 지목했다. 3차 TV 토론이 끝난 12월 16일 오후 11시 서울지방경찰청은 증거가 발견되지 않았다고 발표했는데, 이러한 경찰의 발표는 뒤에 허위로 밝혀졌다. 이후 2012년 12월 19일 선거에서 탈락 후보 사상 최다이자, 역대 대한민국 대통령 선거의 후보들 중 두 번째로 많은 14,692,632표48.0%를 득표했지만 새누리당의 박근혜 후보에게 약 100만 표 차이로 패배하였다. 다음날 문재인은 패배를 승복하는 기자회견을 열었다.

대선 패배 이후 ♟♟

　2013년 4월 9일 발표된 민주통합당의 대선평가보고서에 따르면, 패배의 주원인은 캐릭터 정립 실패로 국민들에게 인상을 남기지 못했다는 판단이다. 또한 설문조사 결과 당내에서 4번째로 패배의 책임이 크다고 평가되었다.

　그러나 오랫동안 칩거하던 기존의 대선 패배 후보들과는 달리 빠르게 정계에 복귀하며 패배책임을 지고 물러나 있어야 하지 않느냐는 논란이 일었다. 노무현 대통령 서거 4주기 추도식을 기점으로, 온·오프라인을 통해 현안에 대한 입장도 자주 밝히며 대선 재도전의 가능성을 열어 보였다.

　2014년 3월 새로 창당된 새정치민주연합이 지방선거를 앞두고 문재인과 손학규를 공동 선대위원장으로 임명하였다. 29일 경남도지사 후보 김경수와 구동태 목사를 방문한 뒤 "신당이 영남지역에서 정면승부를 해야 한다는 주장에 공감한다."며, "정당공천제 폐지가 통합의 고리"라는 입장을 보였다. 4월 18일 세월호 침몰 사고 당시 사망자 수가 늘어난 것에 대하여 "왜 이렇게도 무기력하냐?"며 "우리의 수준이 부끄럽다."고 말했다.

　6월 15일 새 총리 후보로 문창극이 지명되자 "국민도 불행하고 박근혜 정부에도 불행한 길"이라고 강력히 비판했다. 이튿날 문재인 본인의 트위터에 다음과 같은 글을 남겼다.

> ❝ 문창극 총리 후보자 강행은 통합으로 가는 길이 아닙니다. 반쪽 정부를 고집하고 오히려 폭을 더 좁히는, 거꾸로 가는 길입니다. 국민도 불행하고 박근혜 정부에도 불행한 길입니다. … 세월호 이후 이제는 제발 국민통합의 길로 가달라는 민심을 외면하면 안 됩니다.
>
> - 문재인 ❞

통합진보당 해산 심판

자료 : mbn.mk.co.kr

17일 '사회적 가치 기본법'을 발의했다. 이는 정부, 지방자치단체, 공기업 등 공공기관이 정책을 수립하고 집행하는 데 있어서 이윤과 효율만을 중시할 것이 아니라 인권, 노동권, 안전, 생태, 사회적 약자 배려, 양질의 일자리, 상생 협력 등 '사회적 가치'를 중시하는 데 초점을 두고 있다. 또한 대통령 직속의 '사회적 가치 위원회'를 설치하는 것 또한 포함하고 있다. 10월 27일에는 신해철의 쾌유를 기원하기도 했다.

12월 19일 통합진보당이 헌재 판결로 해산되자 안타깝다는 반응을 보였으며, "민주주의가 상처를 입었다."고 비판했다. 그러면서 "우리가 민주주의를 하는 이유는 다름을 포용하는 유일한 제도이기 때문"이라고 말했다. 한편 이 무렵 박근혜 대통령의 지지율이 하락하면서, 15.8%가 "다음에는 문재인을 찍겠다."는 반응을 보였다.

당대표 재임 시절 ♟♙

2014년 12월 29일에는 새정치민주연합의 당권 도전을 선언했다. 그는 당대표가 되면 2016년에 치러질 차기 총선에 출마하지 않겠다고 하였으며, 출마 선언 이후 약 5개월 만에 박원순 서울시장을 제치고 대선 후보 지지율 1위를 탈환하였다. 이후 2015년 2월 8일 새정치민주연합 제1차 전당대회에서 41.8%를 얻은 박지원 후보를 앞선 45.3%를 얻으며 새정치민주연합 당대표에 당선되었다. 새정치민주연합이 더불어민주당으로 개편된 후에도 계속 대표를 지냈다.

4월 6일 "국회의원 정수가 부족하다."며, "국민에게는 그렇게 인식되지 않고 있지만, OECD경제협력개발기구 주요 국가와 비교하면 인구수 대비 의원 비율이 낮다.", "국회의원 수를 늘리면 정당명부 비례대표제를 도입할 수 있다."고 말했다. 새정치민주연합 내 일부 의원들 사이에서도 이러한 주장이 제기되었으나, 안철수는 이러한 문재인의 주장을 비판했으며, 새누리당은 그를 비판하는 논평을 냈다. 같은 날 해외자원개발 국정조사의 증인으로 서겠다고 밝혔으며 이명박 전 대통령의 합류를 요구했으나, 새누리당은 이를 '정치 공세'라고 비난했다.

5월 말부터 메르스가 유행하기 시작했고, 6월 4일 박근혜 대통령의 메르스 대처에 대해 "정부의 대응을 보면 세월호 참사 때와 마찬가지로 무능하고 부실하기 짝이 없다."고 비판했다.

연말이 다가오면서 새정치민주연합은 분열조짐을 서서히 보이기 시작했고, 이 무렵 안철수를 필두로 한 '신당 창당설'이 제기되었다. 하지만 문재인은 이에 대해 그런 일은 애초부터 없었다는 반응을 보였으며, 당의 혁신을 위해 노력하겠다는 입장을 밝혔다. 그러나 이후 분열조짐을 보이더니, 결국 12월 13일 안철수의 탈당을 필두로 당은 분열된다. 문재인은 이를 두고 '정말 정치가 싫은 날'이라고 말

더불어민주당 탄생

자료 : pilhwang.tistory.com

했으나, "아무리 파도가 높고 바람이 강하게 불어도 총선승리에 이르는 새정치민주연합의 항해는 멈추지 않을 것"이라며 포기하지는 않을 것임을 선언했다. 하지만 당내의 비판이 계속되는 가운데, 27일 새정치민주연합 소속의원 67명이 문재인에게 "총선에서 공천 권한 일체를 선거대책위원회에 위임할 것"을 요구했다. 다음날 새정치민주연합은 '더불어민주당'으로 개명했는데, 이는 안철수계의 흔적을 지우는 행보라는 평을 받는다.

2016년 1월 19일 기자회견을 열고 더불어민주당 당대표를 사퇴한다고 말했으며, 이에 김종인은 "그러리라 믿어요.", "시기의 문제일 뿐"이라고 주장했다.

당 상임고문 시절 ♟♟

3월 19일 차기 정권교체를 위해 20대 총선 불출마를 선언했다. 그는 "불출마 선언을 하면서도 다행스러운 것은 배재정이라는 훌륭한 사람을 사상의 차기 국회의원으로 예약해놓고 떠난다는 것"이라며 "배재정을 국회로 보내주시면 제가 함께 사상을 책임지고 발전시키겠다."고 말했다.

5월 23일 노무현 전 대통령 서거 7주기 행사에 참여했다. 27일 안동을 방문했고, 7월 25일 울릉도에 이어 독도를 방문했다. 이를 두고 "오래전부터 한·일 역사 문제의 상징인 독도 방문을 추진해 왔다."며, "이번 방문은 8·15 광복절을 앞두고 영토 주권을 확고히 하자는 목적"이라는 입장을 보였다. 이번 독도 방문에는 최낙정 전 해양수상부장관이 동행했다. 안동 방문에 대해서는 TK 민심을 잡으려는 의도로 분석된다. 8월 6일 김대중 전 대통령 서거 7주기 추모행사에 참여했다.

2016년 10월 말부터 박근혜-최순실 게이트가 알려지면서 박근혜 정권을 향한 민심이 폭발했고, 이때 문재인은 박근혜 정부에 거국중립내각을 요청했다. 안철수 등 일부 야권에서 이에 대한 비판이 나왔으나 별다른 일은 발생하지 않았다. 이 무렵 문재인은 실권자로 떠올랐다는 평이 있다.

11월 26일 열린 촛불집회에 참석하여 "200만 촛불이 세상을 바꾸는 횃불이 될 것"이라고 발언했으며, "박근혜 대통령 스스로 내려오든 탄핵으로 끌려 내려오든 박 대통령 퇴진은 시간 문제", "그렇다면 박 대통령은 한시라도 빨리 스스로 내려오는 것이 국민들을 덜 고생시키고 국정 공백과 국정 혼란을 최소화하는 길"이라고 박근혜의 하야를 촉구했다. 이어서 "박근혜-최순실 게이트에서 대통령은 우리의 대통령이 아니었다. 최순실 일가의 대통령이었다. 돌이켜보면 2012년 12

야 3당 박근혜-최순실 게이트에 별도 특검 추진

월부터 오늘까지 지난 4년 동안 대한민국에 대통령은 없었다."라며 박근혜 정부를 규탄했다. 3일 후에는 "국회는 흔들림 없이 탄핵 절차를 밟아야 한다. 우리당과 저는 퇴진운동과 탄핵추진을 흔들림 없이 해나가겠다."는 입장을 밝혔다. 이후 12월 9일 국회에서 박근혜의 탄핵안이 가결되자 "국민이 이겼다."고 주장했으나, 그러면서도 "끝이 아니라 시작"이라고 덧붙였다. 이 무렵부터 문재인은 지지율 1위로 차기 유력 대권주자로 꼽혔다.

2017년 3월 10일 박근혜는 헌법재판소의 판결을 통해 최종 파면되었다. 이후 각종 여론조사에서 지지율 1위를 기록하면서 '문재인 대세론'이 굳어지는 등 차기 유력한 대권주자로 굳어졌다. 그러나 이에 기타 야당들의 반문연대 논의가 진행되면서 다소 위기를 맞이하기도 했다.

역대 대통령 젊었을 때 외모*

자료 : dogdrip.net

* 얼굴로 보이는 이미지 🎯

❶ 공부 잘해 보이는 대학생 ❷ 학점이 짠 교수 ❸ 인상 센 군인 아저씨 ❹ 회사 만년과장
❺ 동네 힘센 형 ❻ 은근히 부하잡는 상사 ❼ 여자 경험 별로 없는 동네 잘생긴 형 ❽ 잘생기고 여자 좀
후리고 다녔을 동네 형 ❾ 그냥 동네 형 ❿ 그냥 동네 형2 ⓫ 동네 고등학생들의 짝사랑 대상
⓬ 잘생겼는데 너무 빨리 결혼해서 금방 늙어버릴 동네 아저씨

2017년 제19대 대통령 선거 ♟♙

대한민국 제19대 대통령 선거는 대한민국의 제19대 대통령을 선출하는 대한민국의 대통령 선거로, 사전투표는 2017년 5월 4일과 5월 5일, 본 투표는 2017년 5월 9일 실시되었다. 이 선거로 당선된 더불어민주당의 문재인 후보의 제19대 대통령 임기는 선거 다음날인 5월 10일 오전 8시 9분 중앙선거관리위원회의 당선 선포와 동시에 개시되었다.

18대 대선에서 당선된 박근혜 대통령은 2016년 말 터진 박근혜-최순실 게이트 파문으로 사상 최대 규모의 대통령 퇴진 촉구 촛불집회가 전국적으로 번지고, 12월 9일 대통령 탄핵안이 국회에서 가결되었다. 대통령 직무가 정지된 것에 이어 2017년 3월 10일 헌법재판소가 탄핵 인용을 결정하면서 대통령직을 상실하였다. 따라서 대통령 궐위 시 60일 이내에 조기선거를 치러야 한다는 규정에 따라 조기 대선 국면이 시작되었다.

보수 진영의 유력 대권 후보로 거론되던 반기문 전 유엔 사무총장이 각종 논란 끝에 1월 대권 불출마를 선언하면서, 선거 초반부터 문재인 더불어민주당 후보의 대세론이 굳혀졌고, 이를 견제하려는 세력 간에 이른바 '문재인 vs 비문 연대' 구도가 형성되었다. 안철수, 유승민, 홍준표 등 중도 및 보수 진영의 후보들을 두고 비문 단일화를 촉구하는 목소리도 일부 있었으나, 적극적으로 단일화에 나서거나 스스로 사퇴 의사를 밝히는 후보가 없어 무산되었다. 따라서 본격적인 선거전은 문재인·홍준표·안철수·유승민·심상정의 원내 5대 주요 정당 후보들 간의 5자 대결 구도로 진행되었다.

2017년 3월 24일 동영상을 통해 "완전히 새로운 대한민국을 바라는 온 국민의 뜻을 모아 이제 정권교체의 첫발을 내딛는다."라고 대선 출마를 공식 선언했

제19대 대통령선거 포스터

다. 상도동계인 김현철, 김덕룡, 문정수, 박종웅의 지지를 받았으며, 그의 캠프 자문그룹 출범식에는 장·차관급 인사 49명이 참석했다. 동아일보 기자를 거쳐 네이버 미디어서비스 실장미디어 담당 이사, 한국인터넷기업협회 운영위원장 등을 역임한 윤영찬 네이버 부사장을 소셜네트워크서비스SNS 담당본부장으로 영입했고, 주요 여성계 인사인 남인순 의원을 여성본부장으로 영입했다.

당내 경선은 이재명, 최성, 문재인, 안희정의 4자 구도 대결이 확정되었다. 3월 22일에는 전국 동시투표소 투표를 진행하였고, 3월 25일 호남 지역을 시작으로 각 지역별 ARS 투표와 순회투표를 차례로 진행하였다. 4월 3일 수도권 지역 경선에서 문재인은 60.4%를 득표하며 1위에 오르는 동시에, 전 지역에서 1위 압승을 거두면서 과반 이상 득표로 인해 최종결선 투표 없이 곧바로 대한민국 제19대 대통령 선거 후보로 선출되었다. 경선 승리 후 "오늘 우리에게 승자와 패자는 없다. 승자가 있다면 그건 바로 촛불을 밝힌 국민들"이라며 "국민의 명령을 받들어 국민 대통령 시대를 열겠다."고 약속하는 동시에 "세 동지가 저의 영원한 정치적 동지로 남기를 소망한다."며 "그동안 어느 캠프에 있었든, 누구를 지지했든, 이제부터 우리는 하나다."라고 강조하며 세 후보 지지세력 결집에 나섰다.

'페미니스트 대통령'을 선언하며 '남녀 동수 내각'을 공약했으며, "준조세 금지법을 만들어 기업을 중앙 정부 권력의 횡포에서 벗어나게 하겠다."고 말했다. 또한 '개성공단 확장'을 추가적으로 공약했고, 아울러 댓글공작, 정치개입 등으로 논란이 된 국가정보원을 개혁하겠다고 나섰다. 이 외에도 '공공부문 81만 개 일자리 창출', '광화문 대통령 시대' 등을 공약했다. 안보에 있어서는 "6자 회담을 비롯한 다양한 양자·다자회담을 적극 활용해 한반도 비핵화·평화체제를 구축하겠다."고 약속했으며, 이 외에도 북핵에 관해서는 이에 대응할 우리 군의 핵심전력을 조기에 전력화하겠다고 말했다.

자유한국당 홍준표 후보, 국민의당 안철수 후보, 바른정당 유승민 후보, 정의당 심상정 후보와 함께 4월 23일, 4월 28일, 5월 2일 세 차례에 걸쳐 진행된 토론에 참석했다. 5인 구도로 이루어진 토론을 거치면서 여러 분야에서 서로 간의 공방이 오갔다. 이후 5월 9일에 치러진 대통령 선거에서 41.1%를 득표해 24%를 득표한 홍준표 후보를 누르고 당선되었다. 이미 이어져온 1강 구도를 통해 개표 초반부터 사실상 당선이 확정되었으며, "함께 경쟁한 후보들에게도 감사와 위로를 전한다."며 "새로운 대한민국을 위해 그분들과도 함께 손잡고 미래를 위해 같이 전진하겠다."고 당선 소감을 밝혔다. 궐위선거*인 관계로 별다른 인수위원회 없이 곧바로 취임했다.

* 궐위선거(보궐선거)로 열린 5·9 대선에서 선출된 문재인 신임 대통령의 임기는 5년이다. 일반적인 보궐선거로 뽑힌 다른 공직자들, 즉 국회의원·지방자치단체장 등이 전임자의 잔여임기만을 채우는 것과는 다르다.

인간 문재인

대통령 재임 시

문재인 정부

　문재인 정부文在寅政府, 2017년~는 대한민국 제6공화국의 일곱 번째 대한민국 정부이다. 박근혜 대통령이 임기 중 탄핵 심판된 이후에, 2017년 5월 9일에 치러진 대통령 선거에서 문재인이 제19대 대통령으로 당선되면서 같은 해 5월 10일에 출범했다.

　문재인은 선거 기간에 자신이 당선되면 새 정부 이름을 '더불어민주당 정부'로 명명하겠다고 여러 번 강조하였다. 하지만 취임 이후 5·18 광주 민주화 운동 37주년 기념식에서 '문재인 정부'라는 명칭을 썼으며, 청와대도 정부 명칭을 별도로 붙일 계획이 없다고 밝혔다. 청와대 관계자는 "기념사에서 '정부는'이라고 하는 것보다 '문재인 정부는'이라고 하는 게 기념식을 보고 있는 국민에게 자신의 의지를 잘 보여줄 수 있기 때문"에 해당 명칭을 사용한 것이었다고 밝히면서 "더불어민주당 정부라고 불러도 되고, 오늘처럼 문재인 정부라고 표현할 수도 있고, 보도에 자율적·실용적으로 사용하면 된다."고 밝힘으로써, 확정된 공식 명칭은 사실상 없음을 확인했다.

취임식

취임 선서하는 문재인 대통령

자료 : ko.wikipedia.org

바로 전날 5월 9일 치러진 대한민국 제19대 대통령 선거가 박근혜 대통령의 탄핵으로 인한 조기선거였기 때문에, 선거에서 당선된 문재인 후보는 대통령 인수위원회 없이 바로 대통령직에 오르게 되었다. 때문에 개표가 최종 완료된 오전 8시 6분 중앙선거관리위원회에서 대통령 당선자 선언과 동시에 문재인 후보는 대한민국의 대통령이 되었다.

문재인 대통령은 대통령 의전행사를 담당하는 행정안전부와의 협의로 취임 선서와 취임사를 동시에 하는 방안을 택하였고, 그에 따라 취임식은 규모를 대폭 축소한 약식으로 결정되었다. 투표 다음날인 2017년 5월 10일 정오 국회의사당 내부 로텐더홀에서 500여 명의 인사가 참석한 가운데 약 20여분간 진행되었다.

취임사

2017년 5월 10일 대한민국의 제19대 대통령으로 취임하였다. 국회에서 진행된 문재인 대통령의 취임식은 취임 선서로만 진행되었는데 이는 19대 대선이 박근혜 전 대통령 탄핵에 따른 보궐선거여서 공식 취임식을 치를 여유가 없었기에 취임 행사를 간소화할 수밖에 없었던 게 그 이유이다.

취임선서식은 입장부터 퇴장까지 20분 정도밖에 걸리지 않을 만큼 빠르게 진행되었다. 이날 문재인 대통령은 "한 번도 경험하지 못한 나라를 만들겠다."*고 말했다.

> * 이 발언이 후일 경제파탄, 안보위기, 국론분열을 초래하면서 "이것이 한 번도 경험하지 못한 나라냐?"라고 하는 말을 듣게 된다.

취임 선서가 끝난 후 청와대로 떠나면서 거리에 나온 시민들에게 감사의 뜻을 표했다. 청와대 경호실도 시민들의 접근을 크게 제지하지 않으며 배려했다.

여기에 대통령 취임사 전문*을 소개하기로 한다.

존경하고 사랑하는 국민 여러분, 감사합니다.

국민 여러분의 위대한 선택에 머리 숙여 깊이 감사드립니다. 저는 오늘 대한민국 제19대 대통령으로서 새로운 대한민국을 향해 첫걸음을 내딛습니다. 지금 제 두 어깨는 국민 여러분으로부터 부여받은 막중한 소명감으로 무겁습니다. 지금 제 가슴은 한 번도 경험하지 못한 나라를 만들겠다는 열정으로 뜨겁습니다. 그리고 지금 제 머리는 통합과 공존의 새로운 세상을 열어갈 청사진으로 가득 차 있습니다.

우리가 만들어가려는 새로운 대한민국은 숱한 좌절과 패배에도 불구하고 우리의 선대들이 일관되게 추구했던 나라입니다. 또 많은 희생과 헌신을 감내하며 우리 젊은이들이 그토록 이루고 싶어 했던 나라입니다. 그런 대한민국을 만들기 위해 저는 역사와 국민 앞에 두렵지만 겸허한 마음으로 대한민국 제19대 대통령으로서의 책임과 소명을 다할 것임을 천명합니다.

함께 선거를 치른 후보들께 감사의 말씀과 심심한 위로를 전합니다. 이번 선거에서는 승자도 패자도 없습니다. 우리는 새로운 대한민국을 함께 이끌어가야 할 동반자입니다. 이제 치열했던 경쟁의 순간을 뒤로하고 함께 손을 맞잡고 앞으로 전진해야 합니다.

존경하는 국민 여러분,

지난 몇 달 우리는 유례없는 정치적 격변기를 보냈습니다. 정치는 혼란스러웠지만 국민은 위대했습니다. 현직 대통령의 탄핵과 구속 앞에서도 국민들이 대한민국의 앞길을 열어주셨습니다. 우리 국민들은 좌절하지 않고 오히려 이를 전화위복의 계기로 승화시켜 마침내 오늘 새로운 세상을 열었습니다. 대한민국의 위대함은 국민의 위대함입니다.

그리고 이번 대통령 선거에서 우리 국민은 또 하나의 역사를 만들어주셨습니다. 전국 각지에서 고른 지지로 새로운 대통령을 선택해주셨습니다. 오늘부터 저는 국민 모두의 대통령이 되겠습니다. 저를 지지하지 않았던 국민 한 분 한 분도 저의 국민이고, 우리의 국민으로 섬기겠습니다.

저는 감히 약속드립니다. 2017년 5월 10일, 이날은 진정한 국민통합이 시작되는 날로 역사에 기록될 것입니다.

존경하고 사랑하는 국민 여러분,

힘들었던 지난 세월 국민들은 이게 나라냐고 물었습니다. 대통령 문재인은 바로 그 질문에서 새로 시작하겠습니다. 오늘부터 나라를 나라답게 만드는 대통령이 되겠습니다. 구시대의 잘못된 관행과 과감히 결별하겠습니다. 대통령부터 새로워지겠습니다.

우선 권위적인 대통령 문화를 청산하겠습니다. 준비를 마치는 대로 지금의 청와대에서 나와 광화문 대통령 시대를 열겠습니다. 참모들과 머리와 어깨를 맞대고 토론하겠습니다. 국민과 수시로 소통하는 대통령이 되겠습니다. 주요 사안은 대통령이 직접 언론에 브리핑하겠습니다.

퇴근길에는 시장에 들러 마주치는 시민들과 격의 없는 대화를 나누겠습니다. 때로는 광화문광장에서 대토론회를 열겠습니다. 대통령의 제왕적 권력을 최대한 나누겠습니다. 권력기관은 정치로부터 완전히 독립시키겠습니다. 그 어떤 기관도 무소불위의 권력을 행사할 수 없도록 견제장치를 만들겠습니다.

낮은 자세로 일하겠습니다. 국민과 눈높이를 맞추는 대통령이 되겠습니다.

안보위기도 서둘러 해결하겠습니다. 한반도의 평화를 위해 동분서주하겠습니다. 필요하면 곧바로 워싱턴으로 날아가겠습니다. 베이징과 도쿄에도 가고, 여건이 조성되면 평양에도 가겠습니다.

한반도의 평화 정착을 위해서라면 제가 할 수 있는 모든 일을 다하겠습니다. 한미 동맹은 더욱 강화하겠습니다. 한편으로 사드 문제 해결을 위해 미국 및 중국과 진지하게 협상하겠습니다.

튼튼한 안보는 막강한 국방력에서 비롯됩니다. 자주국방력을 강화하기 위해 노력하겠습니다. 북핵 문제를 해결할 토대도 마련하겠습니다. 동북아 평화구조를 정착시킴으로써 한반도 긴장 완화의 전기를 마련하겠습니다.

분열과 갈등의 정치도 바꾸겠습니다. 보수와 진보의 갈등은 끝나야 합니다. 대통령이 나서서 직접 대화하겠습니다. 야당은 국정운영의 동반자입니다. 대화를 정례화하고 수시로 만나겠습니다.

전국적으로 고르게 인사를 등용하겠습니다. 능력과 적재적소를 인사의 대원칙으로 삼겠습니다. 저에 대한 지지 여부와 상관없이 유능한 인재를 삼고초려해서 일을 맡기겠습니다.

나라 안팎으로 경제가 어렵습니다. 민생도 어렵습니다. 선거 과정에서 약속했듯이 무엇보다 먼저 일자리를 챙기겠습니다. 동시에 재벌 개혁에도 앞장서겠습니다. 문재인 정부 하에서는 정경유착이라는 낱말이 완전히 사라질 것입니다.

지역과 계층과 세대 간 갈등을 해소하고 비정규직 문제도 해결의 길을 모색하겠습니다. 차별 없는 세상을 만들겠습니다. 거듭 말씀드립니다. 문재인과 더불어민주당 정부에서 기회는 평등할 것입니다. 과정은 공정할 것입니다. 결과는 정의로울 것입니다.

존경하는 국민 여러분,

이번 대통령 선거는 전임 대통령의 탄핵으로 치러졌습니다. 불행한 대통령의 역사가 계속되고 있습니다. 이번 선거를 계기로 이 불행한 역사는 종식되어야 합니다.

저는 대한민국 대통령의 새로운 모범이 되겠습니다. 국민과 역사가 평가하는 성공한 대통령이 되기 위해 최선을 다하겠습니다. 그래서 지지와 성원에 보답하겠습니다.

깨끗한 대통령이 되겠습니다. 빈손으로 취임하고 빈손으로 퇴임하는 대통령이 되겠습니다. 훗날 고향으로 돌아가 평범한 시민이 되어 이웃과 정을 나눌 수 있는 대통령이 되겠습니다. 국민 여러분의 자랑으로 남겠습니다.

약속을 지키는 솔직한 대통령이 되겠습니다. 선거 과정에서 제가 했던 약속들을 꼼꼼하게 챙기겠습니다. 대통령부터 신뢰받는 정치를 솔선수범해야 진정한 정치발전이 가능할 것입니다. 불가능한 일을 하겠다고 큰소리치지 않겠습니다. 잘못한 일은 잘못했다고 말씀드리겠습니다. 거짓으로 불리한 여론을 덮지 않겠습니다.

공정한 대통령이 되겠습니다. 특권과 반칙이 없는 세상을 만들겠습니다. 상식대로 해야 이득을 보는 세상을 만들겠습니다. 이웃의 아픔을 외면하지 않겠습니다. 소외된 국민이 없도록 노심초사하는 마음으로 항상 살피겠습니다. 국민의 서러운 눈물을 닦아드리는 대통령이 되겠습니다.

소통하는 대통령이 되겠습니다. 낮은 사람, 겸손한 권력이 되어 가장 강력한 나라를 만들겠습니다. 군림하고 통치하는 대통령이 아니라 대화하고 소통하는 대통령이 되겠습니다.

광화문 시대 대통령이 되어 국민들과 가까운 곳에 있겠습니다. 따뜻한 대통령, 친구 같은 대통령으로 남겠습니다.

사랑하고 존경하는 국민 여러분,

2017년 5월 10일 오늘 대한민국이 다시 시작합니다. 나라를 나라답게 만드는 대역사가 시작됩니다. 이 길에 함께해 주십시오. 저의 신명을 바쳐 일하겠습니다.

감사합니다.

국정 방향 ♟️

문재인은 '국민 통합'을 강조했다. 취임 첫날 야 4당을 방문하여 협조를 부탁하였다.

문재인 정부의 국정 방향은 '탕평'과 '협치', '개혁'과 '변화', '대화'와 '소통', '능력'과 '전문성'으로 대표된다. 국무총리 후보자로 전라남도지사인 이낙연을 지명했으며, 청와대 비서실장으로는 임종석을 지명했다. 둘은 친문 색채가 옅은 사람으로 문재인이 이들을 지명한 것과 관련하여 매우 높은 평가를 받는다는 평이 있다. 국정원장으로는 서훈이, 청와대 경호실장으로는 주영훈이 내정되었다.

외교 ♟️

한미 관계 ♟️

대한민국의 사드 배치 논란은 주한미군이 대한민국 경상북도 성주군에 사드를 배치하도록 한 것에 대하여 발생한 논란으로, 한국 내부뿐만 아니라 중국, 미국과의 갈등을 부각시켰다.

2013년 6월, 힐러리 클린턴 국무장관은 골드만 삭스에서 임직원을 대상으로 한 강연에서, 중국이 북핵을 막지 않으면 미사일 방어망으로 포위할 것이라고 말했다. 클린턴 국무장관은 중국이 북한을 앞세워 밖으로 나오려는 팽창전략을 추구하고 있다고 보고 한국과 일본에서 시작해 대만과 필리핀, 베트남, 인도와 파키스탄, 카자흐스탄, 몽골에 이르는 포위망을 구축하고 올가미를 잡아당기는 '중국포위전략'을 주도했다.

2014년 11월 27일, 중국은 러시아판 사드 S-400 1포대를 30억 달러_{약 3조3천억 원}에 수입하기로 계약 체결했다. 비로소 동북아 지역 미사일 방어체계 경쟁을 중국이 먼저 촉발시킨 것이다. 러시아제 사드 S-400은 항공기와 탄도미사일은 물론, 스텔스 전투기까지 요격할 수 있는 것으로 알려져 있고 중국은 2017년에 러시아제 사드를 실전 배치할 계획이었다.

2015년 7월 8일, 박근혜 대통령이 "배신의 정치를 심판해 달라."며 촉발시킨 국회법 개정안 파문으로, 새누리당 유승민 의원이 의원총회 결과를 수용하는 형식으로 원내대표직에서 사퇴했다.

2016년 1월 6일, 북한의 4차 핵실험으로 최초의 수소폭탄 핵실험이 성공했다고 북한 언론이 크게 보도했다.

2016년 2월 5일, 시진핑 주석이 박근혜 대통령에게 전화를 걸어 사드 배치의 위험성을 강조하며 배치 반대를 설득했다. 그러나 박 대통령은 사드는 북한을 겨냥한 것이지 중국을 겨냥한 것이 아니라고 사드 배치를 정당화했다.

2016년 12월 16일, 중국 해군 랴오닝호 항공모함과 수십 척의 함대가 서해에서 사상 최초 실탄 사격훈련을 했고 사드에 반대하며 한국에 무력시위를 했고 한국 해군사관학교 졸업생 기항을 거부했다.

2017년 6월 9일, 문재인 정부 국가안보실장 정의용은 청와대에서 "사드*는 북한의 점증하는 위협으로부터 한국과 주한미군을 보호하기 위해 결정한 것"이라고 공식적으로 발표했다.

* 종말고고도지역방어(Terminal High Altitude Area Defense; THAAD 사드)는 미국 육군의 탄도탄 요격유도탄 체계로, 단거리, 준중거리, 중거리 탄도유도탄을 종말단계에서 직격파괴로 요격하도록 설계되었다.

경북 성주군 성주골프장 부지에 사드가 배치돼 있다. 한국 국방부는 이날 성주골프장에 들어간 사드(THAAD, 고고도미사일방어체계) 장비가 유사시 북한 탄도미사일을 요격하는 능력을 발휘할 수 있는 상태라고 밝혔다 (2017.04.27.).

자료 : ko.wikipedia.org

2017년 6월 20일, 문재인 대통령은 청와대에서 CBS, 워싱턴포스트 인터뷰를 가졌고 "사드 배치 결정은 우리 한국과 주한미군의 안전을 위해서 한미동맹에 근거해 한국과 미국이 합의해서 결정한 것"이라고 말했다.

2017년 6월 29일, 문재인 대통령은 워싱턴D.C. 미국 의회 폴 라이언 하원의장 등 하원 지도부와 가진 간담회에서 "사드는 한미동맹에 기초한 합의이고 한국 국민과 주한미군의 생명을 보호하기 위한 것"이라고 말했다.

2017년 8월 12일, 국방부와 환경부는 성주기지의 사드 사격통제 레이더TPY-2TM 에 대해 환경영향평가를 실시한 결과, 측정된 전자파의 최대치라도 인체허용 기준치의 0.46%에 그치는 것으로 나타났다고 밝혔다. 사드에서 배출하는 전자파가 인체허용 기준치의 200분의 1에도 미치지 않는 것으로 나타났다.

이상이 최근까지의 진행과정이다.

2017년 6월 1일, 미국 상원에서 국방 예산을 담당하는 미국 민주당 상원 원내총무 딕 더빈 의원은 청와대에서 문재인 대통령에게 "한국이 사드 배치를 원치 않으면 미국 정부가 사드 배치 관련 예산을 다른 곳에 쓸 수 있다."고 말했다.

워터게이트 사건의 특종 기자였던 밥 우드워드가 트럼프 대통령에 대해 취재한 것을 출간한 책인 《공포: 백악관의 트럼프》에 의하면, 트럼프가 문재인을 단정적으로 싫어한다고 밝히고 있다. 또한 "트럼프가 북한 같은 적국보다 동맹인 한국에 더 화를 낸다."며 참모들이 우려했다는 사실도 언급되었다.

헤리티지 재단의 브루스 클링너 선임연구원은 "미국은 공개적으로는 문재인 대통령과 그의 노력을 지지하며 얼굴에 미소를 띠고 있지만, 미 정부 관계자들과 이야기를 나눠보면 상당수가 문 대통령의 대북 정책에 대해 매우 우려하거나 심지어 분노하고 있다."고 밝혔다.

한중 관계 ♟

2017년 5월 10일, 시진핑 주석은 문재인의 당선에 축전을 보내며 "한국이 그러하듯 중국도 아주 어렵게 이뤄낸 양국관계 성과를 유지하고 보호하길 희망한다.", "상호 존중을 바탕으로 정치적 신뢰를 견고히 하며 차이점을 적절하게 처리하고, 양국관계의 개선 및 안정적인 발전을 추진해 가겠다."라고 밝혔다. 한중 관계에 있어 사드 배치 문제가 수면위로 떠오르고 있는데, 관영언론 환추시보環球時報는 "한반도 사드 배치 문제는 박근혜 전 대통령과 보수정권의 가장 큰 실수"라며 "문재인 대통령의 승리가 사드 배치 문제로 발생된 충격과 긴장된 한중 관계를 개선하는 계기가 될 것이라고 기대한다."고 밝혔다.

2017년 6월 30일, 문재인 대통령은 사드 배치 여부를 결정하는 건 한국의 주권적 사안이라며 중국이 부당하게 간섭하는 것은 옳지 않다고 말했다.

한일 관계 ♟

아베 신조 총리는 "한·일 양국은 전략적인 이익을 공유하는 가장 중요한 관계"라며 "앞으로 문재인 대통령과 함께 손을 맞잡고 미래 지향의 한일 관계를 폭넓은 분야에서 발전시켜가고 싶다."고 밝혔다. 그러나 한편으로는 "위안부 관련 합의는 재교섭을 할 수 없다."는 입장을 보였다.

남북 관계 ♟

문재인은 북한에 대한 전략으로 장기적인 통일로 이끄는 정책을 언급하였으며, 북한에 대한 UN 경제제재와 병행하여 대화를 통해서, 평화 협정과 북한 핵미사일 개발 중단을 교환하는 방식을 제안하였다.

판문점에서 김정은(왼쪽)과 악수를 나누는 문재인(2018.04.27.)

자료 : ko.wikipedia.org

북한은 사드 배치를 비난하며 "미국은 사드를 제 땅으로 끌어가라."고 주장했고 "남조선 당국이 '사드 배치가 북핵 위협에 대비하기 위해 미국과 공동으로 결정한 것이며 전임정부의 결정이지만 정권이 교체됐다고 해서 그 결정을 가볍게 여기지 않는다'고 떠들고 있다."고 비난했다. 문재인은 남북정상회담을 할 것이라고 시사했으며, 여건이 된다면 평양도 갈 것이라고 밝혔다. 북한은 "남조선 당국이 정녕 촛불 민심을 대변하는 정권이라면 미국 상전의 강요를 받아들일 것이 아니라 이제라도 제정신을 차리고 사드 배치 철회를 요구하는 남조선 각계의 민심을 따르는 것이 마땅한 처사일 것"이라고 밝혔다.

경제 정책

소득주도성장론

소득주도성장론Income-led growth은 문재인 정부의 경제정책이다. 가계의 임금과 소득을 늘리면 소비도 늘어나 경제성장이 이루어진다는 이론으로, 포스트케인지언Post-Keynesian 경제학자들이 주장한 임금주도성장론貰金主導成長論, Wage-led growth을 바탕으로 하고 있다.

배경

대한민국은 그동안 투자와 수출 진흥 정책에 중점을 두고 이른바 '한강의 기적'이라는 고도의 경제 발전을 보였지만, 세계적인 경제 침체와 불균형으로 수출주도성장이 한계에 이르렀다는 주장이 제기되었다. 또한 세계적으로는 미국발 금융위기가 터지면서 정부개입 최소화, 규제 완화, 자유무역, 민영화 등 신자유주의적 정책에 대한 비판이 제기되었다.

따라서 이런 경제 침체와 성장 둔화의 원인을 총수요 요인 중 내수와 소비 부족, 소득분배 불균형 문제로 보고, 노동자들의 임금을 늘리고 소득을 분배해 총수요를 늘려 경제성장을 달성할 수 있다는 소득주도성장론Income-led growth이 포스트케인지언Post- Keynesian 경제학자들을 중심으로 대두되었다.

소득주도성장론자들은 낙수 효과가 실패했고, 분수 효과를 꾀해야 한다고 주장한다. 고소득층 소득이 증대되면 경제가 성장해 저소득층에게도 혜택이 돌아간다는 '낙수효과'는 소득양극화와 중산층의 붕괴를 가져왔으니, 부유층에 대한 세금을 늘리고 이를 저소득층을 위한 경제·복지정책에 투자하는 '분수효과'로 정책을 전환해야 한다는 것이다.

로버트 블레커 아메리카대학교 교수는 "소득분배가 장기적으로 경제성장에 기여한다."면서, 기업의 이윤보다 노동자의 임금이 올라갈수록 소비가 더 증가하는 것으로 나타났다는 연구 결과를 제시했다. 기업의 이윤보다 노동자의 임금이 상승할수록 소비가 증가하는데, 기업들은 단기적으로 이윤이 줄어들지만 비용 절약을 위해 투자를 늘리고, 소비와 투자 증가로 인해 경제성장률이 더 높아지는 결과를 낳는다고 주장했다. 다만, 기업의 노동절약형 혁신으로 인해 고용이 감소할 수 있기 때문에, 재정정책과 공공투자를 확대하는 등의 보완책이 필요하다고 주장했다.

이상헌 국제노동기구ILO 국장은 고소득층의 소득 향상이 경제성장에 기여한다기보다는 소득불평등도를 증가시킨다고 주장했다. 소득불평등이 경제성장의 수준과 안정성에 부정적인 영향을 준다고 주장하면서, 소득주도성장은 소득분배 개선으로 성장의 추가 동력을 찾는 일이라고 말했다.

2001년 노벨 경제학상 수상자로서, 불평등 문제의 대가인 조지프 스티글리츠

조지프 스티글리츠

미국 컬럼비아대 교수는 "낙수효과가 아니라 중산층을 키워서 분수효과로 경제를 살리겠다는 한국 정부의 기본 철학은 절대적으로 absolutely 옳다."며 문재인 정부의 소득주도성장 정책을 적극 지지했다. 대안으로는 공정한 과세와 최저임금 인상, 공공일자리 확대, 공교육 강화, 독점자본 규제, 비정규직 노조 확대 등을 제시했다.

원래는 임금주도성장이었으나, 대한민국으로 들어오면서 소득주도성장이 되었다. 이는 임금을 받지 않는 자영업자의 비중이 높은 대한민국의 경제 구조 때문이다. 2016년 기준 한국의 비임금근로자의 비율은 25.5%로 OECD 33개국 가운데 5번째로 높다.

문재인 정부 출범 이전

소득주도성장론은 문재인 대통령이 새정치민주연합 대표가 된 2015년부터 당론이 됐다. 홍장표 전 청와대 경제수석비서관이 부경대학교 교수를 맡을 당시, 관련 논문을 잇따라 발표하면서 민주당에 이를 소개하는 역할을 적극적으로 해왔다. 홍 전 비서관은 "소득분배 개선이 큰 폭의 소비 증가를 유발하며, 기업의 투자를 촉진한다."며 "자본친화적 분배정책에서 노동친화적 분배정책으로 전환될 필요가 있다."고 주장하였다.

문재인 정부 출범 이후

문재인 정부 출범 이후에는 '소득주도성장-공정경제-혁신성장'이 3대 경제정책 기조로 설정되었고, 장하성 청와대 정책실장이 소득주도성장을, 김상조 공정거래위원장이 공정경제를, 김동연 경제부총리 겸 기획재정부 장관이 혁신성장을 추진하는 인물로 꼽혔다. 문재인 대통령은 "우리 정부의 경제정책기조 가운데 소득주도성장과 공정경제는 더욱 포용적이고 따뜻한 성장, 정의로운 성장을 이루기 위한 경제성장 방법인 데 비해, 경제성장의 기반을 만들어 내는 것은 혁신성장에서 나온다."고 설명했다.

청와대는 대한민국의 저임금노동자 비중이 23.5%로 2위, 소득양극화가 OECD 2위, 국내총생산에서 소비 비중과 정부 지출이 각각 OECD 끝에서 3번째, 사회복지지출이 OECD 꼴찌라며 소득주도성장의 당위성을 강조했다. 또한 '가계소득 늘리기', '생계비 줄이기', '안전망과 복지'를 소득주도성장의 3가지 축으로 제시했다.

그러나 경기가 악화되면서 소득주도성장에 대해 비판이 제기된 바 있다. 고용·소득분배 악화가 소득주도성장 정책 때문이라는 주장에 대해 김동연 전 경

장하성-김동연-김상조

자료 : asiatoday.co.kr

제부총리는 "일부 귀담아들을 부분이 있다."고 답하기도 하였다. 같은 현상을 두고 비슷한 시기에 장하성 정책실장은 "최근의 고용·가계소득 지표는 소득주도성장 포기가 아니라 오히려 소득주도성장 정책을 속도감 있게 추진하라고 역설하고 있다."고 반대로 발언해 김동연 전 부총리와 의견 차이를 보였다.

2018년 11월경 장하성 정책실장과 김동연 경제부총리의 동반 사퇴 이후, 후임인 김수현 정책실장과 홍남기 경제부총리가 각각 문재인 정부의 정책기조를 이어가게 되었다.

김수현 정책실장은 "소득주도성장, 혁신성장, 공정경제 등 세 가지는 분리가 불가능한 패키지이기 때문에 큰 틀에서는 수정하지 않겠다."면서도 "속도와 균형에 있어서 염려가 있을 수는 있다."고 말했다.

홍남기 경제부총리는 문재인 정부의 소득주도성장론에 대해서 "소득분배 왜곡, 양극화, 계층 이동 단절 등 우리 경제의 구조적 문제 해결을 위해 계속 추진해 나갈 필요가 있다."고 옹호하였으나, 급격한 최저임금 인상과 근로시간 주 52시간 단축에 대해서는 경제에 부정적인 영향을 미쳤다고 평가했다.

2019년 초에는 문재인 대통령이 소득주도성장보다 혁신성장에 주력하는 행보를 보였으나, 김수현 청와대 정책실장은 소득주도성장·혁신성장·공정경제 3축 정책의 전환은 없음을 분명히 하였다.

문재인 정부 최저임금 인상 논란

집권하자마자 증세론, 일자리 창출 공약, 복지 공약, 탈원전 정책 등이 물 위로 떠올랐다.

문재인 정부의 목표는 '국민의 삶을 책임지는 정부'이며, 저출산·고령화, 빈곤, 보육, 교육, 의료 분야에서 복지를 확대할 것으로 예상되고 있다. 한편으로는 취임하자마자 10조 원 규모의 일자리 추가경정예산을 편성하는 것이 목표이기도 하다.

부동산 정책으로는 서민을 위한 주거복지와 도시재생 뉴딜 사업에 초점을 두고 있다. "매년 17만 가구씩 5년간 총 85만 가구의 공적 임대주택을 공급하는 것"이 목표이다.

그러나 2018년 7월 취업자 증가폭이 5,000명을 기록해 고용 상황이 2010년 1월 이후 역대 최악인 것으로 드러났다. 또한 실업자는 2017년 7월 대비 8만 1,000명 증가한 103만 9,000명이었으며, 고용률은 61.3%로 2017년 같은 달보다 0.3%포인트 감소했다.

취임 1년차 2017년 5월 10일~2018년 5월 9일

문재인은 2017년 5월 10일 대한민국 제19대 대통령으로 취임했다. 궐위 선거로 당선된 대통령이라 갑작스럽게 취임하는 바람에 내각은 박근혜 정부의 구성인 채로 유지됐으나 다들 사임 의사를 밝혔고, 바로 다음날 황교안 국무총리와 박승춘 국가보훈처장의 사표가 수리되었다. 또한 박근혜 정권 시기 논란이 되었던 국정교과서에 대한 폐지를 지시하였고, 아울러 이명박 정부 시절부터 중단되어왔던 '임을 위한 행진곡'에 대한 제창 또한 지시하였다.

1기 내각에 지명한 장관 및 후보자의 절반 이상이 대통령 공약이었던 고위공직자 불가 5대 비리 의혹이 있는 등 인사 문제가 계속해서 불거지자, 이에 반발하는 야당들의 국회 보이콧으로 인해 국회가 장기간 마비되는 사태가 벌어졌다. 인사 파동 과정에서 안경환 법무부 장관 후보와 조대엽 고용노동부 장관 후보가 각종 결격 사유로 인한 논란으로 자진사퇴하였다.

8월 2일, 정부는 8·2 부동산 대책을 발표했다. 강남 3구를 비롯한 서울 11개구와 세종시를 투기지역으로, 투기지역 및 서울 14개구와 경기도 과천시를 투기과열지구로, 투기과열지구 및 부산 7개구와 및 경기도 6개시를 조정대상지역으로 지정했고, 투기지역과 투기과열지구의 주택담보대출비율LTV·총부채상환비율DTI을 각각 60%와 50%에서 40%로 일괄 하향 조정하기로 했다. 또한 2018년 4월부터 다주택자가 조정대상지역 내 주택을 양도할 시 양도소득세를 중과하기로 하였다.

8월 17일 취임 100일을 기념하여 기자 회견을 열었으며, 사전 각본 없이 진행되었다.

2017학년도 대학수학능력시험을 하루 앞둔 2017년 11월 15일 포항 지진이 발생하면서, 문재인 대통령은 대학수학능력시험을 1주일 연기하는 결정을 내렸다.

블록체인과 암호화폐

* 암호화폐(Cryptocurrency)는 '암호화'라는 뜻을 가진 'crypto-'와 통화, 화폐란 뜻을 가진 'currency'의 합성어로, 분산 장부(Distributed Ledger)에서 공개키 암호화를 통해 안전하게 전송하고, 해시 함수를 이용해 쉽게 소유권을 증명해 낼 수 있는 디지털 자산이다. 일반적으로 암호화폐는 블록체인이나 DAG(Directed Acyclic Graph)를 기반으로 한 분산 원장(Distributed Ledger) 위에서 동작한다.

한편, 암호화폐* 열풍이 거세지면서 정부에서는 암호화폐 규제 정책들을 마련하였다. 이 과정에서 거래소 폐쇄 등의 초강경 대책이 나오자, 암호화폐 투자자들은 박상기 법무부 장관, 최흥식 금융감독원장 해임을 청원하는 등 강하게 반발하였다.

2018년 평창 동계 올림픽 여자 아이스하키 단일팀에 대해 논란이 불거지면서 20대 지지층이 이탈하였고, 지지율 59.8%를 기록했다. 2018년 4월 27일에는 1차 남북정상회담이 이루어지고 판문점 선언이 발표되었다. 남북정상회담과 남북관계 개선에 대한 기대로 인해 지지율 70%대를 기록했다.

취임 2년차 2018년 5월 10일~2019년 5월 9일

　2018년 5월 26일에는 판문점에서 2차 남북정상회담이 이루어졌으며, 지방선거를 하루 앞둔 6월 12일에는 싱가포르에서 북미정상회담이 이루어졌다.

　6월까지 문재인 대통령과 더불어민주당의 지지율은 각각 70%대, 50%대를 유지했으며, 제7회 전국동시지방선거에서 여당인 더불어민주당이 압승을 거두면서 문 대통령의 국정운영에 힘이 실리게 되었다. 그 원인으로는 문재인 대통령에 대한 기대감과 자유한국당에 대한 실망감이 꼽혔다. 성공적인 남북정상회담, 촛불집회를 통한 보수·진보 지형 역전, 소통·겸손·안정감 등 문 대통령의 개인기, 매력적인 대안을 제시하지 못하는 보수야당 등이 문 대통령과 민주당의 지지 원인이 되었다는 평가가 있었다.

싱가포르에서 북미정상회담

자료 : news.khan.co.kr

2019년도 최저임금이 2018년 대비 10% 오르게 되면서, 7월 17일 문재인 대통령은 "2020년까지 최저임금 1만 원을 이룬다는 목표는 사실상 어려워졌다. 결과적으로 대선 공약을 지키지 못하게 된 것을 사과드린다."고 공약 파기를 인정하였다. 그러면서 "무엇보다 중요한 것은 올해와 내년에 이어서 이뤄지는 최저임금의 인상 폭을 우리 경제가 감당해내는 것"이라며 속도 조절론을 공식화했다.

8월 7일에는 문재인 대통령이 인터넷 전문은행 은산분리 완화를 추진하겠다고 밝혔다. 이에 자유한국당과 바른미래당 등 야당은 적극 환영했고, 기존 지지층에 가까웠던 정의당과 참여연대, 경실련 등은 반대하였다. 기존에 반대 목소리를 냈던 여당 일부 의원들은 침묵했고, 홍영표 여당 원내대표는 찬성 의사를 밝히면서도 안전장치를 마련하겠다고 밝혔다. 노무현 전 대통령이 한미 FTA를 추진해 기존 지지층들의 반발을 샀던 것과 비슷한 측면이 일부 있다.

비슷한 시기에, 2018년 한국 폭염으로 인해 청와대와 여당은 주택 전기료 누진제를 7~8월 동안 한시적으로 완화하는 안을 추진하기로 하였다. 김태년 여당 정책위의장은 "1단계 상한은 200kWh에서 300kWh로 100kWh 조정하고, 2단계 구간도 400kWh에서 500kWh로 100kWh 조정하기로 했다."며 "한전 이사회를 거쳐 정부에서 최종 확정하면 요금인하 효과는 2,761억 원으로, 가구당 평균 19.5%의 인하효과가 기대된다."고 밝혔다.

경제 정책에 관한 논란이 계속되는 가운데, 8월 말에는 황수경 통계청장을 경질하고 강신욱 한국보건사회연구원 선임연구위원을 새 통계청장에 임명했다. 이에 대해 정부 정책기조에 맞지 않는 통계조사 결과가 나오자 통계청에 대해 압박성 인사를 했다는 비판이 제기되었다.

8월 30일에는 장관급 인사 5명과 차관급 인사 4명에 대한 개각을 단행하였다. 김상곤 사회부총리 겸 교육부 장관의 후임으로 유은혜 더불어민주당 의원, 송영무 국방부 장관의 후임으로 정경두 합동참모본부 의장을 발탁했다. 또한 여성가족부 장관 후보자에 진선미 더불어민주당 의원, 고용노동부 장관 후보자에 이재갑 근로복지공단 이사장, 산업통상자원부 장관 후보자에 성윤모 특허청장을 각각 발탁했다. 장관 교체에 대해서는 문책성 인사라는 풀이가 나온다. 송영무 국방부 장관은 기무사 계엄령 문건 처리와 관련 보고 과정 등에서 부적절하게 처신했다는 비판을 받은 바 있으며, 김상곤 사회부총리 겸 교육부 장관은 유치원·어린이집 영어교육 금지, 자사고·특목고 폐지, 수능 전 과목 절대평가 강행, 대입제도 개편 등 논란을 빚었다. 또한 백운규 산업통상자원부 장관은 탈원전 정책으로, 김영주 고용노동부 장관은 '고용 쇼크'로 논란을 빚었다. 정현백 여성가족부 장관은 홍대 몰카 수사가 '편파 수사'라는 집회 현장에 다녀온 전적이 논란이되었고, 그 이전에는 여성 비하 논란이 있는 탁현민 청와대 행정관의 경질을 건의해 문재인 대통령 지지자들로부터 비판을 받은 바 있다.

9월 11일, 판문점선언 비준동의안이 국무회의에서 의결되었고, 통일부는 비준동의안과 함께 비용추계서를 국회에 제출했다. 비용추계서에 따르면, 2019년에 철도·도로 협력과 산림협력 등 판문점선언 이행을 위해 2,986억 원이 추가로 소요될 것으로 예상됐다.

9월 13일, 정부는 9·13 부동산 대책을 발표했다. 서울·세종 전역과 부산·경기 일부 등 집값이 급등한 조정대상지역 2주택 이상 보유자에 대해 주택분 종합부동산세 최고세율을 참여정부 수준 이상인 최고 3.2%로 중과하고, 세 부담 상한도 150%에서 300%로 올린다. 종부세 과세표준 3~6억 원 구간을 신설해 세율을 0.7%로 0.2%포인트 인상한다.

9월 18~20일, 북한 평양직할시에서 제3차 남북정상회담이 개최되었다. 역대 대통령들 중 김대중, 노무현 전 대통령에 이어 세 번째로 평양을 방문하였다.

2018년 제3차 남북정상회담

9월 19일, 김정은은 가까운 시일 안에 서울을 방문하겠다고 하였다. 또한 20일에는 김정은과 함께 백두산 천지를 방문하였다. 리얼미터 여론조사 결과, 경제 문제로 하락했던 지지율은 6.4%p 상승한 59.4%를 기록했다.

9월 21일, 정부는 주택 가격 안정을 위해 '수도권 주택공급 확대 방안'을 발표했다. 정부는 이날 수도권 공공택지 17곳에서 3만 5,000호를 공급할 계획을 밝혔으며, 앞으로 남은 택지 13곳 중 4~5곳은 330만m² 이상 대규모 공공택지, 즉 '3기

신도시를 조성해 20만 호를 공급하겠다고 밝혔다. 발표된 공공택지 17곳은 옛 성동구치소 자리와 대포동 재건마을, 비공개 9개 부지 등 서울 11곳, 광명 하안2·의왕 청계2·성남 신촌·시흥 하중·의정부 우정 등 경기 5곳, 검암 역세권 등 인천 1곳이다. 3기 신도시의 위치는 분당, 일산 등 1기 신도시와 서울시 사이가 될 것이라고 설명했다.

9월 25일_{뉴욕 현지시각}, 문재인 대통령은 미국 뉴욕에서 아베 신조 일본 총리를 만나 "위안부 피해 할머니와 국민의 반대로 화해·치유재단이 정상적 기능을 못하고 고사할 수밖에 없는 상황"이라면서 화해·치유재단을 해산하겠다는 뜻을 통보했다.

11월 9일, 김동연 부총리 겸 기획재정부 장관과 장하성 청와대 정책실장이 동시에 교체되었고, 후임으로 각각 홍남기 국무조정실장과 김수현 청와대 사회수석이 지명되었다. 김동연·장하성 동시 교체에 대해, 실질적 성과가 없는 경제 현실 및 정책에 대한 엇박자 노출로 인한 문책성 인사라는 분석이 제기되었다.

11월 26일, 금융위원회는 당정협의를 거쳐 '카드수수료 개편방안'을 확정했다. 개편안에 따르면, 카드수수료율을 낮춰주는 우대수수료율 적용 구간이 2019년부터 연매출 5억 원 이하 가맹점에서 30억 원 이하 가맹점으로 대폭 확대된다. 구체적으로는, 연매출 5~10억 원 구간 가맹점의 평균 수수료율은 2.05%에서 1.4%로, 연매출 10~30억 원 구간 가맹점의 평균 수수료율도 2.21%에서 1.6%로 인하된다. 또한 연매출 500억 원 이하의 일반가맹점이 부담하는 카드수수료율도 이번에 2% 이내로 인하하도록 했으며, 체크카드 수수료율 또한 낮추기로 했다. 정부의 대책에 대해 가맹점주들은 환영한다는 뜻을 밝혔다. 그러나 혜택 대상에 포함되지 않는 매출 3억 원 이하의 가맹점이 전체 영세상인의 4분의 3을 차지하는데, 이들은 오히려 환급금으로 인해 이득을 보는 상태이며 카드 수수료 인하 이후에는 환급금이 줄어든다. 따라서 많은 매출을 올리는 자영업자들만 혜택을 볼 것이라는 불만이 제기되었다. 카드회사들과 카드노조 또한 반발하였다. 카드 수수료 인하 발표 이후, 증권사들은 카드사의 2019년 순이익이 2018년보다 최대 60% 정도까지 감소할 것이라는 전망을 내놓았으며, 특히 롯데그룹은 롯데카드를 외부에 매각하기로 결정하였다. 금융노조 관계자는 "정부가 발표한 카드수수료 인하안이 실현되면 모든 카드사는 적자를 내라는 것"이라며 "카드사에서 일하는 노동자들은 거리에 나 앉게 될 수밖에 없다."고 말했다.

12월 10일, 홍남기 후보자가 부총리 겸 기획재정부 장관에 취임했다. 그 다음 날에는 청와대 및 민간과의 소통을 강화하겠다는 의지를 밝혔다. 앞서 홍 후보자는 청문회에서 "혁신성장과 함께 소득주도성장을 추진하되 속도 조절과 부작용 보완은 필요하다."는 입장을 밝힌 바 있다.

12월 14일, 국민연금 개편안이 발표되었다. 1안은 '현행유지' 방안으로 소득대체율을 40%로 유지하는 것이고, 2안은 기초연금을 40만 원으로 올려 소득대체율을 40%로 맞추는 방안이다. 3안은 소득대체율을 45%로 올리기 위해 보험료율을 현행 9%에서 12%로 올리는 방안, 4안은 소득대체율을 50%로 끌어올리고 보험료율은 13%로 인상하는 방안이다.

12월 19일, 국토교통부는 3기 신도시 계획을 발표했다. 남양주 왕숙1134만㎡, 하남 교산649만㎡, 인천 계양 계양테크노밸리335m², 과천 과천155만㎡ 4곳이 3기 신도시 개발 대상이다. 또한 수도권 광역급행철도 A선의 금년도 착공 및 C선의 조기 착공, 신안산선의 내년 하반기 착공, 서울 지하철 3호선의 하남 교산지구 연장 등의 철도교통 대책을 발표했다.

2016년 1월 19일 더불어민주당 대표였던 문재인 대통령은 "박근혜 정권의 실패는 대선 공약 파기에서 비롯되었습니다."라고 주장했다.

자료 : monthly.chosun.com

12월 21일, 경제 문제와 청와대 특별감찰반 비위 의혹 등으로 인하여, 국정수행에 대한 부정평가가 긍정평가보다 높은 첫 여론조사 결과가 나왔다. 한국갤럽 여론조사 결과 긍정평가는 45%, 부정평가는 46%를 기록했다.

1월 4일, 유홍준 광화문대통령시대위원회 자문위원은 "집무실을 현 단계에서 광화문 청사로 이전하면 청와대 영빈관·본관·헬기장 등 집무실 이외 주요 기능 대체부지를 광화문 인근에서 찾을 수 없다는 결론을 내렸다."고 밝혀, 문재인 대통령의 공약 중 하나인 대통령 집무실의 광화문 이전이 사실상 파기되었다.

1월 8일, 임종석 비서실장은 주요 참모진 개편을 발표했다. 임종석 대통령비서실장 후임에는 노영민 주중국대사가, 한병도 정무수석 후임에는 강기정 전 더불어민주당 의원이, 윤영찬 국민소통수석 후임에는 윤도한 전 MBC 논설위원이 각각 내정되었다.

1월 29일, 홍남기 경제부총리 겸 기획재정부 장관은 국가균형발전을 위해 총사업비 24조 1,000억 원 규모의 23개 사업에 대해 예비타당성조사이하 '예타'를 면제한다고 발표하였다. 이번 프로젝트의 취지가 지역균형발전인 점을 고려해 서울, 경기, 인천 등 수도권을 대상으로 하는 사업은 예타 면제대상에서 원칙적으로 제외되었으나, 서울 지하철 7호선의 옥정-포천 연장선은 수도권이지만 낙후된 접경지역을 고려하여 예타 면제대상에 포함되었다. 특히 거제, 통영 등 경남과 울산, 전북 군산, 전남 목포 등 고용·산업위기 지역은 지역의 어려움을 추가로 고려했다. 기업과 일자리, 연구개발 투자의 수도권 집중으로 인하여 수도권-비수도권 간 격차가 확대되고 있기 때문에, 지역의 성장발판 마련을 위해 전략적 투자에 나서겠다는 것이 정부의 취지다.

홍남기 경제부총리 겸 기획재정부 장관

자료 : businesspost.co.kr

인간 문재인

평 가

긍정적 평가

　비즈니스포스트는 "합리적이고 중심이 잘 잡혀있어 안정된 성품을 지녔다."고 평가하였다. 미국의 시사 잡지 애틀랜틱은 북한의 '핵 드라마'에서 김정은 북한 노동당 위원장과 도널드 트럼프 미국 대통령이 변덕스럽고 매혹적인 스타라면, 이 드라마를 실제 연출하는 이는 문재인 대통령이라고 평가했다. CNN은 대북 외교를 두고 "문재인에게 모자를 벗어 경의를 표해야 한다."는 반응을 내놨다. 김정은과 트럼프 대통령을 한 자리에 모으는 한국 대통령의 외교 기술을 매우 높게 산다는 이야기도 덧붙였다.

부정적 평가 ♟️♟️

문재인이 대통령에 취임한 날짜인 2017년 5월 10일을 기준으로 대통령 취임 이전과 대통령 취임 이후로 구분하여 평가할 수 있다.

대통령 취임 이전 ♟️

다운계약서 작성에 따른 세금 탈루 의혹

문재인은 노무현 대통령 민정수석비서관 시절인 2003년에 4층짜리 상가 건물을 팔면서 당시 기준시가 3억 5천만 원짜리 상가를 2억 6,200만 원으로 약 9,000만 원 가량 낮게 다운계약서를 썼다. 2012년 문재인 후보 선대위 우상호 공보단장은 부민동 상가는 당시 법원·검찰청 이전에 따라 일대 부동산 가격이 폭락해 공시지가보다 1억 가까이 낮은 2억 3천여 만 원에 손절매*한 것이라고 해명했다.

문재인은 2004년 5월에도 서울 종로구 평창동 빌라를 2억 9,800만 원에 매입하고도 관계 당국에는 1억 6,000만 원에 구입한 것처럼 신고하여 탈세하였다. 2012년 문재인 측에서는 "다운계약서는 매도자의 요구에 따라 작성됐던 게 일반적"이라며 "문재인은 매수자의 입장이었고, 법적으로 다운계약서 작성이 금지된 2006년 이전의 일이기 때문에 문제될 게 없다."고 해명했다. 그러나 수많은 공직자 청문회에서 다운계약서는 항상 문제가 되었고 관행이라 해명해도 민주당 국회의원들은

> *손해(損)를 잘라(切)버리는 매매(賣)라는 뜻이다. 영어로는 Loss cut(로스 컷). '손절매'를 줄여서 '손절'이라고도 한다. 손절매란 시장에서 주식을 매입하였는데, 자신의 예상과 달리 주가가 떨어질 때 어느 정도의 손해를 감수하고서라도 그 주식을 매도하겠다는 것을 말한다. 그러니까 매입한 주식의 주가가 떨어져서 매도하면 손해를 보겠는데 그렇다고 더 기다려 보자니 주가가 더 떨어져서 손해가 커질 것으로 예상될 경우 그런 상황이 일어나기 전에 매도해 버리는 것이다.

끝까지 물고 늘어지며 비난해 왔었기 때문에 이중 잣대 논란이 있다. 이에 대해 민주당 측은 "청문회에서 낙마한 사람들의 다운계약서는 투기와 복합적으로 엮여 있는데 문 후보 경우는 그렇지 않다."고 밝혔다. 한편, 선거방송심의위원회는 2012년 11월 29일 다운계약서 작성을 확정 보도한 채널A의 '뉴스A'에 대해 법정제재 최고 수위인 '경고'를 의결했다.

아들 고용정보원 채용 특혜 의혹 및 논란

문재인의 아들 문준용이 2006년에서 2008년까지 한국고용정보원 5급 일반직에 채용되어 근무한 과정에서 특혜가 있었는지 의혹이 제기되고 논란이 되었다. 2012년과 2017년 두 차례 대선에서 해당 의혹이 주로 제기되었다.

2007년 고용노동부에서는 한나라당 측의 문제 제기에 따라 고용정보원을 상대로 감사를 실시했다. 2007년 5월 고용노동부의 감사보고서는 "특정인을 취업시키기 위해 사전에 의도적으로 채용 공고 형식 및 내용 등을 조작하였다는 확증은 발견되지 않았다."고 언급하며, "특정인을 포함한 외부응시자들은 전공분

문 대통령 아들 문준용

자료 : m.khan.co.kr

야 수상경력이나 회사 근무경력 등으로 보아 자질 및 경쟁력을 충분히 갖추고 있어 부적격자를 채용한 것은 아닌 것으로 보인다."고 잠정적으로 결론내렸다. 그러나 "투명성과 합리성을 결여하게 되어 특혜채용 의혹을 갖도록 한 것으로 보이

며 채용 절차 자체에는 문제가 있었다."고 인정하여 해당 기관에 대한 처벌 조치 필요성을 언급하였다.

2007년 6월 해당 감사 결과에 따라 채용 절차상의 문제가 인정되어, 당시 문준용 채용을 주도한 인사 담당자들에 대한 징계가 이루어졌다. 그러나 특혜 여부는 여전히 논란의 여지가 있어 2017년 대선 과정에서 정치권의 격한 공방이 있었다. 자유한국당은 2017년 5월 1일 문준용의 고용정보원 채용 특혜 의혹을 규명하기 위한 특검법안을 발의하였다.

이후 2017년 9월 14일 열린 국민의당 제보조작 관련 공판준비기일에서 검찰은 기본적으로 문준용의 특혜채용에 불법성이 있는지 살펴봤지만, 채용과정에서 위법한 혐의점이 발견되지 않았던 것으로 보인다고 밝혔다. 다만, 검찰은 특혜채용 진위에 대해 '맞다', '아니다'라는 것을 전제로 하지 않았다고 선을 그었다.

여론조작 관련 논란

2012년 문재인 대선 캠프는 서울 여의도에 위치한 신동해빌딩 6층을 임차하고 이를 중앙당사로 추가하는 절차를 마쳤다. SNS지원단장에는 조한기 단장이 임명됐다. SNS지원단 사무실이 마련됨에 따라 지난 2012년 11월 27일부터 12월 12일까지 신동해빌딩 6층에 총 91대의 컴퓨터가 설치됐다. 이와 함께 프린터 24대와 유전전화기 47대, 의자 105개, 테이블 72개, 파티션 104개, 텔레비전 5대, 냉장고 3대도 들어왔다. SNS지원단은 SNS기획팀, SNS메시지팀, SNS분석대응팀, SNS플랫폼팀, SNS콘텐츠팀, 뉴스매거진팀, SNS네트워크팀, 대응1·2·3팀 등 총 10개 팀 76명으로 구성됐다. 특히 SNS기동대 중 일부와 다른 민주통합당 의원 보좌진 등 총 16명이 SNS지원단에 합류했다2012년 12월 3일. SNS기동대를 이끌었던 차 전 팀장은 SNS지원단에서 대응1팀장을 맡았다. 이렇게 구성된 10개 팀에는

인터넷 선거운동 허용했지만, 한정위헌 결정 한계도

자료 : mediatoday.co.kr

아주 세세한 업무가 부여됐다. SNS지원단의 10개 팀 가운데 핵심조직은 '대응 1·2·3팀'으로 보인다. 대응1·2·3팀은 업무의 영역을 1. 트위터와 페이스북_{대응1팀} 2. 인터넷 포털사이트와 블로그_{대응2팀} 3. 인터넷 커뮤니티와 인터넷 뉴스 댓글란 _{대응3팀}으로 세분화했다. 이 세 개 팀을 통해 문 후보의 정책, 유리한 글, 불리한 내용에 대응하는 글, 박근혜 후보에게 불리한 글 등을 전파하며 전방위적인 인터넷 선거운동을 벌였다.

더불어민주당원 댓글 조작 사건

친노 친문 파워블로거이자 경제적 공진화 모임_{경공모} 대표인 김동원_{필명 : 드루킹}을 비롯한 경공모 회원이자 더불어민주당 권리당원들이 인터넷에서 각종 여론조작을 하였다는 혐의 및 의혹이 불거진 더불어민주당원 댓글 조작 사건이 발생하였다.

김성태 "드루킹 사건 덮으면 문 정권 거덜날 것"

드루킹 등 민주당 권리당원들이 주축이 되어 대선 전부터 문재인을 위한 여론조작을 해왔고, 이에 문재인의 측근 중 한 명인 김경수가 댓글 조작에 연루됐다는 의혹이 제기되었다. 송인배와 백원우 등 청와대 인사들과의 커넥션 의혹도 제기되었고, 문재인도 드루킹 일당의 존재를 알고 있었을 것이라는 의혹도 불거졌다.

이에 시민단체 회원들은 드루킹 일당의 작업장인 느릅나무 출판사에서 항의 시위를 벌였고, 드루킹 특검 사무실 앞에서 문재인 퇴진을 주장하며 규탄 시위를 벌이기도 하였다.

세월호 인양 지연 SBS 오보 관련 논란

50여 명의 구성으로 본격활동에 나서는 세월호 선체조사위는, 해양수산부가 세월호 인양을 고의로 늦춰 왔다는 의혹도 조사했다. 이런 의혹을 증폭시킬 만한 발언을 해수부 공무원이 SBS 취재진에게 했다. 부처의 자리와 기구를 늘리는 거래를 문재인 후보 측에 시도했음을 암시하는 발언도 했다.

이에 대해 해수부 대변인실은 세월호 인양은 기술적 문제로 늦춰졌으며, 다른 고려는 없었다고 해명했다. 그러나 선체조사위는 문제의 발언은 인양이 정치적으로 결정됐다는 가능성을 시사한다며, 조사 과정에서 들여다 볼 것이라고 밝혔다.

또한 당시 홍준표 자유한국당 대선후보가 문재인 더불어민주당 대선후보 측이 세월호 인양 시점을 조율해 정치적으로 이용했다는 방송 보도에 대해 집권하면 철저히 조사해 응징하겠다고 밝혔다.

SBS는 세월호 인양 고의 지연 의혹 보도에 대해 해명하며 사과했다. 또한 해양수산부는 고의 지연 의혹을 일축했다.

국민의당 박지원 대표는 더불어민주당 문재인 후보가 세월호 인양을 고의로 늦추게 했다는 의혹을 제기한 SBS 보도와 관련, "문빠들이 저의 논평에 대해 또다시 문자폭탄병이 도졌다."고 맹비난했다.

더불어민주당은 5월 3일 '문재인 세월호' 의혹 SBS 보도 후 국민의당이 날을 세우고 있는 것과 관련, "가짜뉴스란 걸 밝히고 아울러 '가짜뉴스'와 박 대표의 황당한 주장을 SNS상에서 퍼 나르는 특정 세력도 반드시 법적 책임을 져야 할 것"이라고 경고했다.

이석기 특별사면 논란

문재인이 민정수석으로 청와대에 있었던 시절 공안사범이었던 이석기가 사면을 받았던 사실이 논란이 되었다. 이석기는 민혁당 사건으로 2002년 구속되어

이석기, 문재인 주도로 2번이나 '특별사면'

자료 :newdaily.co.kr

2003년 반국가단체 구성 등 혐의로 징역 2년 6개월을 선고받았다. 당시 판결문에 의하면, 이석기는 1980년대 초반 한국외국어대 용인 캠퍼스 중국어과 재학생 시절 '김일성은 절세의 애국자' '주체사상은 영원 불멸의 등불' 등의 발언으로 후배들의 사상교육을 주도했으며, 1989년 민혁당의 전신인 반제청년동맹과 1992년 민혁당 설립에 참여하면서 김일성주의를 지도이념으로 한 계급투쟁을 강조하였다.

그러나 이석기는 2003년 노무현 정부의 광복절 특사로 곧바로 가석방되었다. 이석기는 2003년 광복절 특사 대상자 15만여 명 중 유일한 공안사범이었다. 이어 2005년에 다시 한 번 광복절 특사로 특별복권되어 공무담임권 및 피선거권의 제한이 풀리면서 국회의원 후보 등 선출직에 나설 수 있게 됐다.

이석기 내란 선동 사건 파장과 정치권 공방

이후 2013년에 통합진보당 비례대표 국회의원이 된 이석기가 또다시 내란 음모를 기도한 혐의로 의원직을 상실하고 구속된 이석기 내란 선동 사건이 일어나자, 노무현 정부 시절 특별사면이 재조명되며 파장이 일었다. 특별사면은 대통령의 지시에 따라 청와대 민정수석이 특별사면 대상자에 대한 가이드라인을 정하고 법무부가 이를 진행하는데, 이석기의 두 번의 사면이 이루어졌을 때 실무자는 모두 문재인 당시 민정수석이었기 때문에 이에 대한 논란이 일었다.

새누리당 측은 노무현 정부 당시 법무부가 형 복역률 50% 미만자에 사면을 실시한 전례가 없다는 이유로 극력 반대했다. 그럼에도 불구하고, 청와대 민정수석실이 특별가석방을 계속 요구해 이석기의 가석방이 이뤄졌다는 주장을 제기하면서, 사실상 종북좌파, 통합진보당, 국회의원 이석기 탄생의 숙주 역할을 했다고 비난하였다. 뿐만 아니라, 문재인이 국회의원 신분이었던 이석기의 체포에 필요한 절차인 국회 체포동의안 표결에 기권한 7명 중 1명으로 밝혀져, 과거 이석

'내란 음모 사건' 이석기, 내란 선동 혐의만 부분 인정

기 특별사면 의혹과 맞물려 이에 대한 비판 여론도 쏟아졌다.

이러한 논란에 대해 문재인의 측근 노영민 민주당 의원은 "전혀 사실도 아니고, 근거도 없는 무책임한 정치공세에 불과하다." "사면은 법무부 장관이 명단을 작성해 국무회의에서 승인된다. 이 과정에서 민정수석이 개입할 여지가 없다. 한나라당에서는 어떻게 운영했는지 모르겠으나 참여정부에서는 그렇게 했다."고 반박하였다. 또한 박범계 의원은 "2003년 사면·복권 당시 주무비서관이 나였다. 가석방은 민정수석이 아닌 법무부 내 가석방 심사위원회가 한다."고 반박했다. 박범계 의원은 "2003년 가석방과 관련해 문재인 의원이 법무부의 누구와 어떤 이야기를 나눴는지 아는 사람이 있다면, 자신 있거든 나와 얘기해보자. 당시 문재인 의원은 가석방과 사면·복권 단 한 차례도 간섭하거나 부당한 지시를 한 적이 없다."고 밝혔다.

낮은 단계 연방제 통일 방안 논란

2012년 대통령 선거 과정에서 남북 간 국가 연합 또는 낮은 단계의 연방제는 다음 정부에서 반드시 실현시키겠다는 문재인의 구상이 논란이 되었다. 문재인은 2012년 8월 김대중 대통령 서거 3주기 추도식에서 "김대중 전 대통령은 이 땅에 자유와 민주, 복지와 통일의 길을 앞장서 열어주신 분"이라며 "김 전 대통령께서 꿈꾸셨던 국가연합 또는 낮은 단계의 연방제 정도는 다음 정부 때 정권교체를 통해 반드시 이뤄내겠다."고 말했다.

남북의 국가 연합은 대한민국이 1991년 발표한 한민족공동체통일방안 이래로 추진하는 통일 방안이고, 낮은 단계의 연방제는 조선민주주의인민공화국이 1973년부터 주장한 고려민주연방공화국안을 느슨한 형태로 개정하여 추진하는 통일 방안으로, 6·15 남북 공동선언에서 김대중과 김정일 두 정상 간 이 둘의 공

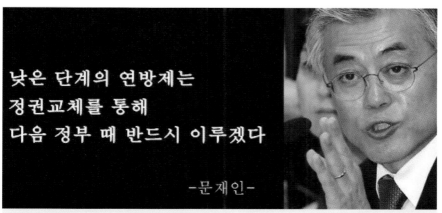

문재인이 주장하는 낮은 단계의 연방제

자료 : ilbe.com

통성을 인정한 바 있다. 그러나 연합은 유럽 연합과 같이 중앙 정부의 구속력이 약한 복수 국가들의 연합 체제이고, 연방은 미국과 같이 중앙 정부가 지방 정부들을 상당 부분 통제하는 단일국가 체제라는 점에서 근본적인 차이가 있다. 조선민주주의인민공화국의 고려 연방제는 '하나의 민족, 하나의 국가'라는 논리에 따라, 낮은 단계의 연방제 수준으로 개정된 이후에도 변함없이 국가보안법 폐지, 주한미군 철수 등을 선결 조건으로 통일하는 것을 견지해 왔다.

이 같은 사실에 근거해, 대표적인 보수 인사인 조갑제 전 월간조선 대표는 문재인의 낮은 단계의 연방제 구상을 반헌법적인 구상이라고 지적하였고, 새누리당 이한구 원내대표는 조갑제의 말을 인용해 문재인을 종북주의자로 규정하여 비판하였다.

2017년 4월 25일 대선토론에서 유승민 바른정당 대선 후보는 "김대중 정부 당시 개최된 6·15 정상회담과 관련해, 문재인 후보가 '국가연합론'과 '낮은 단계의 연방제'를 여러 번 섞어서 썼다."고 지적했고 "낮은 단계의 연방제 통일에 찬성하나?"라는 질문에 문재인 후보는 "두 안案이 다르지 않다고 생각한다."고 답했다.

김일성은 "연방제 통일을 점차 완성해나가는 낮은 단계의 연방제 통일방안도 내놓아 통일을 바라는 사람이라면 누구나 다 받아들일 수 있는 넓은 길을 열어 줬다."고 했다.

국가보안법 폐지 주장 논란

국정원 해체
민주주의 회복

문재인의 실체

자료 : twitter.com

문재인은 국가보안법의 일부 또는 전면 폐지를 일관되게 주장하였다.

문재인의 이 같은 주장에 국정원장을 지낸 남재준은 문재인이 국정원을 무력화시키고 결국 국가보안법을 폐지하려는 꼼수를 쓰고 있다고 강한 어조로 비판했다.

아무튼 문재인은 민정수석을 두 번이나 하면서 국가보안법을 폐지하지 못한 것을 뼈아픈 일이었다고 말했다.

기무사령관에 국가보안법 폐지 압박 논란

2012년 11월 참여정부 시절 기무사령관을 지냈던 새누리당 송영근 의원은 《신동아》와의 인터뷰를 통해, 기무사령관 재직 시절 "문재인 후보가 수석으로 있던 민정수석실은 안보 흔들기에 적극 참여했다."고 주장하였다. 송영근은 2003년 여름 청와대에서 당시 노무현 대통령, 문재인 민정수석과 함께 저녁 만찬을 했었는데, 만찬장을 나설 때 문재인이 "사령관께서 총대를 좀 메주십시오."라고 부탁했다고 회고했다. 그때 노무현 정부는 국가보안법 폐지를 추진하고 있었지만, 송광수 검찰총장, 최기문 경찰청장 등 모든 공안 담당자가 다 반대하고 있었기 때문에, 송영근에게 국가보안법 폐지에 앞장서 달라고 부탁한 것으로 보였다고 송영근은 밝혔다.

2017년 4월 19일 이루어진 대통령 선거 후보 토론에서 자유한국당 홍준표 후보는 송영근의 인터뷰를 바탕으로 "2003년 당시 노무현 대통령과 문재인 민정수석이 기무사령관을 불러 국보법 폐지를 요구한 적 있느냐?"고 관련 의혹에 대해 추궁하였다.

한총련 합법화 논란

문재인은 한총련* 소속 대학생들의 미군 훈련장 난입 사건에 대해 한총련의 합법화를 추진하겠다는 뜻을 밝혔다. 문재인은 한총련의 합법화에 대해 "대학생들의 대표조직이 이적단체라고 해서 거기에 가입하면 이적단체 가입으로 처벌받는 것은 하루빨리 해결되어야 할 필요가 있다."고 말했다. 또한 "이를 위해서는 국민이 충분히 인정할 만큼 한총련의 변화가 필요하다고 그동안 지적해왔다."며 "부분적으로 수배 해제 등 정부가 성의를 다하면서 변화를 유도하고 촉구해 왔던 것인데 한총련은 긍정적으로 변화하는 것처럼 보이지 않아서 조금 안타깝다."고 지적했다. 문재인은 합법화의 의미에 대해 "법원이 일단 한총련을 이적단체로 판단하지 않는 것이며 검찰이 더 이상 이적단체 가입 등으로 기소하는 일이 없어지는 것"이라고 설명했다.

* 한국대학총학생회연합(韓國大學總學生會聯合, 약칭 한총련)은 80년대 학생운동을 주도했던 전대협을 계승하여 1993년 만들어진 대한민국의 학생운동단체이다.

문재인 청와대 민정수석은 한총련 장기 수배자 가족 및 한총련 합법화 대책위를 만나 한총련 수배해제에 대한 긍정적 입장을 밝혔다. (2013.03.14.)

대북 경제 제재 조치 해제 주장 논란

광복 70주년을 맞아, 천안함을 폭침시킨 배후로 지목된 북한에 대한 대한민국 정부의 제재 조치인 5·24 조치를 해제하자는 문재인의 주장이 논란이 되었다. 이는 2015년 8월 4일 북조선의 DMZ 지뢰 도발 사건 직후 이뤄진 발언이라, 새누리당 김무성 대표는 이러한 문재인의 주장이 부적절하다고 일축하였다. 황교안 국무총리 역시 문재인의 이 같은 제안에 북한의 상응하는 조치가 있어야 해제가 가능하다며 부정적인 입장을 나타냈다. 한편 5·24 조치 해제 제안은 햇볕정책을 계승 발전시킨 것이라는 문재인의 자평에 대해, 김대중 전 대통령의 직계인 동교동계 인사들 역시 햇볕정책에 대한 이해가 부족하다며, 북과의 대화와 협력은 중요하지만 지뢰 도발 사건 직후 어떻게 그런 제안을 할 수 있냐며 달가워하지 않았다. 이런 논란에 대해 한국갤럽이 대한민국 국민들을 대상으로 한 여론조사에

2010년 천안함 침몰로 46명의 해군 장병이 목숨을 잃었다.

자료 : bbc.com

서도 북측의 태도 변화 없이는 5·24 조치를 해제할 필요가 없다는 의견이 69%로 대다수를 차지했다.

또한 북조선의 4차 핵 실험에 대응하는 제재 조치로 박근혜 정부가 2016년 2월 개성공단을 폐쇄시키자, 문재인이 이에 대해 강하게 비판적 입장을 고수하는 것 역시 지속적인 논란이 되었다. 문재인은 개성공단 폐쇄 직후, 트위터에서 개성공단 폐쇄결정은 박근혜 정부 최악의 잘못이고 개성공단 폐쇄를 제재수단으로 사용해선 안 된다며 폐쇄 철회를 요구하였다. 이에 여당인 새누리당은 대체 어느 나라 의원이냐며 문재인을 비롯한 운동권 세력의 국론분열 발언은 북한 김정은 정권을 이롭게 하는 이적행위라고 규정하면서 문재인의 주장을 맹비난했다. 이 문제와 관련하여 2016년 2월 15일 국회 국방위원회 전체회의에서 문재인과 한민구 국방부장관 사이에서 격한 논쟁이 벌어지기도 하였다.

이후에도 문재인은 개성공단 폐쇄를 멍청한 짓이라고 맹비난하며, 대통령 당선 시 개성공단을 즉각 재개할 것이라고 언급하였다. 문재인은 "개성공단 폐쇄도 최순실 작품"이며 "북한에 시장경제를 전파하고 북한에 자본주의 체제, 자유민주주의 체제의 우월성을 보여주고 북한 주민들을 우리 편으로 끌어들이고, 그리고 유사시에는 북한이 중국에 손을 내미는 것이 아니라 우리 대한민국에 손을 내밀게 대한민국에 의존하게 하여야 하는 것"이라고 주장하였다. "북한에 급변사태가 생긴다 해도 북한이 중국에 손을 내밀지 않겠나. 그러면 또다시 친중 정권이 생기는 것"이라며 "잘못하면 동북삼성이 아니라 동북사성이 되는 거다. 이렇게 멍청한 짓이 어디 있나."라고 박근혜 정권을 비난했다.

개성공단 폐쇄

자료 : news.kmib.co.kr

이에 유엔과 국제사회의 전방위적인 대북 제재에 대한 국제 공조의 일환으로 결정된 개성공단 폐쇄를 철회하는 것은 스스로 국제 공조를 허무는 것이란 비판의 목소리가 일었다. 새누리당 탈당파가 모인 중도 보수 정당인 가칭 개혁보수신당의 유승민 의원 역시 만약에 문재인이 대통령이 된다면 안보가 걱정이라며 개성공단 재가동에 대한 부정적 입장을 내비쳤다. 한편, 대한민국으로 망명한 북조선 고위인사인 태영호 전 영국 주재 북조선 대사관 공사는 이 같은 개성공단 폐쇄 논란에 대한 기자들의 질문에, 대한민국 내 정치 문제와는 선을 그으면서도, 만약 한국이 개성공단을 폐쇄하지 않았다면 다른 나라들이 대북 제재를 따라 왔을지 의문이라며 사실상 개성공단 폐쇄의 당위성에 힘을 실어주었다.

이에 대해 문재인은 "개성공단은 유엔 결의안 대북 제재 속에 포함되지 않았다."며, 박근혜인지 최순실인지 어떤 나라에서도 언급하지 않은 개성공단에 대해 이해할 수 없는 과잉조치를 취했다고 비판했다. 또한 "북한에 대해 더욱 강력한 제재와 압박이 필요할 수도 있다. 그러나 북한을 협상 테이블에 앉히기 위해서는 그것만으로 부족하기 때문에 대화가 병행되어야 한다."고 논박했다.

나아가, 문재인은 "정권교체를 이루면 당초 계획대로 개성공단을 2단계 250만 평을 넘어 3단계 2,000만 평까지 확장하겠다."고 밝혔다. 그러나 대한민국 헌법에는 국제법을 준수해야 한다고 되어 있고 유엔 안보리 국제법에 따르면 북한에 경제적 이득을 줄 수 있는 공단을 건설하는 것은 유엔 안보리 국제법 위반으로 규정하고 있다.

문재인이 개성공단을 확장하겠다는 발언은 결국 유엔 안보리 국제법을 위배하고 대한민국 헌법을 위배하겠다는 발언으로 볼 수 있다는 견해가 있다. 2017년 4월, 미국 의회가 북한을 테러지원국으로 재지정하는 법안을 통과시킴으로써 남북 경제 교류는 현실적으로 불가능하게 되었다.

문재인 "개성공단 재개돼야 … 2천만 평으로 확장"

자료 : news.kbs.co.kr

　자유한국당 홍준표 후보가 문재인 후보를 향해 "문재인 후보가 공약한 개성공단 2천만 평 확장은 창원 국가산업단지의 3배로 북한 일자리 창출"이라고 직격탄을 쐈다. 북한과 경제 협력을 통해 북한 문제를 풀려는 시도 자체가 핵무기를 만드는 북한을 돕는 꼴밖에 되지 않는다는 지적으로, 문재인 후보의 안보관과 경제관을 동시에 비판한 발언으로 해석된다. 홍준표 후보는 4월 19일 KBS에서 진행된 '2017 대선후보 초청 토론'에 참석해 "개성공단 2천만 평이 되려면 우리나라 중소기업 200개가 개성으로 올라가야 한다."며 이같이 지적했다. 홍준표 후보는 "중소기업 200개가 개성으로 올라가면 우리나라 청년 일자리는 어떻게 하자는 것이냐."며 "개성공단 역시 싼 임금 때문에 간 것이 아니냐."고 반문했다. 이에 대해 문재인 후보는 "그렇게 되면 우리가 북한 땅에 진출하는 것"이라며 "북한의 값싼 노동력을 사용하는 것이지만 원·부자재를 납품하는 협력업체가 생기는 것"이라고 반박했다. 북한에 개성공단 업체가 200개 생기면 국내에 하청 업체가

1,500개가 생긴다는 주장이다. 이에 홍준표 후보는 "개성공단은 북한의 값싼 노동력을 활용해야 하는 영세업체들을 중심으로 구성되기에, 이들과 함께하는 협력업체들로 더 많은 일자리를 창출하기에는 무리가 있다."고 지적했다.

하지만 문재인 후보는 집권 이후 조건 없이 바로 개성공단을 재개하지는 않을 것이라고 밝혔다. 문재인 더불어민주당 후보는 "적어도 북한이 핵 개발을 동결하고, 핵 폐기를 위한 협상 테이블에 나와야 개성공단을 재개할 수 있을 것"이라고 말했다. 문 후보는 2017년 4월 28일 중앙선거관리위원회 주최 2차 대선후보 TV 토론에서 개성공단 폐쇄는 "유엔의 대북제재 속에선 포함되지 않았지만 대량 현금결제 우려가 있으니, 그런 부분에 대한 국제적 제재와 보조를 맞춰야 한다."며, "무조건 공단 재가동 및 2,000만 평으로의 확대 계획 이행을 하자는 게 아니다." 라고 말했다.

북한 주적 여부 논란

유승민 바른정당 후보는 4월 19일 2017 대선후보 KBS 초청 토론회에서 문재인 후보에게 "북한이 주적인가?"라고 물었고 문재인 후보는 "그런 규정은 대통령으로서는 할 일이 아니라고 생각한다."라고 답했다.

박지원 국민의당 대표는 문재인 후보를 겨냥해 "엄연히 우리 국방백서에는 주적이 북한으로 나와 있다."며 "우리의 주적은 북한이다."라고 직격했다.

국민의당 전 통일부 장관 출신 정동영 의원은 "안보 상대로서 북한이 있는 것이지만 민족 내부의 특수한 관계 때문에 통일부를 설치한 것이며 이런 양면적 성격을 다 통합하고 고려해서 한반도 문제에서 일단 평화를 만들고 평화적 통일을 향해 가는 것이 다음 지도자의 역할이지 주적이냐 부적이냐를 갖고 논쟁하는 것은 시대착오적이고 소모적"이라며 주적 논쟁을 비판했다.

한편, 문재인 후보는 4월 20일 "남북 관계가 개선된 후 북한을 주적으로 삼은 규정이 없다."며 "다만, 엄중한 남북 관계와 실질적인 북핵 위협으로 인해 '적'이라고 국방백서에서 다루고 있다."고 설명했다. 이어 "북한은 군사적으로 대치한 위협이 되는 적이 분명하다."면서 "다만, 헌법에 의해 우리가 함께 평화통일을 해낼 대상"이라고 밝혔다. 이어 그는 "각 부처들이 북한을 대하는 입장이 달라야 한다."며 '국방부'는 북한을 적으로 현실적인 안보 위협으로 인식하면서 국방의 안전에 만전을 기해야 하고, '외교부'는 외교적 노력을 통해서 북핵 문제를 해결하고 남북 관계를 개선하려고 노력해야 한다. '통일부'는 국제사회의 대북 제재에 공조하면서도 남북 간 별도 대화를 위해 노력해야 한다. '대통령'은 그 모든 것을 다 함께 관장하는 종합적인 위치에 있어야 한다고 발언하였다.

탈북자 단체들의 문재인 지지 및 반대 논란

한반도평화통일재단, 세계탈북민위원회 주최 '제2회 탈북민대회'가 2017년 4월 27일 서울 여의도 국민일보 빌딩 12층에 모여 선언문을 통해 "문재인 더불어민주당 후보가 당선되면 탈북자들이 집단으로 해외 망명하겠다."고 밝혔다.

하지만 모든 탈북자가 문재인 후보에 부정적인 입장은 아니며, 문재인 후보를 지지하는 탈북자들도 많이 존재한다. 한반도민주청년연합, 남북현대사산책 등 4개 탈북청년단체는 성명을 내고 "선거 때마다 독버섯처럼 자라나는 케케묵은 색깔론을 이제는 정말 끝장내야 한다."며 "북한 문제나 외교 안보 정책에서 자신과 생각이 다르다고 종북 딱지를 붙이고 공격하는 것은 전체주의적 발상이며 북한식 사고방식"이라면서 "김일성 왕조가 지배하는 독재체제가 싫어 남쪽으로 내려온 우리는 문재인 후보에게 희망을 걸어본다."고 밝혔다. 그리고 안찬일 세계북한연구센터 소장과 강명도 경기대 겸임교수 등 탈북자 400여 명이 5월 4일 문재인

지지를 표명할 예정이어서 탈북자 단체 사이에서 논란이 일었다.

혁명 발언 논란

문재인은 박근혜 대통령 탄핵 소추안이 헌법재판소에서 기각될 경우 그 다음에는 혁명밖에 없다고 발언하였다. 2016년 12월 조선일보는 조기 대선 정국에서 최대 수혜자라는 평가를 받는 문재인 전 더불어민주당 대표가 주로 어떤 말을 쓰는지, 어떤 생각을 하는지를 심층 분석하는 연속 기획을 준비했다. 전국을 누비며 시민과 만나는 문 전 대표는 시민 혁명, 촛불 혁명을 강조했다. "촛불 혁명, 시민 혁명, 혁명, 혁명, 혁명, 혁명" 총 발언 시간은 8시간이고 '혁명'은 총 97번 나왔다.

새누리당은 헌법을 무시하는 초헌법적인 발언이라며, 헌법과 법률이 정한 절차가 본인 생각과 다르다는 이유로 혁명 운운하는 문재인은 국가 지도자의 자격이 없다며 강하게 비난하였다. 국민의당 박지원 원내대표 역시 지극히 위험한 발언이라고 지적하며, 광장의 분노와 불안에서 혼란과 불안으로 이어지면 안 된다며 문재인의 발언을 비판하였다. 정세균 국회의장도 문재인의 혁명 발언을 과하다고 비판하였다. 정세균은 독립적 헌법기관인 헌재와 대한민국 국민의 품격에 걸맞은 대우와 언행을 정치 지도자가 하는 것이 좋을 것이라며, 2류나 3류로 인식되는 정치인 행보는 바람직하지 않다고 지적하였다.

이에 대해 문재인은 "헌재가 촛불 민심 및 국민 뜻과 다르게 결정을 내려서 제도적 해결의 길이 막혀버린다면 국민이 저항권을 행사하는 그야말로 혁명의 상황이 될 수밖에 없다는 객관적 상황을 말한 것"이라고 했다. 또한 문재인은 "'촛불 혁명', '시민 혁명' 등 모든 사람이 혁명을 말하고 있는데 마치 문재인이 말하니 불온한 것처럼 하고 '비헌법적'이라고 하는 건 편파적 보도"라 역설했다.

대통령 취임 이후 ♟

경제정책의 실패

대통령 취임 이후에는 경제정책의 실패가 많이 지적된다. 소득주도성장론과 최저임금 인상 등 분배 일변도의 정책에 대해서 많은 경제 전문가들이 비판을 쏟아내고 있다. 결국 이는 2019년 1분기의 마이너스 성장, 통계집계 사상 최악의 청년 실업률, 통계집계 이래 역대 최악의 소득 양극화를 기록하면서 성장과 분배를 모두 후퇴시키는 결과를 야기했다. 진보 성향의 주상영 건국대 교수조차 "기업구조조정이나 공공부문 개혁, 증세 논의 등 경제 효율성 향상 정책이 없을 경우 금융위기 발생, 불평등 심화, 수요 부족의 문제를 겪게 될 것"이라고 지적했다. 더불어민주당 국민경제상황실 부단장을 맡았던 주진형 전 한화투자증권 대표는

문대통령 탈원전 선언

자료 : hani.co.kr

최저임금 인상 정책에 대해 '부모 없는 아이'라고 강하게 비판하기도 하였다. 문재인 케어에 대해서 이국종 교수는 "보급을 강화할 생각은 안 하고 '돌격 앞으로!'만 외치니, 그게 되겠나."라고 비판했다. 탈원전 정책에 대해서도 서울대학교 공과대학 학생들이 반대 의견을 표명하였다.

부실한 인사 검증 및 5대 원칙 공약 파기

안경환 법무부 장관 후보자, 조대엽 고용노동부 장관 후보자, 이유정 헌법재판관 후보자 등 문재인 정부에서 임명한 인사들의 도덕성 논란이 불거지고 지속적으로 낙마하면서, 인사 정책에 대한 비판의 목소리가 있다. 더군다나 문재인 정부는 박근혜 정부의 인사를 비판하며 5대 원칙위장전입, 논문 표절, 세금 탈루, 병역 면탈, 부동산 투기을 내세웠고, "이 중 하나라도 위반할 경우엔 고위공직자로 등용하지 않겠다."고 약속했다. 그러나 인사청문회 대상인 국무총리와 장관후보자 및 위원장 22명 중 15명68.2%이 1개 이상에서 논란이 되면서 공약 파기에 대한 비판이 제기되었다.

장관 후보자들의 잇단 논란들과 관련해 청와대는 "저희가 내놓는 인사가 국민 눈높이에 미치지 못한다는 점에 대해선 국민 여러분께 죄송하다는 말씀을 드린다."고 사과하였다. 이후 청와대는 새로운 인사 기준을 발표했다. 청와대는 5대 원칙을 7대 비리병역 기피·세금 탈루·불법재산 증식·위장전입·연구 부정행위·성범죄·음주운전로 범위를 넓히는 한편 위장전입 횟수를 2회로 완화하는 등 새로운 기준을 제시했고, 이 중 하나라도 해당될 경우 임용을 원천 배제하겠다고 밝혔다.

하지만 새로운 기준을 적용하면, 1989년 한 차례 위장전입한 이낙연 총리나 2000년 위장전입한 강경화 외교부 장관, 수십년 전 석사 논문 등을 표절한 의혹을 받는 김상곤 교육부총리 등은 임용 배제 대상에서 제외되기 때문에 '면죄부 주기'라는 비판도 제기되었다. 그리고 자유한국당은 "공직에 오를 수 없는 부적

격자들을 임명해 놓고 이제 와서 기준안을 발표하는 건 물타기"라고 주장했고, 국민의당은 "무조건 합격시킨 다음에 채용기준을 제시하겠다는 것"이라고 비판했다. 또한 새로운 인사 기준이 적용된 이후에도 2018년 4월 김기식 금융감독원 원장이 낙마하였고, 2018년 9월 유은혜 부총리 겸 교육부 장관 후보자, 이재갑 고용노동부 장관 후보자, 정경두 국방부 장관 후보자, 이은애·김기영 헌법재판관 후보자 등 장관·헌법재판관 후보자들의 인사청문회에서도 위장전입과 탈세 등 7대 비리 관련 의혹들이 제기되었다.

이후 2019년 3월 청와대는 최정호 국토교통부 장관 후보자, 박영선 중소벤처기업부 장관 후보자, 진영 행정안전부 장관 후보자, 박양우 문화체육관광부 장관 후보자, 조동호 과학기술정보통신부 장관 후보자, 문성혁 해양수산부 장관 후보자, 김연철 통일부 장관 후보자 등 7명을 새로운 장관 후보자로 지명하였는데, 이들 또한 7대 원칙을 위반하였다는 의혹이 있다. 특히 개각 명단에 있는 7명 중, 최정호 국토교통부 장관 후보자는 주택 3채를 보유한 다주택 이력이 있어, 집값을 잡아야 할 국토교통부 장관에 어울리지 않는다는 지적을 받았다. 조동호 과학기술정보통신부 장관 후보자 또한 장·차남의 군 복무 특혜와 호화 유학 생활, 잦은 외유성 해외 출장, 증여세 탈루 의혹 등이 있었고, 이로 인해 최정호 후보자는 자진사퇴하였고 조동호 후보자는 청와대에서 지명을 철회하였다.

7명의 장관 후보자들 중 김연철 통일부 장관 후보자와 박영선 중소벤처기업부 장관 후보자가 가장 많은 비판을 받았다. 김연철 후보자는 과거 금강산 피격사건으로 박왕자 씨가 피살된 것을 두고 '통과의례'라고 하고, 천안함 피격 사건을 '우발적 사건'이라고 하는 등 SNS에 친북적인 망언을 한 바 있으며, 부동산 투기 의혹 또한 있었다. 박영선 후보자 또한 청문회 자료 제출 부실 논란, 정치자금 영수증 허위 제출 논란 등 각종 구설수가 있었다. 이로 인해 박영선, 김연철 장관의 청문보고서 채택이 무산되었고, 야권은 조국 민정수석과 조현옥 인사수석에 대해서도 책임론을 제기했다. 그럼에도 불구하고 문재인은 4월에 김연철, 박영선 후보자 등 5명의 임명을 강행했고, 야당은 "대통령의 인사 전횡이 독선을 넘어 만행 수준으로 치닫고 말았다.", "문 대통령은 불통, 오만, 독선의 결정판인 인사 강행에 대해 총체적 책임을 지고, 즉각 대국민 사과하라."라며 강도 높은 비판을 쏟아냈다.

비슷한 시기에, 7명의 장관 후보자들 외에도 이미선 헌법재판관 후보자의 경우 35억 원 규모의 주식투자가 문제가 되었으며, 김의겸 청와대 대변인 또한 흑석동 부동산 투기 의혹으로 대변인직을 사퇴하였다.

일자리 문제 실패 및 전시행정 논란

2017년 5월, 문재인은 대통령 당선 직후 공약이었던 일자리 상황판을 집무실에 설치하고 점검하는 모습을 시연하였다. 이에 국민의당 측에서는 청와대의 일자리 상황판 설치는 70년대식 전시행정이며, 모니터에 나온 지표는 월별 분기별 자료라 매일 상황을 체크할 필요가 없다고 비판하였다.

그러나 2018년 3월 통계청의 고용통계에 따르면 실업률 4.5%, 실업자 125만 7,000명으로 2001년 이후 17년 만에 최악을 기록했다. 또한 문재인 정부 들어 최저임금의 급격한 인상으로 고용시장이 위축돼, 2018년 상반기 장기 실업자 수가 14만 4천 명으로 증가하여, 1997년 대한민국의 외환위기 이후 18년 만에 최대를 기록했다. 이는 실업률이 꾸준한 하락 추세에 있는 미국, 독일, 일본 등과 대조된다. 특히 미국은 임금이 10년 만에 최대 폭으로 상승했다. 미국의 2018년 2분기 고용비용지수는 전년 동기 대비 2.8% 상승했다.

이에 25조의 세금을 쏟아붓고도 최악의 고용절벽과 실업대란을 초래한 문재인

문대통령 "실업 대란 방치하면 재난 수준 위기"

자료 : mk.co.kr

정부의 정책에 대한 비판의 목소리가 커졌다. 전문가들은 고용정책 실패의 원인으로 최저임금의 급속한 인상, 비정규직의 정규직화, 근로시간의 단축 등을 꼽으며, 이 같은 정책 하에서 추경으로 세금을 쏟아부어도 상황은 더 악화될 것이라는 것을 지적하였다. 전문가들은 이어 나랏돈을 풀어 일자리를 지탱하는 땜질식 처방을 비판하며, 기업 경쟁력을 높여 민간 부분 고용을 늘리는 근본적 대책이 나와야 한다고 역설했다. 이러한 문제를 해결하기 위해서는 친기업 정책으로 기업의 고용과 투자를 유도해야 한다는 지적이 나온다. 실제로 도널드 트럼프 미국 행정부는 최고 35%였던 법인세를 2018년 1월부터 21%로 낮추었고, 에마뉘엘 마크롱 프랑스 대통령은 "기업을 돕는 정책은 국가를 위한 것"이라며 친기업 정책을 펴고 있다.

야당의 비판도 이어졌다. 자유한국당은 문재인 정부의 무리한 최저임금 인상을 통한 소득주도성장은 1년도 안 돼 실패했다고 지적하며, 일자리 상황판 설치

쇼에도 불구하고 '실업 재앙'이 대한민국을 휩쓸고 있다고 비판하였다. 유승민 바른정당 대표는 "소득주도성장은 환상이다. 쓰레기통에 넣고 폐기해야 한다."며 "성장·일자리·투자가 같이 가야 한다."고 지적했고, 안철수 국민의당 대표는 "일자리마저 국가가 만든다는 것은 잘못됐다. 4차 산업혁명에서도 일자리를 만드는 주체는 민간 기업이 돼야 한다."고 지적했다.

빈부 격차 및 소득 양극화 심화

2018년 통계청에서 발표된 자료에 따르면 1분위 계층의 소득은 줄어든 반면, 5분위 계층의 소득은 급격하게 증가하였다는 결과가 나왔다. 빈부 격차의 양극화는 더욱 심화되어 소득분배 지표는 10년 만에 최악으로 집계되었다. 이처럼 최악의 소득분배 성적표를 받았음에도 장하성 정책실장은 심각한 상황을 인지하지 못한 채로 "오히려 기존 정책 기조를 유지해야 한다는 것을 입증한다."며 고집을 부리고 있다는 비판이 제기되고 있다.

역설적으로, 해당 기사에 따르면 친기업 정책으로 '부자당'의 이미지를 갖게 된 이명박 정부와 박근혜 정부 시절에는 오히려 1분위 계층의 소득 증가율이 5분위 계층보다 높고, 친서민으로 알려져 있는 노무현 정부와 문재인 정부에는 1분위 계층의 소득 증가율이 5분위 계층의 증가율에 못 미치고 있다. 특히나 노무현 정부 시절은 그나마 1분위와 5분위가 모두 성장하는 중에 격차가 생긴 것이지만 문재인 정부의 소득격차는 이례적인 빈익빈 부익부에서 야기된 것이라 더욱 큰 문제라는 비판이 제기되고 있다.

소득 격차를 가늠하는 또 다른 지표인 균등화 소득, 즉 가구원 수의 영향을 배제하도록 처리한 1인당 소득의 증감률 지표상으로는 1분위 계층의 소득 변화가 거의 없지만, 5분위 계층의 소득은 전년 동기 대비 10% 이상 높게 나온 것으로 확인됐다. 명목상 지표보다는 좀 더 낮게 나왔지만, 그래도 1분위 소득 감소와 5분위 소득 증가로 인한 빈부 격차의 양극화는 부정할 수 없다는 비판이 제기되고 있다.

2017년과 2018년은 구성되는 표본에서 차이가 존재하기 때문에 과거 통계와 비교하는 게 적절하냐는 논란이 제기되기도 했다. 2018년 조사에서는 고령화 추세에 맞춰 고령자 가구가 대거 새로운 표본으로 포함됐다. 소득이 낮은 고령자 가구의 추가 편입은 올해 1~2분기 소득분배 지표의 악화를 불러왔다는 지적도 제기됐다. 그러나 3분기 및 4분기는 소득 격차가 1분기 및 2분기보다 더 벌어진 결과가 나왔으므로 소득주도성장이 오히려 역효과를 일으키고 있음은 부정할 수 없다는 반론이 존재한다.

급격한 최저임금 인상 논란

대선 당시 더불어민주당 국민경제상황실 부단장을 맡았던 주진형 전 한화투자증권 대표는 "아이는 태어났는데 내가 그 아이 부모라고 나서는 사람이 없다. 일은 벌어졌는데 내가 했다는 사람이 없으니 말이다."라는 말로 문재인 정부의 최저임금 정책을 비판했다. 지적의 요지는 다음과 같다.

- 누가 이것을 주창한 것인지가 불분명하다. 그저 문재인 대통령 선거 공약에 있었다는 말만 나돈다. 아무도 "이것은 내가 적극 밀은 정책이다. 이것이 잘되면 내 공이고 잘못되면 내 탓이다."라고 나서는 사람이 없다.
- 최저임금 인상의 취지도 모호하다. 최저임금 인상은 소득주도성장론에서 주요한 정책 수단이 아니라 예시에 불과했다. 이것들 최저임금 인상이나 통신요금 인하, 사회적 일자리 확충 등을 다 한다고 해서 임금주도성장이 되지는 않는다.
- 근거도 없다. 최저임금을 어느 정도로 올리는 것이 적절한지를 판단할 기준

문재인의
최저임금 정책에 반대하며
문재인 퇴진 시위를 하는
소상공인생존권운동연대

을 무엇으로 할지에 대한 논의를 제안한 사람이 없다. 국제적으로 최저임금을 얘기할 때 전체 임금 노동자의 중위소득 기준으로 50%보다 더 많은가 아닌가를 우선 본다. 한국은 이미 거의 45%에 달한다. 조금만 올려도 금방 50%를 넘어버린다. 만원이면 중위소득 50%를 훨씬 넘어버린다.

• 김동연 부총리가 인상 결정 다음날 예상 부작용을 완화하기 위한 방안을 발표한 것도 이상하기 짝이 없다. 자기들이 일을 저지르고 나서 그 다음날 이를 옹호하는 대신 부작용 경감 대책을 늘어놓는 것은 세상에 처음 본다.

문재인 정부의 국민경제자문회의 거시경제분과 의장이기도 한 주상영 건국대학교 경제학과 교수는 "최저임금을 인상하겠다는 정책방향은 옳지만 '최저임금

'1만 원' 목표의 조기 달성은 경제에 불필요한 충격을 줄 수 있다."며 인상 속도 조절을 강조했다.

근로시간 주 52시간 단축 논란

법정 근로시간을 주당 68시간에서 52시간으로 줄이면서 중소기업들이 타격을 받는다는 비판이 제기되었다. 한국경제연구원은 근로시간을 주당 52시간으로 줄이면 전체 기업의 인건비 부담이 연간 12조 3,000억 원_{2015년 기준} 늘어날 것으로 추정했다. 이 중 300인 이하 중소기업이 부담하게 될 몫은 70.3%인 8조 6,000억 원에 달한다.

국회예산정책처 자료에 의하면, 주 52시간 근무로 인해 5~29인 사업장은 평균 32만 8,000원, 30~299인 사업장은 평균 39만 1,000원, 300인 이상 사업장은 평균 41만 7,000원만큼 급여가 감소할 것으로 예측되었다. 특히 초과 근로가 많은 생산직 근로자들의 타격이 크다고 한다.

중소기업단체협의회는 "국회에서 논의 중인 근로시간 단축안은 중소기업계의 인력난을 심화시키는 정책"이라며 "보완책 마련 없는 근로시간 단축안을 절대 수용할 수 없다."고 밝혔다. 박성택 중기중앙 회장은 "개정안은 인력난에 시달리는 중소기업 현실과 맞지 않다."며 "국회는 근로시간 단축으로 고용창출을 유도하겠다지만, 근로시간 단축은 기존 근로자들의 임금 감소만 가져오고 일자리 창출로 이어지지 않을 것"이라고 말했다.

대통령 집무실 광화문 이전 공약 백지화

문재인 대통령은 대통령 집무실의 광화문 이전을 대선 공약으로 내세웠으나, 2019년 1월 불가능하다는 결론이 내려져 백지화되었다. 유홍준 광화문대통령시

대통령 집무실 광화문 이전 계획 철회

자료 : huffingtonpost.kr

대위원회 자문위원은 승효상 국가건축정책위원회 위원장 등 전문가들과 함께 논의한 뒤, "집무실을 현 단계에서 광화문 청사로 이전할 경우, 청와대 영빈관과 본관, 헬기장 등 집무실 이외의 주요 기능을 대체할 부지를 광화문 인근에서 찾을 수 없다는 결론을 내렸다."고 발표했다.

야권에서는 일제히 비판을 쏟아냈다. 바른미래당 김정화 대변인은 논평에서 "'말만 번지르한' 정권이 아닐 수 없다. 문재인 정부의 공약은 선거 때만 말이 되는 공약인가."라며 "현실성 없는 거짓 공약으로 국민을 우롱한 문재인 정부는 국민께 사죄해야 한다."고 말했다. 자유한국당 윤영석 수석대변인 또한 "대통령 집무실을 광화문으로 이전하겠다는 대국민 공약을 철회한 데 대해 문 대통령은 사과부터 해야 한다."며 "대선 공약으로 효과는 다 보고 국민과의 약속은 휴지통에 내던진 것으로, 정치적 도의를 저버린 것"이라고 비판했다.

탈원전 논란

정부는 2017년 6월 27일 국무회의에서 신고리 5·6호기 공사를 일시중단하고 공론화위원회를 구성해 시민 배심원단이 완전 중단 여부를 판단하도록 결정했다. 이 기간 동안 신고리 원자력발전소 5·6호기 건설은 3개월간 중단되었고, 한국수력원자력은 1,000억 원의 손실이 발생한 것으로 추정했다. 한수원 노조는 "국가 중요정책을 이렇게 졸속으로 결정한다는 것은 도저히 용납할 수 없다."며 "국민적 지탄을 받아야 한다."고 말했다.

서울대학교 공과대학 11개 학과 학생회가 모여 결성한 대표자 회의는 〈탈원전 추진, 과학기술계의 의견을 경청하라〉는 제목의 입장서를 통해 탈원전 정책이 산업은 물론 학문 기반까지 위협하고 있다는 우려를 표시했다. 학생회는 "탈

문재인의 탈원전 추진으로 가동 중단된 고리 원전 1호기(오른쪽 첫 번째)

원전 결정으로 원자력 관련 연구 예산이 대폭 삭감돼 직접적으로 공학자들의 목을 조이는 상황"이라며 "정권에 따라 학문의 필요성 자체가 도전받는 상황에서 참된 과학자와 공학자가 설 수 있는 공간은 없다."고 밝혔다. 실제 서울대 원자핵공학과는 2017년 후기 대학원생 모집에서 5명을 모집하는 박사과정에 1명이, 37명을 모집하는 석·박사통합과정에 11명이 지원해 '미달 사태'를 냈다. 또한 "신고리 5·6호기 공론화위원회는 '중립성'을 근거로 한국원자력연구원 등 정부출연기관 소속 연구원의 토론 참여를 막는 등 전문가 의견 전달을 제한했다."며 "국가의 미래와 직결된 에너지 정책이 전문가 의견 없이 졸속으로 결정되고 있다."고 비판하였다.

자료 : ko.wikipedia.org

운평이다

운명이다

만 남

　천신만고 끝에 사법고시에 합격하고 1982년 8월, 문재인은 우수한 성적으로 사법연수원을 수료했다. 그때만 해도 사법고시 합격자 수가 많지 않아서 사법연수원을 마치면 누구나 희망대로 판사나 검사로 임용이 됐다고 한다.

　그는 판사를 희망했다. 판사 지망자들은 법원행정처 차장과의 면접절차가 마지막 관문이다. 그러나 그는 대학시절 유신헌법 반대 시위로 구속된 전력이 있었기 때문에 판사임용 면접에서 탈락되고 말았다. 당시 법원행정처장은 문재인의 대학시절 민사소송법을 가르치던 스승이었다. 그는 검찰에서는 받아들여 줄 수도 있으니 우선 검사로 임용받기를 권유했다고 한다. 검사로 몇 년간 근무하고 나서 다시 판사로 전관하면 어떻겠냐는 것이다. 문재인은 이를 거부하고 변호사

개업 쪽으로 마음을 굳혔다.

사법연수원을 차석으로 수료하여 소문이 자자하던 터라 김앤장을 비롯하여 여러 로펌에서 스카우트 제의가 들어왔다. 파격적인 조건을 뿌리치고 그는 보통 변호사의 길을 가기로 결심했다. 이런저런 고민 끝에 문재인은 어머니가 계신 부산에 내려가기로 작정했다.

그렇게 해서 만났던 게 노무현 변호사다. 문재인은 노무현과의 만남을 '운명'이라고 했다. 어찌 그들의 만남만이 운명이겠는가. 모든 사람들의 만남과 헤어짐이 운명이라고 할 수 있다. 노무현 변호사를 소개해 준 사람은 문재인의 사법고시 동기인 박정규였다. 그는 훗날 노무현의 참여정부 제2대 민정수석을 지냈다. 사람의 만남은 이렇게 이어진다.

변호사 노무현

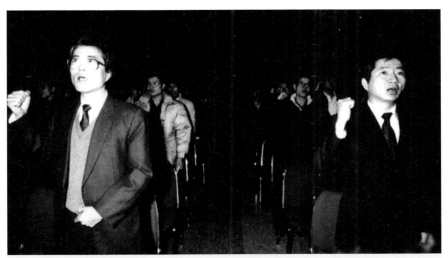

변호사 노무현·문재인 합동 법률사무소 시절

자료 : yna.co.kr

　　먼저 개업해 있던 노무현 변호사 사무실은 부산의 법원검찰청의 옛 자리인 부
민동에 있었다. 노무현의 첫인상은 강렬했다. 젊고 패기 있으며 무엇보다 '깨끗한'
변호사가 되는 게 소망이라는 노무현의 말에 문재인은 자석처럼 끌렸을 것이다.
노무현은 자신이 맡았던 '부림 사건*'의 변론 경험을 이야기하면서, 문재인이 그런
일 때문에 판사 임용에 실패한 것을 함께 분노하면서 위로했다. 그렇게 해서 〈변
호사 노무현·문재인 합동 법률사무소〉가 탄생하게 된다.

　*　부림 사건(釜林事件)은 부산의 학림 사건이다. '학림 사건'에서 '부림'이라는 명칭을 따왔다. 전두환·
　　노태우의 신군부 정권 초기인 1981년 9월 공안 당국이 사회과학 독서모임을 하던 학생, 교사, 회사원
　　등 22명을 영장 없이 체포해 불법 감금하고 고문해 기소한 사건이다. 이 사건은 당시 부산지검 공안 책
　　임자로 있던 검사 최병국이 지휘했고 수사 검사는 고영주였다. 당시 김광일 변호사와 함께 변론을 맡았
　　던 노무현 변호사가 인권변호사의 길을 걷게 한 계기가 된 사건이다.

운명이다

법무법인 부산

개요 ♟♟

　〈법무법인 부산〉은 대한민국의 법무법인으로 1995년 7월에 문재인 변호사가 설립했다. 창립 당시의 명칭은 〈부산 종합 법률사무소〉였다. 이름만 보아도 알 수 있듯이 PK지역을 기반으로 한 로펌이다. 근래에 들어서는 국내 최고의 아웃 풋 로펌으로 유명하다. 전신인 〈변호사 노무현·문재인 합동 법률사무소〉로부터 따진다면 1980년대에 세워진 유구한 역사를 자랑하는 법률사무소라고 할 수 있다.

역사 ♟️

　1975년, 사법시험에 합격하여 대전에서 잠시 판사 생활을 하다 1978년 부산으로 내려온 노무현이 세운 법률사무소에, 1982년 사법연수원 수료 후 부산으로 내려온 문재인이 합류하면서 동업으로 합동법률사무소를 출범시킨 것이 효시嚆矢이다. 당시 주소지는 부산직할시 서구 부민동 2가 10-19, 이후 부산지방법원이 부민동에서 연제구 거제동으로 이전하면서 부산광역시 연제구 법원로 28로 옮겼다. 노무현이 세울 초창기에는 등기 및 세법을 주로 담당하였고, 부림 사건 이후로는 노무현이 인권변호사의 길을 걷게 되면서 이후에는 노동법률사무소로 알려지게 되었다.

　당시 문재인과 정재성 변호사, 건물주 이정이 씨 등이 함께 돈을 모아 건물을 구매했는데 1층에 남경복국집, 2, 3층에 합동법률사무소를 내게 되었다. 남경복국집은 이정이 씨가 직접 운영했다. 복국 식당을 운영한 이유는 "노동자와 민주화를 위해 일한다면 직접 노동을 해 봐야 한다."라고 문재인이 직접 권유했기 때문이라고 한다. 지금도 이 건물이 존재하며 이전 법률사무소는 원룸으로 리모델링되었고, 1층 복국집 자리에는 〈바보면가〉라는 밀면 식당이 영업하는 중이다. 이 식당 주인은 처음엔 〈법무법인 부산〉과 건물이 연관된 줄 몰랐다가, 건물의 등기부등본을 보고 알게 되었고 이후 노무현의 별칭에서 따서 식당 이름을 지었다고 한다.

　대통령을 2명이나 배출한 건물이며, 사진을 잘 관찰해보면 2017년 6월부로 법제처장에 임명된 김외숙 변호사 간판도 보인다. 김외숙은 문재인 정부의 첫 번째 법제처장이자, 두 번째 인사수석이다.

　김외숙은 1967년, 경상북도 포항시에서 태어났다. 포항여자고등학교와 서울대학교 법과대학을 졸업하고 제31회 사법시험에 합격하여 변호사의 길에 들어섰다. 포항에서 나고 자랐던 터라 포항제철 노동자들을 보며, 노동변호사가 되겠다는 꿈을 가졌다고 한다.

1992년, 사법연수원을 나오자마자 노동변호사가 되고 싶었으나 혼자 개업하기 두려워서 전국에 노동인권변호사를 찾아보다 문재인을 알게 되었고, 전화통화 후 찾아가 "노동변호사가 되고 싶다."고 말하자 문재인도 흔쾌히 승락하여 합류했다고 전해진다. 이후 설립된 〈법무법인 부산〉의 구성원 변호사로 활동하며 부산 지역에서 노동인권변호사로 지냈다.

2017년 6월 9일, 문재인 정부의 첫 법제처장에 임명되었다. 청와대 측은 "여성, 아동 등 사회적 약자들의 권리 보호를 위해 헌신해온 노동인권 전문변호사"라고 소개했다. 사람의 인연은 이렇게 흐르는 물과 같다.[*1]

부산 서구 부민동 동아대 부민캠퍼스 후문에 위치한 건물. 노무현 전 대통령과 문재인 대통령이 합동 법률사무소를 운영했던 곳이다.

자료 : ilyo.co.kr

원래는 문재인의 자리에는 박정규[*2] 현 김앤장 변호사가 자리 잡을 뻔했으나 당시 박정규 변호사가 검사로 임용되자, 그 빈 자리에는 노무현이 문재인을 대신 소개시켜준 것이라고 한다. 실질적인 창업자인 노무현은 전신인 합동 법률사무소 시절인 1988년 13대 국회의원에 당선되어 국회에 입성하면서 사무소를 떠났다가, 16대 총선에서 낙선한 2000년에 다시 사무소로 들어왔다. 그리고 2002년 대선에 당선되면서 탈퇴했다. 공동 설립자인 문재인은 법인의 대표 변호사로 있다가 청와대에서 근무하게 되는 2003년부터 2008년까지 법인을 잠시 탈퇴했다. 2008년에 복귀하여 2012년까지 근무한 뒤 2016년에는 대선 준비를 위해 남아있던 지분을 모두 매각하면서 법인을 떠났다. 노무현과 문재인 이 두 사람은 대통령 당선 직후에 민변을 탈퇴했다.

2017년 시점에서 대표 변호사는 노무현 대통령의 조카사위이기도 한 정재성 변호사다. 부민동 시절 당시 사무소가 있던 건물에 같이 있었고 이후 〈법무법인 부산〉의 원년 멤버가 된 바로 그 사람이다.

1988년 노무현이 13대 국회의원에 당선되면서 법률사무소를 떠났고 문재인이 젊은 변호사들을 영입하면서 외연을 확장했다. 1990년에 정재성 변호사[사법연수원 16기], 1992년에 김외숙 변호사[21기], 1994년에 최성주 변호사[23기] 등이 영입됐다.

변호사가 늘어나고 종합 법률서비스 제공 수요가 증가하자 문재인은 1995년 7월에 〈법무법인 부산〉을 설립했다.

[*1] 간판에 이름이 보이는 허진호 변호사는 노무현과의 인연으로 훗날 참여정부 시절 대한법률구조공단 이사장을 지내게 된다. 대한법률구조공단 역대 이사장 중 검사 출신이 아닌 최초의 인물이기도 했다.
[*2] 참여정부 시절 문재인 당시 민정수석비서관의 후임으로 내정되었다. 문재인과는 사법연수원 동기이며 노무현과는 같은 김해 출신이며 사법시험을 같이 공부한 적이 있다.

법률소송 업무뿐만 아니라 법률자문, 공증과 등기 업무 등으로 업무영역을 넓혔다.

노무현은 2000년 〈법무법인 부산〉에 다시 합류했다가 2002년 12월 제16대 대통령에 당선되면서 탈퇴했다.

〈법무법인 부산〉의 대표변호사 정재성은 "노무현 전 대통령은 본인이 생각하시기에 좀 불합리하다 싶으면 제도를 초월해서라도 항의를 하셨던 분이고, 문재인 대통령 같은 경우에는 제도 내에서 합리적으로 해결하려고 하셨습니다."라고 말한다. 〈법무법인 부산〉의 실장원년 멤버을 맡고 있는 박다효는 "문대통령은 사적인 농담은 안 하셨지만, 가슴은 항상 따뜻하셨던 분이고요, 직원들이 가끔 실수를 하더라도 한 번도 야단치시거나 한 적은 없었어요."라고 전한다.

〈법무법인 부산〉은 앞으로도 두 명의 전·현직 대통령의 뜻을 이어 외연 확장

법무법인 부산의 맨파워

자료 : ilyo.co.kr

사무실 직원들과 등산한 문재인

없이 인권을 대변하는 공익의 길을 걸을 계획이라고 한다.

　주변 사람들의 끈질긴 출마 권유에도 의지를 보이지 않던 문재인은 2011년 초 《문재인의 운명》이라는 책을 출간하면서 정치계 입문을 결심하게 된다.

여담 ♟♟

　부산의 한 신발공장 재봉사로 일하는 김성연 씨는 문재인 변호사를 다음과 같이 추억하고 있다. 그녀는 열네 살 때부터 죽어라 신발 재봉질만 37년 동안 계속했다. 그녀가 문재인 변호사를 만난 것은 1988년쯤으로 기억한다.

처음 다니던 신발공장에서 좀 더 나은 자리를 구해보자 싶어서 공장을 옮겼을 때였다. 낮에도 쥐들이 재봉틀 밑을 왔다갔다하고, 화장실 칸막이도 없었다. 목표를 못 채우면 무급 연장근무에 철야를 하는 게 일쑤, 월급은 둘째치고 견디기 힘들었다.

그래서 회사에 요구했다.

"점심 때 밥 좀 편하게 먹게 해주라."

"낮에는 일하고, 밤에는 잠 좀 자게 해주라."

"쥐 좀 잡아주라. 화장실 칸막이 좀 만들어주라."

그랬더니 그들에게 데모한다고, 주동자를 색출한다고 끌고 갔다고 한다. 아무리 억울하다고 외쳐도 누구 하나 들어주질 않았다. 무작정 문재인 변호사님을 찾아갔다.

법정에서는 문재인 변호사가 판사에게 다음과 같이 말했다.

"저 친구들, 저 고운 손톱에 바늘이 꽂히고, 밥 먹을 시간이 없어 굶어야 되는데, 저 어린 친구들의 심정을 아십니까. 저 표정들 한 번 봐주세요. 판사님! 똑똑히 봐주세요. 판사님!"

"눈물이 나오데요. 저만이 아니고 같이 간 사람들 다 울었습니다."

"그렇게 도와주셔서 잡혀갔던 동료들이 풀려나고 그때부터 문재인은 우리 문재인, 우리 변호사님이 됐습니다."

"22년 동안이나 부산에서 저처럼 힘없고 억울한 사람들을 위해 일하셨습니다. 부산뿐만 아니라 울산, 창원까지 돌아다니시면서 저 같은 사람들 변호를 해주셨습니다."

"한번은, 92미터짜리 크레인 위에서 농성 중인 노동자들을 만나러, 직접 사다리를 타고 올라가시기도 했답니다. 30층 높이랍니다. 그 높은 데를 겁도 없이 사다리를 타고 우리 같은 사람들 사연을 들으러 올라가신 거 아닙니까?"

"어떤 친구가 그러대요 '돈 많이 벌었겠다', 그라면 저는 이랍니다. '그게 돈 버는 일이가! 우리도 10원도 안냈는데' ... 진짭니다."

"사실 그때는 돈 드려야 되는 줄도 몰랐습니다. 돈 달라는 전화도 없었습니다. 우리들한테 유일한 '빽'이 되어준 분입니다."

"돈 있고 권세 있는 사람들만 잘 사는 세상 말고, 우리 같이 가난하고 힘없는 사람들도 함께 다 잘 사는 세상을 만들겠다고. 저 같은 어려운 사람들을 위해 일하던 우리 문재인 변호사가 이제는 온 국민을 위해 일하는, 대통령이 되는 걸 보고 싶습니다. 감사합니다."

우리 사회의 모든 문제는 어쩌면 사람이 먼저가 아니었기에 발생한 일들이지 않을까 생각한다. 그렇다. 사람이 먼저다. 문재인이 말하는 이보다 더 강력한 원칙은 없다.

인권변호사 시절

자료 : catholictimes.org

운명이다

사람이 먼저다

　문재인이 '사람이 먼저다'라는 말을 본격적으로 사용한 것은 그가 2012년에 출간한 《사람이 먼저다》라는 저서의 제목에서부터라고 할 수 있다. 그리고 제19대 대통령 경선 때 당시 야당의 후보였던 문재인은 선거출범식장 무대 뒷면 전체를 '사람이 먼저다!'라는 커다란 글씨로 장식했다. 일반 국민들은 이것을 보고 다소 어색하고 생소하게 생각했을 것이다. 평소 우리들이 잘 쓰지 않는 말이기 때문이다. 그가 대선에서 박근혜 후보에게 실패하자 그 구호문은 자연히 사라졌다. 그러다 5년 후 '사람'은 다시 살아나 지금은 문재인 정권의 중심 슬로건이며 핵심 키워드로 사용되고 있다. 국정지표로 작용하고 있을 정도이다.

　그런데 일반 국민들은 지금도 이 말의 참뜻이 무엇인지 모른 채 집권 3년째에 접어들고 있다. 그저 멋진 말처럼 들려 깊이 생각을 안 하고 있는 것뿐이다. 그러나 그 말이 생겨난 뿌리와 감추어져 있는 본뜻을 알게 되면 생각은 달라질 것이다. 그 의미가 가지고 있는 파급력과 결과를 생각하면 국가적 차원에서 매우 염려스러운 문제이기도 하다.

　문재인이 노무현과 합동 법률사무소를 차릴 때부터 무료로 노동법률상담을 해줬다. 사회적 약자들의 권리 보호를 위해 헌신하는 노동인권 전문변호사를 목표로 했다.

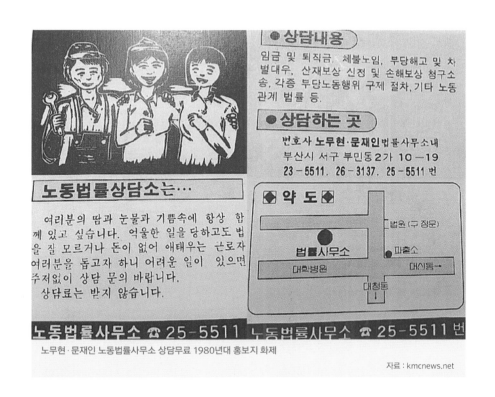

노무현·문재인 노동법률사무소 상담무료 1980년대 홍보지 화제

자료 : kmcnews.net

북한 헌법 제3조의 '사람' ♟♙

　문재인이 자주 입에 담는 '사람 중심'이라는 말은 북한 헌법 제3조, "조선민주주의인민공화국은 사람 중심의 세계관이며 인민대중의 자주성을 실현하기 위한 혁명사상인 주체사상을 자기 활동의 지도적 지침으로 삼는다."에서 구체적으로 언급되고 있다.[*1] 그리고 제8조에서는 "조선민주주의인민공화국의 사회제도는 근로인민대중이 모든 것의 주인으로 되고 있으며 사회의 모든 것이 근로인민대중을 위하여 복무하는 사람 중심의 사회제도이다. 국가는 착취와 압박에서 해방되어 국가와 사회의 주인으로 된 로동자, 농민, 근로인테리와 모든 근로인민의 리익을 옹호하며 보호한다."고 밝히고 있다.

　다시 말하면 북한 헌법상의 '사람'이라는 말과 문재인이 말하는 '사람'은 그 개념이 전혀 다른 것이 아니고 그 함의含意가 상당히 근접해 있다. 그 이유는 그동안 문재인 정부가 보여준 국정 지표가 대기업 중심의 자유시장경제 발전 정책이라고 하기보다는 평등을 내세우고 노동자 중심의 경제구조를 추구하고 있기 때문이다. 적폐 청산이라는 이름으로 기득권 세력을 견제하고 촛불 혁명이라는 미명하에 노동자 중심의 활동영역을 넓혀주고 있는 것도 북한 헌법에서 보여주고 있는 노동자와 근로대중의 '사람 중심' 사상과 맥락을 같이하고 있다.

　한편 이러한 사람중심론은 1980년대 말 공산주의 종주국인 소련의 붕괴와 함께 동구권 공산주의 국가들이 멸망하자 한때 일부 공산주의 학자들이 '인간의 얼굴을 한 새로운 공산주의론'을 들고 나온 데서 비롯한다. 이를테면 사람 중심의 공산주의 이론이다. 또한 1997년 북한에서 망명해온 황장엽 전 북한노동당 비서도 망명 직후에 출간한 《인간 중심 철학의 몇 가지 문제》[*2]라는 저서에서 자신이 창안한 '주체'라는 말 대신에 '사람'이라는 새로운 용어를 사용하고 있다.

결국에 김일성 주체사상이나 황장엽이 말한 '인간 중심 철학', 그리고 동구권 공산주의 학자들이 한때 내세운 '인간의 얼굴론'은 그 뿌리가 같다고 볼 수 있다. 김일성 주체사상도 "사람이 모든 것의 주인이며 모든 것을 결정한다."고 요약하고 있다. 다만, 여기에서 말하는 사람은 인민대중이 아니라 김일성 자신이라는 점이 다를 뿐 그 의미는 같다. 북한에서는 김일성의 통치 이념이었던 주체사상이 정치, 경제, 사회, 문화예술, 학교교육 등 모든 분야에 적용되면서 '주체'라는 단어가 하나의 접두사로 쓰이면서 북한 사회는 온통 주체사상으로 넘쳐나고 있다.

문재인 정부에서도 '사람 중심'이라는 말이 대통령의 의중이라고 여기고 일부 진보좌파 지방자치단체장들은 상투적으로 선전하고 있다.

노동자만 '사람'인가

우리 속담에 '꼴뚜기가 뛰니까 망둥이도 뛴다.'는 말이 있다. 윗사람이 자주 쓰니까 아래 사람들 중 말의 본뜻도 모르면서 어설프게 따라하는 아첨꾼이 생기고 있는 것이다. 예를 들면 창원시장은 '사람 중심 행정'이라는 표어를, 경남교육감은 '아이가 먼저다'라는 캐치프레이즈를, 부산시장은 '사람 중심, 걷고 싶은 부산 만들기' 등과 같은 유사어를 만들어 윗사람의 마음을 끌고 있다.

문비어천가[3]를 읊고 있는 간신들이다. 그렇다면 지금까지 우리 사회는 사람

---

[1] 김동규, "문재인의 '사람'과 북한 헌법 3조의 '사람'은 상당히 근접해 있다!", Daily 월간조선, 2019.2
[2] 비매품
[3] 용비어천가를 빗대어 문재인 정권에 대하여 비판은 없고 찬양일색인 기사나 발언, 논평, 행동, 처신 등을 일컫는 말이다.

문재인 정부, '사람 중심의 경제' 이어간다.

자료 : shinailbo.co.kr

중심이 아니라 동물 중심 사회 혹은 식물 중심 사회였다는 말인가. 하기야 정치권에서는 걸핏하면 '동물 국회'니 '식물 국회'니 하며 국회를 조롱해 왔다.

그러면 도대체 문재인이 말하는 '사람 중심'이란 무슨 뜻인가? 그것은 김일성이 말한 주체사상으로서의 사람 중심 사상이기도 하고, 황장엽이 말한 인간 중심 사상과도 연결되는 것이다. 그런데 여기서 말하는 '사람'은 우리들 일반 국민 또는 대중이 아니라는 것이 문제이다. 자본가 계급으로부터 억압받고 착취당하는 노동자 계층을 지칭하는 것으로 그들이 바로 '사람'인 것이다. 이것은 인간 사회를 계층 간의 갈등과 대립의 관계에서 파악하는 마르크스의 계급투쟁사관에서 유래한다.

운동권 좌파의 무식·무능·무책임

　문재인 정권의 국정을 주무르고 있는 청와대의 비서진은 소위 386 세대*¹ 전대협*² 운동권 출신들이 포진하고 있다. 문재인 정권의 초대 비서실장으로 전대협 의장 출신 임종석을 기용하면서부터 국정 방향은 정해졌다. 문재인 스스로 촛불 혁명 정부라고 선언하면서 강성노조들의 부당한 요구조건도 들어주는 것을 보면 문재인 정권의 성격과 특성을 충분히 예측할 수 있다. 그런데 문제는 전국 전대협 간부 출신들, 이른바 3무 세대가 국정 운영의 중심에 똬리를 틀었다는 사실이다.

　3무란 무식無識, 무능無能, 무책임無責任을 가리킨다. 전대협이나 한총련 등 운동권 출신 학생간부의 경우 대학 강의시간에는 거의 결석하고 날마다 길거리 데모로 전경들과 부딪혔다. 당시 운동권 학생들 사이에서 필독서로 알려진《소련공산당사》《레닌 선집》, 트로츠키의《러시아 혁명사》를 비롯해 리영희의《전환시대의 논리》나 강만길의《분단시대의 역사인식》과 같은 진보좌파적인 민중사관의 이념서적이 아니면 북한의 주체사상 시리즈와 같은 불온서적만 탐독했다. 그 가운데 일부는 경찰의 지명수배로 지하 도피생활 아니면 감옥에 복역하면서 대학 4년을 보냈으니 미래사회 적응에 필요한 전공지식의 습득 기회는 거의 없었다고 볼 수 있다.

*¹ 1990년대 후반에 만들어진 말로, '30대, 80년대 학번, 60년대 생인 세대'를 말한다. 주로 1980년대에 학생운동을 통해 민주화운동을 경험한 세대를 통칭한다.
*² 전국대학생대표자협의회(全國大學生代表者協議會)는 1987년 건설된 전국 대학 총학생회 협의체로 약칭은 전대협이다. 1993년 해체하여 한국대학총학생회연합으로 전환했다. 기치는 '구국의 강철대오(나라를 구하기 위해 나선 강철과 같은 무리)'다. 한편 최근 결성된 전대협은 비슷한 이름이나, 이전과는 달리 우파적인 성격을 띠고 있다.

문재인 인명사전- 운동권, 의원, 전문가 3개 그룹의 핵심 실세

그러나 현실사회는 대학 캠퍼스와는 전혀 다르며 생활전선은 냉혹하다. 운동권 출신들은 이념교육의 지식에 빠져 민주시민으로서의 일반교양과 취업 및 각종 수험에 필요한 전문지식을 습득하지 못했고, 따라서 졸업 후에는 또 다른 주변인으로 전락했다. 생존에 필요한 전문지식을 제때에 배우지 못해 무식한 것이고 무식은 곧 무능으로 이어졌다. 당연히 무책임이 따른다.

그들의 뇌리에 새겨진 것은 혁명과 투쟁, 반미와 반일, 주체사상과 마르크스레닌주의, 변증법적 유물사관과 군사독재 타도 등의 이념적인 이론과 선전선동 문구들뿐이었다. 그런 용어들이 그들에게 젊은 패기와 자존감을 충족시켜 주는 영양분이었던 것이다.

여기에서 잠깐 필자의 경험을 토로하고 싶다. 필자는 72학번인데 10월 유신헌법 공포로 전국 대학이 최루탄 가스에 눈물 마를 새가 없을 때, 여러 차례 시위 대열에 끼어본 적이 있었다. 목숨을 걸고 앞장서서 데모를 주도한 적은 없지만 그 울분과 열기는 충분히 느끼고 지냈다. 그때 전국의 각 대학에서 시위를 주도하던 전사·투사들이 요즘 행세를 하고 있다. 큰 세도를 부리고 있는 것이다. 그

투쟁 경력이 짧거나 약한 사람은 그 무리 속에서 꼬리를 내린다고 한다. 이른바 운동권 내지는 좌파진보 세력이 세상을 호령하고 있다.

대학 4년 동안 한 학기도 온전하게 수업을 받아본 적이 없었다. 소위 리포트 학점을 받던 시절이다. 많은 학생들이 구속되고 제적이 되는가 하면 행방불명되어 소식을 알 수 없는 친구들도 많았다. 그러니 그 시절에는 충실하게 대학에서 공부할 수 있는 환경이 아니었다. 제때 졸업을 했거나 하지 못했거나 유·무식을 따질 상황이 아닐 듯싶다. 그것은 필자가 대학을 졸업하고 병역을 마친 후에 일본 유학을 가서 비로소 알게 된 사실이다.

필자는 국내 K대학에서 이미 박사과정을 수료했지만 전혀 머릿속에 남아 있는 게 없었다. 어떻게 학위논문을 써야 할지 속수무책, 난감하기 이를 데 없었다. 그때까지 지식의 축적이 허술했기 때문이다. 마치 속이 텅 비어 있는 부실공사와 같다고 할까. 그 과정을 경험해 보지 못한 우리 세대 대부분의 사람들은 공감할 것이다.

그러나 지식을 어찌 대학에서만 구하겠는가. 우스갯소리로 세종대왕도 대학을 안 나왔고, 에이브러햄 링컨도 어디 대학 졸업장이 있다던가. 우리 시대 노무현 대통령 역시 대학을 들어가지도 못했다. 독학으로 성공한 사람이 어디 한두 명에 그치겠는가.

논어에는 공자와 그의 제자 자로의 대화가 자주 나오는데 위정편爲政篇에 이런 글이 있다.

知之爲知之 不知爲不知 是知也
아는 것을 안다고 하고, 모르는 것을 모른다고 하는 것이 진짜 아는 것이다.

새로운 독재 출현

문재인 정부의 출발은 행정 능력이나 정치 경험을 갖춘 실력 위주의 인사라기보다는 이른바 '코드 정치' 원칙에 맞추다 보니, 자리에 전혀 맞지 않는 무식·무능의 인사들이 대거 등장했다. 이념적으로나, 세대적으로나 코드에 맞는 사람끼리 한다는 배타적 사고와 협소한 인맥, 부족한 경험 때문에 국가경영에는 해악이 될 수밖에 없다. 그래서 그들의 대부분은 손쉬운 포퓰리즘*에 빠지고 전형적인 아마추어리즘의 모습을 보여주었다.

그런데도 왜 문재인은 탕평책을 꺼리는 것일까? 그렇게 하면 오히려 인기도 오르고 국정도 원만해질 것인데 말이다. 내부의 견제 세력 때문인지, 문재인 자신의 너무나 새로운 국가관과 평등과 민중 중심 사회건설이라는 확고한 가치관 때문일까.

'사람이 먼저'에서의 사람, 즉 하부 노동자들을 위해서 대기업들의 부당한 횡포나 갑질을 찾아내고 처벌하여, 정의와 공정한 사회를 구축하려는 것은 긍정적으로 평가할 만하다. 그렇지만 그 정도가 지나쳐서 이른바 민노총_{전국민주노동조합총연맹}과 같은 강성노조원들의 불법행위와 행패를 묵인하거나 방관해서는 안 된다. 민노총의 고용세습 문제나 사업주의 감금과 폭행 등의 횡포는 또 다른 엄청난 갑질이며 자기모순과 자가당착이다. 이는 새로운 적폐세력이며 독재계급의 출현이기 때문이다.

---

* 이데올로기 혹은 정치철학으로서, '대중'과 '엘리트'를 동등하게 놓고 정치 및 사회 체제의 변화를 주장하는 수사법, 또는 그런 변화로 정의된다. 캠브리지 사전은 포퓰리즘을 "보통사람들의 요구와 바람을 대변하려는 정치 사상, 활동"이라고 정의한다.

민노총이 한노총보다 규모가 작지만 구성원들의 강한 이념 성향과 단결력, 투쟁 역량으로 볼 때 한노총보다 훨씬 강력한 노동단체이다.

자료 : blog.naver.com

대통령 자신 혼자만의 가치 기준에 맞춰서 사회개혁을 시도하는 것은 근대사의 여러 독재자들이 보여준 통치 행태다. 특히 사회주의자들이 목표로 해온 폭력적 계급투쟁의 역사관이다. 사회를 프롤레타리아 계급의 이익에 어긋나면 무조건 적폐세력으로 몰아 혁명의 적으로 규정하고 타도하는 것이 공산주의자들의 역사가 아닌가.

지금 문재인이 추구하고 있는 국정 형태가 이와 같은 내용들과 상당한 연관성을 가지고 있다는 데 사태의 심각성이 있다. 문재인이 언제부터 이처럼 사회주의적 가치관과 국가관이 무의식 속에 각인되었는가는 잘 알 수 없다. 하지만 가정적인 배경과 초기 인권변호사의 경력, 그리고 노무현 정권 통치기간의 영향이 크다고 볼 수 있다. 이러한 잠재의식이 구체적인 행동으로 나타나기 시작한 것은 그가 최고 통치권을 장악하고 나서부터라고 하겠다. 아니면 그 이전 인권변호사

시절로 거슬러 올라갈지도 모른다.

자유주의를 인류 사회에 정착시키는 데 평생을 바친 영국의 경제학자 하이에크*가 사회주의의 붕괴를 예견한 것은 1944년에 출간한 대표작 《노예의 길The Road to Serfdom》에서였다. 하이에크는 사회주의가 인류를 '노예의 길'로 인도하는 나쁜 이념이자 진보를 가장한 '악'이라고 여겼다. 이 때문에 하이에크는 '이념 전쟁'을 통해 사람들의 생각을 바꾸어놓는 데 일생을 보냈다. '노예의 길'은 자유에 초점을 맞췄다. 계획은 비효율적이고 퇴행적일 뿐 아니라 자유를 파괴하고 결국 사람들을 '노예의 길'로 이끈다는 견해다. 하이에크는 사회주의가 평등을 강조하고 있으나 억압과 노예 상태의 평등을 추구한다고 공격한다. 사회주의자들이 '위대한 유토피아'라고 일컫는 '민주주의적 사회주의'가 달성될 수 없을 뿐만 아니라 이를 추구하는 사람들도 결코 그 결과를 수용할 수 없는, 전혀 다른 체제를 낳을 것이라고 단정 짓는다.

문재인 정권은 하이에크의 주장을 귀담아 들어야 할 것이다.

무식과 무능, 무책임의 특성을 공유하고 있는 소위 386 세대인 전대협·주사파 출신들이 문재인 정권의 핵심부에 자리 잡고 국정을 이끌어 가고 있는 현실에서는 자유민주주의라는 정치이념과 자본주의 시장경제라는 원리는 하나의 적폐의 근거요, 타도의 대상일 수밖에 없다. 그들의 투쟁시절에 머릿속 깊이 새겨진 논리이기 때문이다.

운명이다

문재인의 운명

인생

　문재인은 그의 자서전《문재인의 운명》북팔, 2017년 특별판에서 그의 어릴 적 가난하던 시절의 추억을 시작으로 파란만장한 학창시절, 노무현을 만나 지난한 청와대 생활, 노무현의 죽음을 맞이하면서 '노무현재단' 이사장직을 맡게 되기까지 그가 책에서 인용한 도종환의 시 〈멀리 가는 물〉처럼 잔잔하게 이야기하고 있다.

　문재인은 그의 특전사령부 예하 제1공수 특전여단 제3대대 공수부대시절 군대 이야기를 하면서 생뚱맞게 자기자랑을 늘어놓고 있다.

　그는 실제로 학교 다닐 때 개근상 말고 다른 상은 받아본 적이 없다고 고백한다. 상은커녕 오히려 정학을 당한다거나 대학에서는 시위를 주동하여 제적되고 구속되기까지 했다. 그런데 군에 입대해서는 군대가 요구하는 여러 가지 기능을 꽤 잘 해낸다는 평가를 받았다. 사격은 물론 수류탄 던지기, 전투수영 등 태어나서 처음으로 하는 일들을 잘 해낸다는 말을 들으니 스스로도 신기하다고 생각했다.

공수부대 군인이라면 필수코스일 터인 공중낙하 훈련도 매우 흥미 있고 즐겁게 기술하고 있다. 앞서 수송기에서 뛰어내린 동료 한 명이 낙하산이 퍼지지 않아 땅에 떨어져 사망한 사고를 목격하고도 그는 주저하지 않고 뛰어내렸다.

특전사 출신 문재인

자료 : news.chosun.com

낙하산이 펼쳐져서 공중에 떠있는 동안의 황홀함을 오랫동안 잊지 못했다. 그 기분에 공중낙하 훈련의 긴장감이나 두려움 따위는 얼마든지 감내할 수 있었다. 패러글라이딩을 하는 사람들의 기분을 알 것만 같았다. 그래서 그 무거운 장비를 메고 높은 곳까지 마다하지 않고 올라가는 고생을 감수하나 보다.

무거운 배낭을 메고 매일 야간에 40~50km씩 산길을 걷는 야영훈련도 그에게는 즐거운 소풍이었다. 가보지 못한 산과 강 그리고 마을을 보는 즐거움도 있었다고 한다. 남다른 용기라고 할까 긍정적인 사고 방식이 그에게는 있었나 보다. 아니면 남들에게 자랑하고 싶은 만용이 있었던 것일까. 문재인에게 아버지와의 추억은 많지 않아 보인다. 평소에 별로 말씀이 없는 분이어서 살가운 대화를 많이 나누지 못했다고 한다. 드물게 하시던 말씀을 들어보면 문재인의 아버지는 사회의식이 깊은 분이었다.

1965년 한일회담 때 이웃집 대학생에게 왜 한일회담에 반대해야 하는지 설명하는 걸 들은 기억이 있다고 한다. 우리나라는 농촌을 살리는 중농주의적 성장을 추구해야 하는데, 박정희 정권은 거꾸로 저곡가로 농촌을 죽이는 정책을 펴고 있다고 말씀하신 게 어린 문재인에게 강하게 와 닿았다. 아버지는 장준하 선생이 발행하던 《사상계》 잡지를 때때로 읽기도 하셨는데, 그 시절 주변에서는 매우 드문 일이었다고 한다. 자신도 모르는 사이 아버지가 그의 사회의식, 비판의식에 적지 않은 영향을 미쳤다는 걸 뒤늦게 깨달았다. 그는 아버지를 별로 닮지 않았다고 생각했다. 그런데 나이 들어가면서 거울을 보면 때때로 자신의 얼굴에서 아버지의 모습이 보여 놀랄 때가 있었다고 한다. 아버지는 부지불식간에 많은 것을 그에게 남기고 가셨던 것이다. 어느 아버지인들 그렇지 않았겠는가.

문재인의 아버지는 일제 때 함흥농고를 나와서 공무원 시험에 합격했고, 북한 치하에서 흥남시청 농업계장으로 근무했다고 한다. 그래서 농업의 중요성을 강조했고 그에 비해 공업을 발전시키고자 했던 박정희 대통령의 정책이 마음에 안 들었는지도 모르겠다. 그러한 모습을 보고 자란 문재인은 성인이 되어 대통령이 되어서도 반일 감정이 마음속에 남아있는 것은 아닐까 의심을 해 본다. 그 결과 최근에 일본과 경제전쟁을 일으키고 지소미아 파기에 이르러 안보위기를 초래하고 있는 것은 아닐까.

사법연수원을 차석으로 수료했으면서도 판사 임용을 받지 못한 문재인은 변호사의 길을 택한다. 그를 변호사로 만든 그 모든 과정들이 결국은 노무현 변호사를 만나기 위해 미리 정해진 운명적 수순이라고 생각했던 것이다.

동행 ♟️

2002년 대선에서 승리한 노무현 당선자는 문재인에게 청와대 민정수석비서관을 맡아달라고 부탁했다. 달리 맡길 만한 사람이 없다는 것이었다. 그에게 민정수석을 부탁한 당선인의 뜻이 무엇인지, 그가 민정수석이 되면 무엇을 어떻게 해서 당선인이 하려는 개혁을 도울 수 있을지 깊이 생각했다.

그 시기 청와대 민정수석실의 첫째 과제는 군림하지 않는 청와대를 만드는 것이었다. 참여정부에서는 '권위주의 타파'란 말로 표현했다. 과거 정권에서 군림하는 청와대의 상징이 바로 민정수석실이었다. 그래서 김대중 국민의 정부는 출범 때 아예 민정수석실을 폐지해 버렸다. 나중에는 안 되겠다고 판단해서 다시 부활을 시켰지만 역시 군림하지 않는 민정수석실을 지향했다.

문재인은 사실 내키지 않았지만 민정수석은 법률관련 업무가 근간을 이루기 때문에 법조활동의 연장이라고 생각하기로 했다. 그래서 1~2년 죽었다 생각하고 도와드리고 제 자리로 돌아오면 되겠거니 생각했던 것이다. 문재인은 당선인에게 이렇게 말씀드렸다.

"제가 정치를 잘 모르니, 정무적 판단능력이나 역할 같은 것은 잘 못할 것 같습니다. 그러나 원리원칙을 지켜나가는 일이야 할 수 있지 않겠습니까. 제가 해야 하는 역할을 그렇게 생각하신다면 저를 쓰십시오."*

민정비서관으로는 일찌감치 이호철을 점찍고 본인의 수락을 받아 놓았다. 이호철은 문재인의 경남고 후배이며 부산대 법대를 졸업했고, 부림 사건 피해자 중 한 명이었다. 그리고 보면 그도 일찍이 노무현 당선자, 문재인과 같이 일하게끔 운명적으로 정해져 있었는지도 모른다.

* 문재인, 문재인의 운명, 북팔, 2017, p.201.

대통령 노무현의 민정수석 문재인

자료 : news.joins.com

민정수석실 업무의 80%는 대_對 검찰 이이라고 한다. 그래서 민정수석과 민정비서관은 검찰 출신이 바람직한 것으로 되어 있다. 그중에서도 특히 민정수석이 검찰 출신이 아니면 민정비서관은 반드시 검찰 출신으로 해야 한다는 것이었다. 국민의 정부 민정수석을 만나 조언을 구했다. 업무 능력이 우수하여 김대중 대통령으로부터 칭찬을 많이 받았다는 당시의 민정비서관도 만나봤다. 그러나 그들의 조언을 따르지 않기로 했다. 문재인은 민정수석실 역할을 예전과 다르게 설정하기로 했기 때문이다.

검찰과의 소통이 필요하면 본인이 직접 하거나 사정비서관이 해도 된다고 생각했던 것이다. 특히 민정비서관은 총무비서관을 제외하면, 청와대 전체 비서관들의 군기반장 역할도 할 수 있어야만 했다. 그런 점에서 본다면 이호철만 한 사람도 없었다. 실제로 참여정부 기간 동안 대통령비서실이 나름대로 도덕적 긴장을 유지한 데는 그의 공이 컸다고 할 수 있다.

노무현 참여정부의 최대 파격 인사는 강금실 법무부 장관이었다. 당시 강금실은 판사를 거쳐 민변 부회장을 맡고 있었는데, 그녀를 추천한 건 문재인이었다. 당선인은 여성 법조인 중 발탁할 만한 인물을 찾던 중이었다. 당선인은 법무부의 비검찰화와 검찰 개혁을 말하던 터였다.

강금실 변호사와 함께 발탁한 사람은 박주현 변호사였다. 박 변호사도 나이로는 비서관급 또는 그보다 아래라고 할 수 있다. 하지만 여성 수석을 기용하고자 하는 당선인의 뜻에 따라 국민참여수석으로 파격적인 발탁을 했다.

여성의 본격적인 발탁이라는 당선인의 의지는 참여정부 출범 후에 최초의 헌법재판관, 최초 그리고 복수의 여성 대법관, 최초의 여성 국무총리 순으로 이어져갔다. 문재인은 이 모두가 자신이 관여한 인사이기 때문에 나름대로 보람을 느꼈다고 한다. 그러나 일부 인사에 대해서는 다음과 같이 아쉬워하기도 했다.

그가 청와대를 잠시 떠나 있을 동안 최초의 여성 헌법재판소장 후보까지 내다 보았는데, 한나라당의 정략적인 반대로 무산됐다. 대한민국 최초의 여성 헌법기관장이 배출되어서 여성들의 사회진출에 대한 새로운 장이 열릴 기회였는데, 참으로 아쉬운 일이 되고 말았다.

그러나 강금실의 장관직 수행은 순탄치 않았다. 임명 직후 법무부의 검찰 인사에 검찰이 반대건의서를 올리는 등 집단 반발했다. 노무현은 강금실과 법무부의 손을 들어줬지만 일부 평검사들은 인사권과 예산권 이관 등 검찰의 독립을 요구했다. 검찰의 반발을 무마하기 위해 노무현과 강금실은 평검사와의 대화를 기획했지만 뚜렷한 성과를 거두지는 못했다. 대검찰청 중앙수사부_{중수부}의 존폐

문제 등을 두고 송광수 검찰총장을 비롯한 검찰 지도부와 참여정부의 갈등도 계속됐다. 검찰 개혁에 대한 평검사와 여론의 지지를 얻는 데는 성공했지만 대선자금 수사가 이어지며 개혁을 밀어붙이는 데 실패했다. 검찰의 인기가 올라가며 개혁의 설득력이 줄어들었기 때문이다. 결국 2004년 7월 개각 때 장관 자리에서 물러난다.

노무현 정권의 말로를 보면, 검찰을 장악하지 않고 정치적 중립과 독립을 보장해 주려고 애썼던 노무현이 바로 그 검찰에 의해서 정치적 목적의 수사를 당한 꼴이 되었다.

한명숙과 강금실

자료 : nocutnews.co.kr

노무현, 평검사와의 대화

자료 : news.chosun.com

그런데 2000년 강금실은 논문 《호주제 폐지를 위한 법적 접근》을 이석태* 변호사와 함께 저술하였다. 해당 논문에서 강금실은 "호주제는 배우자나 가족 사이의 주종관계를 전제한다는 점에서 명백히 헌법의 평등권 보장 취지와 인권 이념에 반한다. 호주제가 지금까지 존속할 수 있었던 것은 일제시대 봉건적 유교 이데올로기와 일본 천황제 파시즘이 결합해 남한 사회에 정착한 이후 권위주의 정권이 이를 적극적으로 정권 유지에 부합하는 제도로 유지·고착시켰기 때문이다. 호주제는 단순히 남성 중심의 문화적 의식구조에 의해 유지된 것이 아니라 구한말 봉건제적 세계관의 한계를 지닌 복고주의에서 벗어나지 못하고 있는 유림세력이 조직적으로 호주제 폐지를 반대했기 때문이다. 호주제는 우리 사회에 너무 오래 뿌리박혀 있었기 때문에 국회의 입법을 통한 방

* 대한민국의 변호사 출신, 문재인 정권 헌법재판관이다.

법만으로는 부족하다. 헌법재판소에 위헌제청과 헌법소원심판청구를 통해 위헌 결정을 받아내는 소송 전략을 제시하는 바이다. 최종적으로 유엔 인권 이사회에 제소하는 방법도 있다. 호주제 폐지 후의 대안으로 가족별 호적의 편제방법, 주민등록제도와의 일원화 등을 검토할 수 있다. 1960년대 박정희 정권 시대에 설치된 주민등록제도와 관련한 호적제도의 문제들을 검토하고 올바른 대안을 제시하는 것이 시급한 과제이다."라고 지적했다.

2003년 3월, 법무부 장관 강금실은 "법무부는 법의 집행뿐 아니라 '소수자 집단'의 인권 향상에도 적극 힘써야 한다. 이를 위해 남녀불평등을 야기하는 대표적인 독소 조항 '호주제'의 폐지에 적극 나설 방침이다."라고 말하며 호주제 폐지를 공언하였다. 이후 헌법재판소에서 헌법불합치 결정이 내려졌고, 2005년 3월에 민법 개정이 이루어졌으며, 3년 후인 2008년 1월 1일부터 새로운 가족관계등록법이 시행되었다.

강금실 법무부 장관

자료 : nalka.tistory.com

외교안보 분야의 인사 파격은 윤영관 서울대 외교학과 교수를 외교부 장관으로 발탁한 경우다. 노무현 당선자의 결단으로 이루어졌다. 당시 그의 대학 동기들이 외교부 국장급으로 있을 때여서 상당한 모험이었으나 외교정책의 기조를 바꾸고자 하는 개혁의지의 발로였다. 그는 장관이 된 후 외교부 관료들의 강고한 벽에 둘러싸여 기대했던 개혁적인 성과를 거두지 못했다. 외교부 관료들을 장악하지 못했고 대미 외교 자세에서도 달라진 것이 거의 없는 것으로 평가되었다.

그렇다면 문재인 정권의 강경화 외교부 장관의 경우는 어떠한가. 그녀는 임명 때부터 전문성이 제일 문제로 지적받았다. 문재인 부부의 지나치게 잦은 외유外遊로 외교부의 단순 '의전사고'를 넘어 대한민국의 '외교참사'가 이어지고 있다. 그렇지만 청와대가 외교부 장관에게 책임을 묻지 않고 있어 비판의 목소리가 많다.*

* 차광명, 펜앤드마이크, 2019.05.30.

청와대는 2019년 5월 29일 브리핑에서 "문재인 대통령이 내달 9일부터 16일까지 6박 8일 일정으로 핀란드, 노르웨이, 스웨덴 등 북유럽 3개국을 국빈방문한다."고 발표했다. 그렇지 않아도 대한민국 외교가 '폭망했다'는 들끓는 여론 속에서 대통령이 최고급 의전을 받는 국빈방문으로 또 해외순방길에 나선다는 것이다.

한미 정상 간의 통화 내용을 유출한 주미 한국대사관 소속 외교관은 귀국하여 조사를 받았다. 외교부는 해당 직원에 대해 중징계를 요구했으며, 국가기밀 유출로 형사고발까지 했다. 실무를 맡은 전문 직업 외교관들에게 커리어 관리 측면에서 치명적인 사형선고를 내린 것이다.

그러나 강경화 외교부 장관과 조윤제 주미 대사에 대한 책임 추궁은 이루어지지 않고 있다. 외교가에서는 이를 두고 실무자들만 처벌하는 이른바 '꼬리 자르기'라고 보고 있다.

같은 해 5월 스페인과의 전략대화 공식행사장에 구겨진 태극기가 내걸렸고, 대통령 체코 방문 시에는 외교부 트위터에 체코를 지구상에 더 이상 존재하지 않는 나라명인 '체코슬로바키아'로 표기해 망신을 샀다. 그뿐만 아니라 외교부는 문재인이 말레이시아 국빈방문 당시 인도네시아어로 인사말을 하게 했다. 이와 같은 외교참사가 이어지는 이유는 전문성 결여와 집중력 부족으로 인한 실수가 쌓

강경화는 김대중 전 대통령이 키운 사람

이고 있기 때문이다.

사회 일각에서는 반복되는 의전사고와 외교참사가 외교관들의 능력부족에서 기인하지 않고, 청와대 주사파 정책에서 나오는 혼란 때문이라고 분석하고 있다. 즉, 남북관계를 비롯한 외교 영역도 청와대가 독주하여 외교부 본연의 역할이 사라져서 외교관들이 길 잃은 철새 신세가 되었다는 것이다.

기존의 대한민국 외교 질서를 무시하는 청와대의 외교 독재와 외교 현장에서 벌어지는 외교참사 중심에 강경화 외교부 장관이 있다.

강 장관은 국회의장 통역관 출신으로 김대중 정부 시절 외교부에 특채되어 유엔에서 고위직을 거친 비고시 출신 첫 번째 여성 외교부 장관이다. 강 장관은 임명 직후부터 자격 논란에 휩싸였으며, 정통 엘리트 외교관들 중심으로 강 장관에 대한 반발 기류마저 내부에 감지되어 왔다.

2018년 10월에는 전직 외교관 수십 명이 "문재인 정권의 외교와 국가안보에 대한 위험한 행위가 나라의 근본을 위태롭게 하고 있다."는 내용의 시국선언문을 발표했다.

선언문에 서명한 전직 외교관들은 선언문에서 판문점선언과 평양공동선언을 당장 폐기하고, "한미동맹을 흔드는 행위를 중단하고 한·미·일 안보협력체제를 강화하라."고 외치면서 강경화 장관과 문재인 정부를 강력하게 비판했다.

문재인은 청와대를 나와서 2004년 2월 28일 네팔 히말라야로 향했다. 앞으로 무슨 일을 해야 할지 전혀 계획도 없이 무작정 길을 나선 것이다. 그는 변호사로 돌아갈 때까지 조용하게 살아야겠다고 생각했다. 오랫동안 꿈꿨던 네팔, 티벳, 북인도 쪽 트레킹여행을 하면서 심기일전하리라 다짐을 했다. 몸에 맞지 않는 옷

문재인 히말라야 트레킹 "성찰과 묵상의 시간 갖겠다."

자료 : outdoornews.co.kr

을 입은 것과 같았던 청와대 생활을 접고 떠나온 히말라야 여행은 그에게 신선한 바람이었나 보다.

안나푸르나* 트레킹이라 하면 네팔의 제2 도시 포카라에서 출발하는 것이 보통이다. 아열대 기후이면서 해발고도가 900m쯤 돼서 연중 기후가 온화한 곳이다. '페와'라는 자연호수가 있고 호수 주변에는 호텔과 산장이 늘어서 있는 매우 아름다운 곳이다. 2

~3월이면 호텔 마당엔 남쪽 지방의 꽃들이 만발하는데, 멀리 보이는 경치는 설산이 둘러서 있어 이국적 조화가 환상적이다. 한군데 그냥 머물면서 쉬기만 해도 참 좋은 곳이다.

문재인은 카트만두에서 시장과 인근 사원을 구경 다니며 쉬던 중, 우연히 노무현의 탄핵소식을 접했다. 서둘러 귀국한지 얼마 지나지 않아 대통령 기자회견이 있었다. 인터넷 기사를 보니 탄핵 반대여론이 압도적이었다. 그리고 대통령의 사과를 전제로 한 탄핵안 철회 해법이 거론되기도 했다.

문재인은 탄핵대리인단 간사로서 실무적 역할과 함께 홍보를 맡았다. 한편 여론전도 중요했으나 언론을 담당하는 역할은 고역이라고 토로했다. 헌법재판소에 들어갈 때마다 포토라인에 서서 당일 재판에 임하는 그들의 입장이나 쟁점에 대한 설명을 하지 않으면 안 되었다.

탄핵재판 도중인 2004년 4월 15일, 제17대 국회의원 총선이 있었다. 선거 결과 열린우리당이 국회의원 전체 299석 중 152석을 석권해 단독으로 원내 과반수 정당이 되었다.

드디어 5월 14일 헌재결정이 내려졌다. 기대했던 대로 기각이었다. 문재인은 노무현 탄핵을 기각으로 이끌었으면서도 헌법재판관 임명제도에 불만이 많았다.

　탄핵제도는 헌법과 민주주의를 수호하기 위해서 마련된 고도의 헌법적 장치라고 할 수 있는데, 정작 헌법재판을 맡을 재판관들은 대단히 허술하게 정치적으로 임명되는 경우가 있다. 그리고 그들의 정치적 판단과 결정으로 국민들이 선출한 대통령을 축출할 수도 있다. 때로는 헌법과 민주주의를 파괴하는 장치로 작동될 수도 있는 것이다. 민주주의 국가에서 탄핵제도는 필요한 제도이다. 그러나 지금과 같은 헌법재판관 임명제도는 정말 위험하다고 생각한다.

개혁, 개혁 ♟♟

　탄핵재판이 끝난 3일 후에 문재인은 다시 청와대에 들어갔다. 이번에는 시민사회수석 자리였다. 노무현 대통령이 간곡하게 부탁했다. 청와대 조직 개편의 결과 기존의 국민참여수석실을 시민사회수석실로 확대 개편한 것이다.

　참여정부의 인사는 여전히 난항을 거듭했다. 이기준 교육부총리, 김병준 교육부총리, 한명숙 국무총리 임명은 참여정부의 인사추천과 검증시스템의 한계를 그대로 드러내고 말았다.

　문재인이 처음 민정수석을 할 때 시작했던 사법개혁 문제는 그가 복귀했을 때도 여전히 진행 중이었다. 민정수석이 챙겨야 할 가장 큰 현안이라고 생각했다. 다행히 참여정부는 사법개혁 방안을 잘 마무리해 대부분을 입법화하는 데 성공했다. 그는 사법개혁에 대한 완성을 간절히 바라고 있었다.

　훗날 새로운 정부가 들어서면, 참여정부가 닦아 놓은 지점에서 다시 시작하면 될 것으로 생각했다. 사법제도에 관한 개혁이기 때문에 일반 국민들은 쉽게 이해

김상곤 청문회에 '논문 표절 낙마' 김병준 증인 채택

자료 : d.kbs.co.kr

가 되지 않는 문제일지도 모르겠다. 그러나 법률가인 그로서는 사법개혁을 관장하고 성공시켰다는 것에 대해 나름대로 보람을 느꼈던 것이다.

촛불정변으로 태어난 문재인 정권은 출범과 더불어 조국 민정수석을 임명하고 사법개혁, 검찰개혁을 부르짖었다. 그러나 조국 개인의 온갖 비리·범죄가 드러나고 여당 및 청와대의 구조적인 적폐로 사법개혁은 벽에 부딪혔다. 그 와중에 조국을 법무부 장관에 임명하여 사법개혁의 대상인 자가 사법개혁을 한다고 나서는 판이니 어처구니없는 일이다.

문재인은 청와대 민정수석을 두 번 하면서 끝내 못한 일, 그래서 못내 아쉬움으로 남는 게 몇 가지 있다고 한다. 소위 공수처_{고위공직자 비리수사처} 설치 불발과 국가보안법을 폐지하지 못한 일도 거기에 속한다. 그러나 공수처가 설치되면 첫 번째 수사 대상은 문재인 자신이 되지 않을까 걱정이 앞선다. 문재인 자신의 부정·

사법개혁의 대상은 누구인가?

자료 : hani.co.kr

비리·범법 행위가 산을 이루고 있으니 언젠가는 그 전모가 드러날 것으로 본다. 그게 역사의 심판이다. 하늘의 심판이다.

天網恢恢, 疏而不失

하늘의 그물은 성글어도 빠뜨리지 않는다

- 道德經 73장 -

남북관계

　2006년 5월 문재인은 민정수석을 사임했다. 그는 점점 정치가 더더욱 무섭게 생각되고 환멸을 느끼게 되었다. 그러나 노무현 임기 마지막 해인 2007년 3월, 다시 청와대에 불려갔다. 참여정부 청와대 마지막 비서실장을 맡게 됐다. 결국 청와대에 세 번째 들어가게 된 것이다. 그는 진심으로 맡고 싶지 않았다.

　그가 비서실장을 하는 동안 가장 큰 일은 2007년 10월의 남북정상회담이라고 한다. 참여정부의 남북정상회담 기본 원칙은 국정원, 통일부 등 대북관련 공식 기구를 통해서 추진한다고 하는 것이었다. 2007년 10월 2일부터 10월 4일까지 평양에서 대한민국 대통령 노무현과 조선민주주의인민공화국 국방위원장 김정일 간에 진행된 정상회담으로, 2000년 남북정상회담에 이어 두 번째 남북정상회담이다. 10·4 남북정상회담이라 불리기도 한다. 이 회담의 결과로 남북 양측은 〈남북관계 발전과 평화번영을 위한 선언〉을 발표했다.

　새누리당 정문헌 의원이 대한민국 제18대 대통령 선거 이전인 2012년 10월, "2007년 남북정상회담에서 노무현 대통령이 NLL*을 포기했다."는 주장을 해서 논란이 되었다. 민주당은 정문헌 의원을 고발하였으나 대선 이후 검찰은 정문헌을 무혐의 처리하였다.

> * 북방한계선(北方限界線, Northern Limit Line, 줄여서 NLL)은 대한민국과 조선민주주의인민공화국 사이에 설정된 사실상의 남북 해상 군사 분계선을 말한다. 이중 서해 북방한계선(西海北方限界線)은 대한민국 서해 5도와 조선민주주의인민공화국 황해남도 해안 사이에 설정된 해상 경계선으로, 1999년 제1연평해전 이후 군사적인 분쟁 이슈로 떠오르고 있다.

　2013년 6월 20일 새누리당 정보위 위원들은 국가정보원에게 받은 대화록 발췌본을 열람하였고, 서상기 의원은 "노무현 대통령이 남북정상회담에서 NLL을 포기했다."고 주장하며 거짓이면 의원직을 사퇴하겠다고 했다.

이후 민주당은 새누리당과 국가정보원을 비난하고 열람 행위에 대해 대통령기록물관리법 및 국정원법 위반이라고 주장하며 검찰에 고발했다. 문재인은 이 문건을 대통령기록물이라고 주장하며 대통령기록물관리법에 따라 국회 표결을 통해 공개할 것을 주장하였다.

국정원은 회의록 전문을 국회 정보위원에게 제공하기로 하였고 민주당은 수령을 거부했다. 국가정보원은 2013년 6월 24일 이 남북정상회담의 회의록 전문을 공개하였다. 이 회의록은 노무현 대통령과 김정일 국방위원장의 오전회의와 오후회의의 발언을 담고 있다. 25일 언론을 통해 회의록 전문이 공개되었다.

김무성은 6월 26일 열린 새누리당 최고중진연석회의에서 대화록을 대선 전에 받아서 12월 14일 부산 선거 유세에서 낭독했다고 말하였다. 김무성은 대선 당시 18대 대선 박근혜 캠프의 선대위원장이었다. 프레시안은 소속 기자가 당시 유세를 녹음한 파일을 발견하여 녹취록과 파일을 공개했다.

김무성은 12월 18일에도 같은 내용의 연설을 했고 구체적인 부분까지 대화록 원문과 일치했다. 김무성은 대화록을 보지 않았고 정문헌 새누리당 의원에게 들은 내용과 노 대통령의 정상회담 뒤 발언 등을 종합해 만든 문건을 읽었다고 해명했지만 유세내용은 정문헌의 발언과는 일치하지 않았다. 김무성의 연설에는 국정원이 만든 발췌본에 없고 전문에만 있는 '저항감'이라는 문구가 등장한 사실이 확인됐다.

또 권영세 당시 새누리당 선대위 종합상황실장이 국정원 문건을 알고서 대화를 하였다고 박범계 민주당 의원이 6월 26일 주장하며 녹취록을 공개했다.

한편 국가정보원이 작성한 대화록은 2008년 1월에 작성된 것인데, 당시 국정원장 김만복은 자신의 지시에 따라 작성된 것이 아니라고 주장했다. 국가기록원은 대화록 관련 기록물을 찾지 못했다고 밝혀 논란이 되고 있다.

문재인은 남북정상회담을 준비하면서 느낀 점은, 우리와 북측 간의 신뢰가 놀랄 만큼 좋아졌다는 사실이었다는 것이다. 남북정상회담 말고도 일상적인 남북 접촉이나 교류도 참여정부 기간, 굉장히 많이 발전했다고 자평하고 있다.

그러나 보수우파 진영에서는 이를 결코 긍정적으로 평가하지 않고 있다. 남북 관계가 개선된 바는 전혀 없고, 오히려 북한이 핵을 개발하는 데 국민의 정부와 참여정부 10년 동안 엄청나게 지원을 했다고 비판하고 있다.

남북정상회담의 공과功過 역시 후일 역사적인 심판을 받을 것이다.

2007년 남북정상회담

자료 : ko.wikipedia.org

운동권 세력
망령의 포로

운동권 세력 망령의 포로

386 세대

개요

386 세대는 1990년대 후반에 만들어진 말로, '30대, 80년대 학번, 60년대 생인 세대'를 말한다. 주로 1980년대에 학생운동을 통해 민주화운동을 경험한 세대를 통칭한다. 시간이 지남에 따라 486 세대 586 세대로 쓰이기도 하며, 나이대를 빼고 86 세대라고도 한다.

출생년도	1961	1962	1963	1964	1965	1966	1967	1968	1969	1970
입학년도	1980	1981	1982	1983	1984	1985	1986	1987	1988	1989
1990	30	29	28	27	26	25	24	23	22	21
1991	31	30	29	28	27	26	25	24	23	22
1992	32	31	30	29	28	27	26	25	24	23
1993	33	32	31	30	29	28	27	26	25	24
1994	34	33	32	31	30	29	28	27	26	25
1995	35	34	33	32	31	30	29	28	27	26
1996	36	35	34	33	32	31	30	29	28	27
1997	37	36	35	34	33	32	31	30	29	28
1998	38	37	36	35	34	33	32	31	30	29
1999	39	38	37	36	35	34	33	32	31	30
2000	40	39	38	37	36	35	34	33	32	31
2001	41	40	39	38	37	36	35	34	33	32
2002	42	41	40	39	38	37	36	35	34	33
2003	43	42	41	40	39	38	37	36	35	34
2004	44	43	42	41	40	39	38	37	36	35
2005	45	44	43	42	41	40	39	38	37	36
2006	46	45	44	43	42	41	40	39	38	37
2007	47	46	45	44	43	42	41	40	39	38
2008	48	47	46	45	44	43	42	41	40	39

연도별 나이에 따른 386 세대

자료 : ko.wikipedia.org

용어의 정의 ♟♟

'386 세대'라는 명칭은 원래, 80년대 이후 널리 사용되었던 인텔 80286 또는 인텔 80386 등의 마이크로프로세서를 탑재한 컴퓨터의 명칭이었던 286 컴퓨터, 386 컴퓨터 등의 용어에서 비롯된 조어이다.

'30대, 80년대 학번, 60년대 생인 세대'라는 용어의 정의를 엄격히 적용하면, 용어의 정의에 '30대'라는 가변적인 나이가 포함되어 있으므로 해가 바뀜에 따라 386 세대라 불리는 세대는 1990년에 첫 등장하여 2008년에 사라지게 된다. 그러나 통상적으로 '30대'라는 나이 구분을 제외하고, 시기적으로 제5공화국 때 민주화 투쟁을 했던 대학생 또래들의 세대를 가리킨다. 그래서 1960~1970년대 학생운동을 했던 전공투 세대나 유럽 68 혁명에 참여했던 68 세대와 비교되기도 한다.

전학공투회의

자료 : namu.wiki

1980년대에서 1990년대 중반까지 이어진 경제적 호황기를 경험했으며, 80년대 말 민주화운동의 주역이었다. 그러나 스스로가 사회의 주류가 된 2000년대 이후 시점에서는 정치·경제적으로 공고한 카르텔을 형성하고, 고용 불안, 소득 불안, 경쟁 과잉 등 온갖 사회 문제를 파생시킨 주역이 되었기에 주로 젊은 세대들에게 강렬한 비판을 받기도 한다.

전공투 ♞

전학공투회의全学共闘会議는 전국학생공동투쟁회의의 약자로, 1960년대 일본 학생 운동 시기에, 1968년에서 1969년에 걸쳐 각 대학에 결성된 주요 각파의 전학련이나 학생이 공동 투쟁한 조직이나 운동체를 말한다. 일본 공산당을 보수주의 정당으로 규정하고 도쿄대학을 중심으로 시작된 새로운 학생운동이다.

약칭인 전공투로도 불린다. 전공투와 같은 1960년대 말 일련의 학생운동은 통틀어 전공투 운동이라고 부른다.

68 세대 ♟

프랑스 5월 혁명 또는 프랑스의 68운동은 프랑스 샤를 드골 정부의 실정과 사회의 모순으로 인한 저항운동과 총파업 투쟁하며 기존의 가치와 질서에 저항한 사건이다.

처음에는 파리의 몇몇 대학교와 고등학교, 대학 행정부와 경찰에 대한 학생 봉기로 시작했다. 드골 정부는 경찰력을 동원해 저항을 진압하려고 했으나 이는 운동의 열기만 점화시키는 것에 지나지 않았다. 라틴 지구의 경찰과 가두 전투를 일으켰고, 결국 프랑스 전역의 학생과 파리 전 노동자의 2/3에 해당하는 노동자 총파업으로 이어졌다. 드골 정부는 이러한 시위자들에 대항해서 군사력을 동원했고 의회를 해산했으며 1968년 6월 23일에는 다시 총선을 실시했다.

이즈음 정부는 붕괴되기 직전이었고 드골은 독일군 주둔의 비행 기지로 잠시 피신하기까지 했으나, 혁명적인 상황은 지속되지 못했고 좌파연합인 노동총연맹과 프랑스 공산당의 실책으로 인해 노동자들은 복귀했다. 6월에 총선이 이루어지고 나서 드골의 정당은 이전보다 더 힘을 얻게 되었다. 그러나 드골은 이듬해 물러나고 말았다.

저항자들에게 1968년 5월 혁명은 실패였으나, 사회적으로 엄청나게 큰 영향을 미쳤다. 프랑스에서는 종교, 애국주의, 권위에 대한 복종 등의 보수적인 가치들을 대체하는 평등, 성해방, 인권, 공동체주의, 생태주의 등의 진보적인 가치들이 사회의 주된 가치로 자리매김하였으며, 이러한 경향이 현재의 프랑스를 주도하고 있다. 물론 이러한 변화가 단 한 달 동안에만 일어난 것은 아니고, 1968년 5월 혁명은 이러한 가치의 이동의 대명사가 되었다.

68년 유럽 정치 지도 바꾼 '68 세대'

자료 : m.chosun.com

민족해방 ♟♟

민족해방 민중민주주의 혁명론_{National Liberation People's Democracy Revolution; NLPDR}은 1980년대 이후 대한민국의 민주화운동, 진보 운동권에 존재하는 정파이다. 대개 줄여서 민족해방파_{National Liberation; NL}라고 하며, 민중민주파의 별명인 '평등파'와 대비하여 자주파_{自主派}라고도 한다. 민족해방을 더 중시하는 민족해방파와 민중민주주의를 더 중시하는 민중민주파로 나뉘었다.

정의 ♟

민족해방 민중민주주의 혁명론_{NLPDR}은 마르크스-레닌주의의 민족해방론과 남미의 종속이론에 영향을 받았다. NLPDR 노선은 대한민국 사회를 미국 제국주의의 '반¥식민지 반¥자본주의' 사회로 평가하는 견해이며, 줄여서 민족해방파_{NL}라고 불린다.

6·3학생운동의 '서울대' 대자보부터 70년대 반유신운동, 민청학련 등을 거쳐 10·26에 이르기까지 남한진보운동에서 남한침략과 수탈의 본질적 제국주의는 '미국'이었고, 5·18광주민주화운동에 대한 무력진압을 미국이 묵인했다는 인식이 확산되면서 '반미'_{反美}로 타깃이 옮겨지게 됐다. 이러한 인식을 기반으로 민족해방 민중민주주의 혁명론_{NLPDR}에 따른 사회 변혁을 주장한다.

민족해방파_{NL}는 민중민주_{PD} 그룹과 대척점에 서 있었다. PD는 NL에 비하여 자본가와 노동자의 계급 결합을 강조하며 마르크스주의 전통에 충실하자는 그룹이다. 민중민주파는 한국 사회를 신식민지국가독점자본주의 체제로 보면서 민족 결함을 계급 결함의 하위 개념으로 파악했다.

남한에서 NLPDR론의 성립은 5·18 이후

자료 : ppss.kr

이념 ♞

   민족해방파는 제국주의 대 민중을 대립관계로 보고 모든 투쟁에서 항상 반미 자주화를 기본적 투쟁으로 설정하였다. 조선로동당의 지도이념인 주체사상을 수용하여 형성된 주체사상파_{약칭 '주사파'} 정파가 있으며, 다른 정파인 '비주사 NL' 또는 'NL-left'는 이와 달리 본래 제헌의회파_{CA} 계열이었다.

   80년대 민족해방파는 식민지반자본주의라는 한국의 특수한 현실에서 민족 모순이 계급 모순에 우선한다고 보며, 학생운동 및 변혁운동의 초점을 반미주의와 남북 문제로 보아 마르크스-레닌주의의 제국주의론을 제외한 나머지 것들의 전통과는 거리가 멀다.

민족해방파의 이념은 식민지반자본주의론과 민족해방 민중민주주의 혁명론이 양축을 이룬다. 이 중 식민지반자본주의론은 현실 모순의 인식이며 민족해방 민중민주주의 혁명론은 그 모순을 타개하는 방법론이다. 민족해방 민중민주주의 혁명론에서는 식민지반봉건사회 또는 식민지반자본사회를 민중혁명으로 타파하고 민주주의 제도를 수립할 것을 촉구한다. 민족해방 민중민주주의 혁명은 제국주의에서 해방되는 민족해방 혁명과 계급해방을 달성하는 민중민주주의 혁명이 독자적이면서도 통일적인 유기체를 이루는 것이다. 민족해방 민중민주주의 혁명을 달성하기 위해 반미자주화와 반파쇼민주화, 제국주의에 결속한 대한민국 자본가 세력을 타도하는 의미로서의 남북 통일을 투쟁 노선으로 설정한다.

구성 ♟

민족해방파 내부에도 다양한 이념적 스펙트럼이 있다. 노동자 계급과 민중에 정치적 무게 중심을 두고 자주, 민주, 통일 이념을 실현하는 쪽도 있고^{혁신파 등으로 호칭}, 민족주의를 우선시하는 쪽도 있다. ^{강경파, 단결파 등} 운동권 내부에선 민족해방 계열을 우파, 민중민주 계열을 좌파라 칭하기도 한다.

주체사상파

주체사상파^{주사파}는 조선민주주의인민공화국의 국가 이념이자 조선로동당의 지도 이념인 주체사상*을 신봉하며, 민족해방 계열의 영향력 있는 파벌 중 하나이다.

> * 주체사상(主體思想)은 조선민주주의인민공화국의 공식 이념이다. 김일성주의(金日成主義)라고도 한다. 엄밀히 따지면 김일성주의는 "주체사상을 핵심으로 하는 사상·이론·방법의 전일적 체계"를 뜻해 주체사상보다 상위의 개념이지만, 북한에서는 이 둘을 구분하지 않는다. 명확한 구분을 위해 김일성주의와 동일시되는 주체사상을 '넓은 의미의 주체사상', 그보다 협소하고 이론적인 부분의 주체사상을 '좁은 의미의 주체사상'이라고 한다.

김영환*¹이 1986년 '강철서신' 시리즈로 배포한 문건에서 '수령론', '품성론' 등 주체사상을 대학가와 노동계에 퍼뜨리면서 주사파가 형성되기 시작했다. 강철서신은 당시 운동권에서 다수를 점하고 있던 NL파 중 다수가 '주사파'로 변신하는 계기를 만들었다.

김영환

자료 : shindonga.donga.com

주체사상파는 자생적인 친북주의자들로 조선민주주의인민공화국의 단파방송을 몰래 청취하여 북한 입장의 정세 분석과 이론을 수용했고, 김영환이 민혁당*²을 결성한 이후에는 직접 북한의 지도를 받아 남한의 진보운동에 개입하기도 하였다. 1990년대 후반 이후로는 학생운동의 전반적 쇠퇴와 북한의 실상 공개, 주체사상 창시자인 황장엽*³의 망명 등으로 점차 힘을 잃었고, 주체사상파의 대부인 김영환은 북한민주화운동으로 전향하였다.

*¹ 김영환(金永煥, 1963년 ~)은 대한민국의 운동권 인사다. 1986년 서울대학교에서 구국학생연맹을 결성하고 김일성 주체사상을 80년대 학생운동권에 전파했다. 《강철서신》 저자로 유명하다. 김영환은 1991년 조선민주주의인민공화국에 밀입국해 주석 김일성과 두 차례 면담했지만, 이후 조선민주주의인민공화국의 실상을 알게 됐다고 주장하면서 전향한 뒤에 조선민주주의인민공화국의 탈북자 운동가가 된다. 2012년 조중(朝中) 국경 근처에서 중화인민공화국 공안 당국에 체포됐다가 구금된 지 114일 만에 석방됐다. 2012년 7월 25일 김영환은 기자회견을 열고 중화인민공화국 내 구치소에 구금됐을 당시 가혹 행위를 당했다고 주장했다.
*² 민족민주혁명당 사건(약칭 민혁당 사건)은 1999년에 조선민주주의인민공화국의 지령을 받아 대한민국 내에서 지하 정당 활동을 하던 민족민주혁명당을 적발하여, 그 구성원인 김영환, 하영옥, 이석기 등이 국가보안법 위반으로 체포되어 유죄판결을 받은 사건이다.
*³ 황장엽(黃長燁, 1923년 2월 17일~2010년 10월 10일)은 조선민주주의인민공화국의 정치가이다. 제5~6대 최고인민회의 상임위원회 위원장을 지냈다. 1997년 대한민국으로 망명했다.

2000년대 이후로 주사파 출신 전향자들을 중심으로 뉴라이트*4 운동이 시작되었다. 김영환의 전향 이후에도 민혁당의 일부 지부는 계속 활동하여 경기동부연합, 울산연합 등에 영향을 미치기도 한다.

비주사파 민족해방파

주체사상파가 아닌 민족해방파는 '비주사 NL'로 불리면서 민족해방 계열 내에서 좌파를 구성한다. 민족해방 좌파라는 의미에서 'NL-left'라고도 불린다.

이들은 본래 1980년대 변혁운동에서 한 갈래를 차지하며 제헌의회 구성을 주장했던 제헌의회파에 속했으며, 민족해방의 민족해방 민중민주주의 혁명론과는 달리 '민족민주혁명론ND'을 주장하던 그룹이었다. 이들 가운데 민족해방의 이념인 민족 결함 우선론에 공감하는 정파가 비주사 민족해방으로 형성된 것이다.

*4 대한민국의 뉴라이트(New Right)는 '신흥 우파'를 표방하는 이념이며, 1991년 소련 붕괴 이후 주사파에서 우익으로 전향한 대한민국의 정치 분파를 포괄적으로 뜻하는 용어이기도 하다. 2000년대 이후로 본격적인 활동을 시작하였으며, 뉴라이트를 이끄는 상당수 인사들은 기존의 우파가 아닌 진보세력과 주사파 등 운동권 출신에서 전향을 한 사람들이 대부분으로, 운동권 출신의 뉴라이트 인사 중에는 주사파였던 인사가 많다. 진보세력의 정치적 주도권 확보에 대한 반작용과 기존 보수층의 퇴행적 행태와 성격에 대한 자성 등을 내세운 것이 뉴라이트 그룹이 태동한 요인이다.

조직

민주주의민족통일전국연합

민주주의민족통일전국연합약칭 전국연합은 1991년 12월에 결성된 대한민국의 정치단체다. 1989년 1월 결성된 전국민족민주운동연합전민련이 내부 논쟁과 정권의 탄압으로 약화되자 여러 재야운동세력이 재결집해 만든 민족민주진영의 단

이인영 더불어민주당 원내대표
(전대협 1기 의장)

오영식 한국철도공사 전 사장
(2기 의장)

임종석 전 대통령 비서실장
(3기 의장)

우상호 더불어민주당 의원
(1기 부의장)

김태년 더불어민주당 정책위 의장
(1기 부의장)

한병도 전 청와대 정무수석
(3기 전북 조국통일위원장)

당·청 요직 장악한 '전대협'

자료 : magazine.hankyung.com

체였다.

전국노동조합협의회전노협, 전국농민회총연맹, 전국대학생대표자협의회전대협 등 14개 운동단체와 13개 지역운동단체 등이 포함돼 있다. 전국연합은 1997년 이후 지도부가 전국연합을 떠나면서 사실상 해소됐다. 2006년 한국진보연대 출범으로 전국연합은 2008년 2월 공식적으로 해산하지만 조직원들은 민주당, 통합진보당 등에서 주로 활동을 이어간다.

한국진보연대

한국진보연대는 2007년 대선을 앞두고 민주주의민족통일전국연합_{이하 전국연합}의 발전적 해체로 창립되었으며, 진보연대로 줄여 부르기도 한다. 한미 FTA 저지, 비정규직 철폐, 평화협정 체결-주한미군 철수, 국가보안법 철폐 등 4대 과제를 내걸고 창립됐다.

역사 ♞

배경과 성립

5·18 민주화운동을 노동자투쟁으로 해석한 민중민주* 계열과 달리 민족해방 계열은 미국이 전두환을 지지하여 5·18 민주화운동 폭력 진압을 방관했다고 해석했으며, 미국의 정체를 바로 보자면서 반미를 강조했다. 민족해방 그룹은 미국과의 심정적 결별과 과학적 학생운동론의 등장 이후, 1985년 말 경에 고려대학교와 서울대학교에서 시작되어 통일 운동에 앞장서면서 학생 운동권의 주류로 등장했다.

---

* 민중민주주의(民衆民主主義) 또는 인민민주주의(人民民主主義, People's democracy)는 마르크스–레닌주의의 이론상 개념 중 하나이다. 제2차 세계대전 종전 후 이오시프 스탈린은 동유럽과 아시아 각국 공산당에 산업프롤레타리아 · 농민 · 지식인 · 소부르주아의 연립 정권을 구성하라는 지시를 내렸다. 그 이유는 다음과 같다. 첫 번째는, 종전 후 갑작스러운 공산화 과정에서 공산주의자들이 수월하게 사회주의로 나아가기 위해 다양한 계급을 하나의 혁명집단으로 묶을 수 있는 역량을 확보할 정치적 여유를 벌기 위함이다. 두 번째는, 동유럽과 아시아 일대의 생산력이 사회주의국가인 소련에 미치지 못했기에 자본주의와 사회주의 사이의 발전 단계를 놓으려는 의도이다. 현재 중화인민공화국은 자국을 사회주의국가로 규정하는 동시에 인민민주독재(신민주주의) 단계로 규정하고 있는데, 이는 대부분의 사회주의제도 성취를 달성했으나, 완전한 사회주의 달성은 이뤄지지 않은 상태라는 것을 의미한다. 나머지 라오스 · 베트남 · 조선민주주의인민공화국 · 쿠바 등은 헌법에서 자국이 엄연한 사회주의국가임을 명시하고 있다.

성장

1980년대 중반 '자민통자주·민주·통일' 세력이 민족해방파에 속한다. 이들은 학생 운동에서 주도권을 차지하여 전대협* 및 한총련의 주도 세력이 되었고, 재야 정치 세력인 전국연합, 범민련 등을 구성하였다. 1986년부터 1989년까지의 학생 운동권 주류는 NL이었다.

1980년대 이래 민중민주PD파와의 치열한 논쟁을 벌이는데 조직에서 우위를 보이며 학생 운동 전체에서 큰 영향력을 행사했다. 특히 1980년대 후반까지 PD와의 치열한 노선 투쟁을 거치며 이론과 조직 양면에서 학생 운동을 비약적으로 성장시켰다. 학계에서는 사회과학 논쟁인 식반론식민지반봉건사회론 대 신식국독자론신식민지국가독점자본주의론) 논쟁, 일명 '사회구성체논쟁'사구체논쟁도 활발하게 진행되어 NL과 PD 양측의 이념적 토대가 되었다.

제도권 정당 참여

현실 정치에서는 1987년 대한민국 대통령 선거 이래로, '비판적 지지', '범민주 후보론', '당선 가능한 야당지지' 등을 주창하며 기존 야당 세력에 활발히 접근하여 연대를 추진한 바 있다. 일부는 기성 정당에 입당하여 제도권 정치에 진출해 왔다. 이인영, 우상호, 오영식, 임종석 등 주로 NL세력이 주도권을 쥐고 있던 전대협 출신 간부들도 제도권 정당으로 들어갔다.

* 전국대학생대표자협의회(全國大學生代表者協議會)는 1987년 건설된 전국 대학 총학생회 협의체로 약칭은 전대협이다. 1993년 해체하여 한국대학총학생회연합으로 전환했다. 기치는 "구국의 강철대오 (나라를 구하기 위해 나선 강철과 같은 무리)"다. 한편 최근 결성된 전대협은 비슷한 이름이나, 이전과는 달리 우파적인 성격을 띠고 있다.

진보 정당 참여

민주당이 민주노총 등의 지원을 받으며 성장하자, 제도권 정당에 참여하지 않은 NL세력이 민주노동당에 집단 입당하여 수적 우위를 바탕으로 다수파가 되었다. 이를 계승한 통합진보당의 해산 이후에는 민중당이나 민중민주당을 창당하여 활동 중이다.

의의

정치학자 최장집은 민족해방이라는 파벌을 대한민국 사회의 결함을 파악하는 두 가지 중요한 문제의식 중 하나로 파악한다. 최장집에 따르면, NL적 문제의식과 PD의 문제의식은 "강력한 반공 권위주의 국가와 권위주의적 산업화 과정에서 발생한 민주화의 두 의제를 축약"한 것으로, 양대 문제를 민족 문제와 민중 문제로 파악한다면 NL과 PD는 각각 한 쪽을 강조하여 본 것이므로 상호 연계성을 되살려 NL-PD라는 새로운 이념으로 한국적 '해방의 이념'을 되살릴 수 있다는 의견이다.

최장집 교수

자료 : news.khan.co.kr

운동권 세력 망령의 포로

남한사회주의노동자동맹

개요

1988년 4월 1일 백태웅*, 박노해를 비롯한 약 200여 명이 준비위를 만든 것에서 시작하여, 1989년 11월 12일 정식으로 결성된 단체. 약칭은 사노맹이다.

주요 이념은 반제국주의, 반파쇼와 민족해방이며 목적은 폭력, 소요 사태를 일으켜 노태우 정부를 타도한 후 대한민국을 사회주의 국가로 만드는 것이었다. 국가안전기획부에 의하여 1991년 4월 29일 해산되었으며, 대법원 판결에 따라 반국가단체로 확정되었다.

조국을 겨냥한 황교안 칼, 30년 전 '사노맹' 끄집어내다.

＊ 대한민국의 사회운동가이자, 법학자이다. 경상남도 거창 출신으로 부산 동성고등학교를 졸업했다. 1981년 3월 서울대학교 법과대학 입학 후 군사독재에 대항하는 학생운동에 적극 가담했고, 4학년이 던 1984년 학도호국단 총학생회장에 당선되어 총학생회 건설을 주도했다. 이후 서울대 프락치 사건 에 연루돼 1년간 징역을 살았다. 이후 노동운동에 눈떠 학교를 떠나 현장 노동자로서 노동운동에 투신 했고 1989년 박노해와 남한사회주의노동자동맹(사노맹)을 조직해 혁명을 지향하는 노동운동을 전개 했다. 1992년 국가보안법 위반 혐의로 체포돼 징역 15년형을 선고받았으나 1999년 김대중 정부 출 범 이후 특별사면으로 석방되었다. 이후 미국으로 유학해 노트르담 대학에서 2001년 법학 석사학위 (LL.M)를 받고, 2003년 미합중국 뉴욕주 변호사 자격을 취득한 후 동 대학원의 박사학위 J.S.D.를 받 았다. 하버드 대학교에서 비지팅 스칼라로 연구를 하였고, 캐나다 밴쿠버에 있는 브리티시 컬럼비아 대 학교 조교수에 임용되었다. 국제인권법과 대한민국법, 아시아 인권 문제를 주로 연구한다. 2004년에 는 유엔 인권 소위의 법률 자문역을 맡기도 했다. 2011년부터 미국 하와이 대학교로 자리를 옮겨 로스 쿨 부교수를 거쳐 교수로 재직 중이다. 2015년에는 유엔의 강제실종 실무 그룹에 아시아, 태평양지역 을 대표하는 위원으로 임명되었다.

활동 및 사상적 특징 ♟♟

결성 ♟

　1987년 4월 'CA 그룹'제헌의회 그룹에서 갈라져 나와 결성된 노동자해방투쟁동맹이 와해된 뒤, 그 구성원 중의 일부는 무장봉기에 의한 사회주의 혁명을 지도할 노동자당 건설을 목표로 새로운 조직을 결성하기로 하였다. 1989년 1월 '민족민주혁명론'NDR을 추종하는 핵심 세력 140명을 규합하여 '남한사회주의노동자동맹 출범 준비위원회'당시의 명칭으로는 노동조합지도자대회준비위를 결성하였다. 이 과정을 통해 사노맹 건설이 본격화되었으며, 1989년 11월 12일 '지역별·업종별 노동조합 전국회의'가 주최한 서울대 집회에서 사노맹 출범 선언문을 발표하여 공개적으로 그 결성을 선언했다.

활동 ♟

　사노맹은 사회주의 국가 건설 이념에 따라 만들어진 단체로, 군정 타도를 목표로 하였다. 당시 공안 당국의 수사 결과에 따르면 노사분규 현장에서 노동자들을 배후에서 선동해 임금투쟁을 정치혁명 투쟁으로 격화시켜 총파업으로 유도한 뒤, 결정적 시기에 봉기해 기간산업을 마비시키고 경제를 혼란시켜 폭력혁명을 완수한다는 사회주의 혁명을 목표로 하고 있었다. 이를 위한 1990년도 중점 수행과제로 '사회주의 혁명 선전선동의 대중적 확산', '노동자계급 주도 합법 민중정당 결성', '전국 주요 공장에 혁명적 사회주의자 공장소조 창출', '학생운동의 노동자계급 동맹세력화', '독점재벌 재산몰수 국유화', '물가관리민중위원회 설치', '농축산물 수입개방 저지' 등을 투쟁 슬로건으로 삼았다.

　수사 결과에 따르면, 실천지도부인 조직위는 조직관리와 재정을 전담하는 사무국과 조직수호, 면학, 유인물 배포 등을 전담하는 연락국으로 구성되어 있었다. 연락국은 무장봉기를 위한 폭발물 개발, 무기탈취계획, 독극물 개발 등의 특수 임무를 맡았다. 지방조직으로는 서울을 비롯하여, 전국 9개 시·도에 지방위원회를 두고 그 산하에 기획선전 담당부서, 공장사업부 정파사업 담당부서를 설치해 정치·노동·종교계에 조직원 부식扶植을 꾀했다. 사노맹은 각 분야 '혁명인자'를 물색해 자기소개서를 제출하게 한 뒤, 사상성 비밀활동능력 등 50여 가지 기능에 따라 엄격한 심사를 거쳐 조직원으로 포섭했다. 이들은 1개월 내지 1년의 사상교육, 체력훈련 등과 함께 '일상용어 음어화', '철저한 안전관리', '조직기밀유지' 등 10대 조직보위수칙을 교육받았다.

또한 각종의 유인물과 책자, 월간지 '노동해방문학' 등을 통해 '노동자 중심의 민중통일전선 형성 → 노동자 전위당 결성 → 무장봉기를 통한 혁명 → 민중공화국 수립 → 자본주의 철폐 및 사회주의 국가 건설'이라는 목표를 세웠으며, 출판사 노동문학사를 설립, 1989년 4~12월까지 15만여 부의 책자를 발간했다.

백태웅은 이정로라는 가명으로 《노동해방문학》에 〈식민지 반자본주의론에 대한 파산선고〉, 〈사회주의 위기의 근원, 고르바초프 개혁노선의 우편향 비판〉 등 논문을 기고했다. 또한, 이들은 서울시내 오피스텔과 상가 등에 10여 개의 안가安家를 확보해 놓고 수사기관의 수색에 대비해 가스총, 도검류, 쇠파이프, 염산 등을 비치해 두었으며, 검거 때 문서와 메모지를 즉시 소각 또는 삼키도록 하고 당국의 고문 조작을 피하기 위해 초보적인 자살용 독극물 캡슐까지 개발했다고 안기부는 발표하였다.

구성원 중에 북한을 추종하는 인물과 그렇지 않은 인물이 있었다. 핵심 간부였던 백태웅은 북한 정권과 주체사상, 그리고 이를 따르는 NL노선, 소위 주사파에 대해서는 비판적인 입장이었다. 그러나 다른 간부인 박기평은 현실적 통일방안을 지닌 김일성 주석을 존경하며, 본인이 직접 김일성에 대한 찬양시까지 썼던 걸로 보아 수뇌부에서도 북한에 대한 태도는 일관적이지 않았던 것으로 보인다.

해산 ♟♙

남한사회주의노동자연맹 사건_{사노맹 사건} ♞

당시 안기부 김영수 제1차장은 1990년 10월 30일 TV 기자회견을 통해 "사노맹은 종전의 지하 혁명세력과는 달리 자신들이 혁명적 사회주의자임을 공개적으로 밝힌 엄청나게 큰 규모의 사회주의 혁명조직"이라고 실체를 규정하고, 노동계 230여 명, 학원계 1,030여 명, 종교계 청년운동단체 90여 명, 민중당 30명, 청년운동그룹 230여 명 등 모두 1,600여 명에 달하는 조직원을 가졌다고 발표했다. 국가안전기획부는 1990년 9월 19일 현정덕_{중앙위원} 등 3명을 '사노맹 사건'으로 구속하였으며, 1990년 10월 중순경까지 18명을 구속하였다.

그 후 박노해가 중앙위원직을 맡고 있다는 사실도 발표되었다. 1991년 3월 10일 박노해는 구속되었다. 박노해는 김일성 생일인 1989년 4월 15일자 〈박노해 시인의 긴급호소 북조선과 김주석은 남한 민중의 벗인가 적인가〉라는 유인물에서 〈존경하는 김일성 주석〉이란 시를 실어 국보법 위반으로 실형을 선고받았다.

1991년 3월 12일에는 조직의 핵심인 박기평_{필명 박노해}·김진주 부부 등 사노맹 관련자 6명이 추가로 구속되었다. 그 후 1992년 4월 29일 국가안전기획부는 남한사회주의노동자동맹을 이끌던 사노맹 중앙위원장 백태웅_{전 서울대 총학생회장} 등 사노맹 조직원 39명을 검거하였다고 발표하였다. 그리고 이들을 국가보안법상 반국가단체

김진주와 남편 박노해

자료 : blog.daum.net

의 구성 및 그 수괴 임무 종사의 혐의로 기소하였다. 안기부는 해방 이후 최대의
지하 조직 사건이라고 발표하였다.

사노맹 재건 기도 사건 ♟

이러한 대대적인 구속 사건 이후 사노맹은 사실상 와해되었으며, 이후 그 잔
여 세력을 중심으로 공개적인 좌파정당 운동을 진행하였다. 국가안전기획부는
이에 대해서도 재건 혐의를 씌워 조직원에 대한 검거를 계속하였으며, 그 와중에
민주화 세력에 대한 탄압이 지속되었다.

사건 후 2~4년이 지나서 돌연 연행되는 경우도 자주 일어났고 안기부 당국은
선거철 이를 활용했다. 또한 극우 학자 및 관변단체, 안기부의 대국민 여론전 용
도로 자주 거론되었다.

재판 과정 ♟♟

사건 관련자 이성수의 변호인 박연철 변호사는 안기부가 피의자들에게 고문을 자행하고 있다고 주장했다. 피의자가 묵비권을 행사하고 있는데 수사관들로부터 구둣발로 구타당해 후유증에 시달리고 있으며, 다른 피의자를 변호하고 있던 유선호 변호사도 안기부가 피의자를 며칠 동안 잠을 재우지 않은 상태에서 옷을 모두 벗기고 몽둥이로 허리와 다리 등을 구타하고 있다고 주장하였다.

모 초등학교 여교사는 신문을 통해 안기부 수사발표를 본 뒤 자신이 사노맹의 조직원이란 사실을 알게 되었고, 수사과정에서 심한 구타를 당했다고 증언하였다. 또한 구속된 다른 피의자 역시 비슷한 증언을 하였다. 단순히 관련자 누구를 알고 있다거나 사노맹 관련한 출판물을 가지고 있다는 것 때문에 조직원으로 둔갑하여 안기부가 사노맹의 부설기관이라 발표하자 관련이 없다고 반박 성명을 낸 단체나 출판사도 여럿 있었다.

이에 대하여 안기부는 피의자들은 묵비권을 행사하지 않고 본인이 사노맹이라고 직접 말하기까지 했으며 피의자들에게 수사과정에서 가혹행위를 한 적이 없다고 주장하였다.

1992년 7월 백태웅은 첫 공판에서 사노맹은 안기부가 선전하는 바와 같이 테러 단체가 아니며, 머지않은 미래에 사회주의 노동자 정당이 합법화될 것이라는 확신 아래 96년 의회선거에 참여할 목적으로 정당활동을 준비하고 있었다고 주장했다. 또한, 취조과정 중 고문으로 세 번이나 실신했음을 고발하면서 안기부가 꾸민 조서는 원천 무효라 주장하였다.

하지만 1심 재판부는 이를 받아들이지 않고 "무장봉기를 통한 혁명의 방법으로 사회주의 국가를 건설하려고 하였기 때문에 중형을 선고할 수밖에 없다." 하면서, "그러나 사회모순을 해결하려는 열성에서 사노맹 활동을 주도하였고, 이후 합법적 정당 결성을 위해 노력하겠다고 밝힌 점을 인정해 검찰이 구형한 사형이 아니라 무기징역을 선고한다."고 하였다.

1993년 2월 고법에서, 1심 선고량이 무기징역인 데 반해, 징역 15년으로 감형 되는 매우 이례적인 판결이 나왔다. 시국사건의 경우 이런 판결은 70년대 중반, 유신독재 이후 사실상 처음이라 하여도 과언이 아니었다. 당시 사법부는 "시대 의 변화에 따라 사법부도 변해야 하지 않겠느냐."고 하였고, 재판부는 이런 판결 의 사유로 "사노맹이라는 단체가 사회에 끼치는 위험성이 높다고 보기 힘들다." 고 판시하였다.

불과 3개월 뒤에 대법원 판결로 종결하였는데, 2심 판결을 그대로 인용하고 대 법원 판사들은 아무 말도 하지 않았다. 다음 정부 출범 때 박노해 등 사노맹 관 련자들이 감형될 것이라 예상했다.

당시 검찰 및 경찰은 사노맹 구속자는 변호인 접견은 물론 가족조차 만나지 못하게 하는 임시적 조치를 취하고 있었다. 이것은 또한 1996년 판사가 보안법 위헌 제청을 하여 다시 한 번 화제가 된 바 있다.

앰네스티 인터내셔널은 사노맹 사건이 무장반란을 획책했다는 실체적 진실이 없다는 점을 지목하면서 이 문제를 한국 정부, UN, 미국 정부에 지속적으로 제 기하였고, 백태웅, 박노해 등을 양심수로 지정하였다.

감옥에 갇힌 채 고문 후유증으로 사경을 헤매는 은수미에게는 법무부 장관 에게 탄원서를 발송하는 한편 전 세계 회원을 대상으로 긴급 행동을 발행하여 국제적 문제가 되었다. 앰네스티는 1998년 김대중 대통령 취임 당시 대통령직인 수위원회에 사면복권 명단을 제출, 1999년 이 사건 관련자는 모두 사면복권되 었다.

박노해 · 백태웅 · 은수미

자료 : news.joins.com

　사노맹 사건은 김대중 정권 시절인 1999년 3월 1일자로 특별사면 및 복권 조치를 받았다. 2008년 12월 민주화운동 관련자 명예회복 및 보상심의위원회_{민보상}위는 사노맹 사건으로 유죄 판결을 받은 박기평_{필명 박노해} · 백태웅 씨를 민주화운동 참여자로 인정했다. 그리고 2011년 나머지 관련자 100여 명에 대한 민주화운동 불인정결정을 내렸다. 즉, 그들이 민주화운동에 참여한 것은 아니라는 결정이다.

평가 ♟♟

　그들이 사회주의 국가를 건설하기 위해 폭력 사태를 일으켜 국가 전복을 꾀하려고 한 것은 대법원 판결문에 나온 대로 사실이므로 현재는 진보 진영에서조차 말하기 껄끄러운 단체였다. 몇몇 사람들은 박노해와 백태웅의 민주화운동 인정과 관련하여 민주화운동보상위원회에서 "민주 헌정질서 확립에 기여했다."는 것을 인정했다는 더불어민주당의 발언과 언론의 보도기사, 그리고 수사기관의 강압적인 수사가 있었음을 근거로 사노맹 사건이 민주화운동이라는 주장을 한다. 그러나 이는 사실과 상반된 주장이다.

2016년 행정안전부에서 발간한 민주화운동백서에 따르면 해당 인물들박노해와 백태웅은 폭력적 활동에서의 참여 배제와 국민 화합 차원이라는 모호한 이유로 민주화운동으로 인정받은 것이다. 그리고 이 두 사람 외에 사노맹 사건과 관련하여 민주화운동 인정을 신청한 100여 명에 대하여 "사노맹의 활동 중에 일부 권위주의적 통치에 항거하는 행위가 있었다 하더라도, 이들이 내세운 국가타도, 독점재벌 숙청, 노동자계급 혁명에 의한 사회주의 건설이라는 목적이념과 활동행위은 우리나라 헌법이 지향하는 이념과 가치인 자유민주주의와 시장경제질서를 부인하는 것으로 민주화운동이라고 할 수 없다고 보아 민주화운동으로 인정하기 어렵다."라고 민주화운동 불인정결정을 하였다. 여기서 민보상위민주화운동관련자 명예회복 및 보상심의위원회는 사노맹 사건이 헌법가치에 위배됨을 명시하고 있다.

따라서 기존에 이루어진 사면과 복권은 김대중 전 대통령의 권한에 의거한 사면과 복권으로 봐야 하며, 사노맹 사건이 민주화운동으로 인정된 것과는 별개의 문제로 보아야 한다.

1990년 말 사노맹 사건 관련, 서적 등 국가안전기획부에 압수된 물품들

자료 : news.chosun.com

운동권 세력 망령의 포로

주체사상파

개요

주체사상파_{주사파}는 대한민국의 민족해방 계열의 하나로 북한_{조선민주주의인민공화국}의 지도이념인 주체사상을 지지하고, 그에 따른 정치운동을 하는 사람들을 가리키는 말이다.

유래 ♟♙

1970년대까지 대한민국의 사회운동에 마르크스주의나 스탈린주의 이념은 별 영향을 미치지 못했다. 이는 한국 전쟁과 그 이후의 반공체제를 거치면서 대한민국 내 공산주의자들 대부분이 북한으로 탈출하거나 축출되었기 때문이다. 특히, 한국 전쟁 이후 북한 정부와 김일성에 대한 거부감은 대한민국 사회 전반에 확고하였다.

그러나 박정희의 유신체제 이후 전체주의적 사회통제가 극심해지고, 10·26 사태 이후 12·12 군사 반란으로 등장한 전두환 군부_{軍府}가 1980년 소위 '민주화의 봄'을 좌절시키고 5·18 광주 민주화운동을 유혈 진압했다. 그래서 '자유민주주의체제'와 '자유우방 미국'에 대한 확신과 신뢰가 흔들리면서 대학가를 중심으로 1980년대부터 마르크스주의를 학습하는 정치운동세력이 생겨났고, 이러한 분위기 속에서 주체사상도 유입되었다.

1985년에 발표된 김영환의 '강철서신'은 주체사상이 학생운동세력에 퍼지게 되는 결정적인 계기를 만들었고, 군사독재체제를 용인하는 미국에 대한 반미_{反美}의식과 한국 특유의 민족주의적 토양을 바탕으로 소위 '우리식 사회주의'를 지지하는 세력이 성장하기 시작했다.

1990년에 소련이 붕괴한 이후 마르크스주의를 중심이념으로 하고 있던 학생운동세력은 큰 타격을 받았으나, 대한민국의 권위주의 체제에 대한 저항적 태도와 민족주의를 앞세운 주체사상파는 세력을 확장했다. 그러나 북한의 경제 실상이 전해지고 1996년 8월에 한총련의 주도로 연세대학교에서 열린 '조국통일범민족대회'를 김영삼 정부가 강경하게 진압한 후 한총련에 대한 이적단체 판결로 학생운동 지도부가 구속·수감됨으로써 급속히 그 세력이 약해졌다. 1997년 말의

IMF 구제금융 사건 이후 대학생들의 정치운동 참여가 현저하게 줄어들면서 사실상 붕괴되었다.

활동

학생운동 1

  초기 주사파는 남로당, 해외 유학생 등과는 달리 외부의 영향 없이 자생적으로 성장하였다. 그러나 이들 중 일부는 북한의 공작에 의해 이북과 직접적인 연계를 갖기도 했다. 이들은 '강철서신'의 유행으로 1980년대 말까지 수를 불렸지만, 북北과의 연계 및 비밀조직 형태에 대한 대중적 거부감과 소비에트 연방의 붕괴가 겹치면서 쇠락하였다.

전대협의 후신, 한총련의 출범식

자료 : busy.org

반면, 민족해방 계열이 주도하고 있던 한총련은 기본적으로 대중학생조직을 지향하고 민족주의를 전면에 내세워 1993년 발족 당시부터 학생운동세력 중 최대 규모로 그 영향력이 상당했기 때문에 민족해방 계열의 일부로 한총련에 참여한 주사파는 그 세를 확장할 수 있었다. 그러나 한총련이 1996년 소위 '연세대 사태' 이후 대한민국 대법원에 의해 이적단체로 규정되고, 1997년 말부터 학생운동이 퇴조함으로써 급격히 쇠락하였다.

보수정당 ♞

전두환 정부, 노태우 정부, 김영삼 정부 시대에 주사파는 민주화운동세력의 일부로도 참여하였다. 이들 중 일부는 신한국당과 민주당 등 제도권 정당으로의 진출을 시도하였다. 이 때문에 일부 반공주의자들 가운데에는 민주화운동과 주사파, 공산주의자를 동일한 집단으로 간주하려는 경향이 있다. 한편, 당시 운동세력 중 전향하지 않던 주사파 일부는 2002년 대선에 즈음부터 전향하여 소위 '뉴라이트 운동'에 가담하기도 하였다. 이들 중 일부는 한나라당을 통해 국회로 진출하였다.

진보정당 ♞

주사파의 상당수는 민중민주 계열의 주도로 만들어진 민주노동당에 입당함으로써 제도권 정당으로 진출하였다. 주사파를 비롯한 민족해방 계열은 지구당에 집단 입당하는 방식으로 '지구당 위원장'을 자기정파로 선출하고 민노당을 접수하여 민중민주 계열과 갈등을 일으켰다. 이러한 갈등은 결국 2007년 대선 직후 폭발하여 민주노동당과 진보신당의 분당으로 이어졌다.

2008년, 민주노동당의 분당 사태 당시 심상정, 노회찬, 조승수 등은 기존 민

노회찬, 조승수, 심상정 진보신당 창당

자료 : m.ohmynews.com

주노동당 내 '종북주의'를 비난하며, 민주노동당을 탈당하여 진보신당을 창당하였다.

통진당의 창당과 분열, 강제해산 ♟

2012년 총선 직전 민주노동당과 진보신당 탈당파심상정, 노회찬, 조승수 등, 유시민의 국민참여당이 통합진보당으로 통합하였다.

정치노선은 물론 이념까지 판이한 이들이 결합한 이유는 정당명부 득표율을 높여 비례대표 국회의원 당선자 수를 늘리는 데 있었다. 특히 당권파인 민족해방 계열과 비당권파인 국민참여당 계열은 비례대표 국회의원 후보 경선에서 서로 자기파를 당선가능성이 높은 앞 순위 후보로 올리기 위해 편법을 마다하지 않아 심한 알력이 생겼다. 2012년 총선 직후에는 그러한 갈등이 폭발해 국민참여당 계열이 민족해방 계열의 '경기동부연합'을 부정 경선의 주도 세력이라고 주장하면서 종북주사파 논란을 촉발시켰다. 통합진보당 부정 경선 사건으로 결국 같은 해 9월 통합진보당은 분당 사태를 겪었고, 탈당파는 한 달 후 정의당을 창당하였다.

이 사건 당시 국민참여당 계열이 주도한 종북 논란의 여파로 통합진보당 잔류파는 검찰 등 공안당국의 표적이 되었다. 2012년 대선 TV토론 당시 통합진보당 대통령 후보였던 이정희의 집요한 공격을 받은 박근혜가 대통령에 취임한 6개월 후인 2013년 8월 이석기 내란 선동 사건을 거쳐 2014년 12월 19일 헌법재판소의 정당해산심판에 의해 통합진보당이 해산되었다. 통합진보당 해산심판 사건

통합진보당 공중분해

자료 : m.hankookilbo.com

용어의 오용 ♟♙

주체사상과 무관하더라도 진보주의적 사상을 가진 사람이나 단체를 주사파라고 부르는 경우도 간혹 있는데, 1998년에는 최장집* 등이 보수 정치권에 의해 주사파라는 비난을 받기도 하였다.

주체사상 ♟♙

주체사상主體思想은 북한조선민주주의인민공화국의 공식 이념이다. 김일성주의金日成主義라고도 한다. 엄밀히 따지면 김일성주의는 "주체사상을 핵심으로 하는 사상·이론·방법의 전일적 체계"를 뜻해 주체사상보다 상위의 개념이지만, 북한에서는 이 둘을 구분하지 않는다. 명확한 구분을 위해 김일성주의와 동일시되는 주체사상을 '넓은 의미의 주체사상', 그보다 협소하고 이론적인 부분의 주체사상을 '좁은 의미의 주체사상'이라고 한다.

＊ 대한민국의 정치학자이다. 한국 민주주의의 현실 및 전망에 대해 적극적인 연구를 해오고 있다. 고려대학교 정치외교학과에서 학사와 석사과정을 마치고 미국 시카고 대학교 대학원 정치학과에서 1983년 8월 박사학위를 받았다. 1983년 9월 고려대학교 정치외교학과 조교수로 취임했고 1987년 교수로 승진 후 2007년 명예 퇴임을 하였다. 미국 워싱턴 주립 대학교 잭슨국제관계학과와 미국 캘리포니아 대학교 버클리 정치학과의 초빙교수, 일본 동경 아시아경제연구소 객원연구원, 고려대학교 아세아문제연구소 소장을 역임하였다.

김일성 주체사상에 세뇌당한 사람들

　북한에서는 주체사상이 타도제국주의동맹打倒帝國主義同盟의 회의에서 처음 주창되었고, 김일성이 1930년 지린성 창춘 카륜회의에서 발표한 〈조선혁명의 진로〉라는 연설문에서 주체적 입장이 천명되었다고 본다. 실제로 주체라는 단어가 쓰이기 시작한 것은 1955년 12월 28일 〈사상사업에서 교조주의와 형식주의를 퇴치하고 주체를 확립할 데 대하여〉가 발표된 다음부터이다. 그들에 따르면 김일성은 본래 마르크스-레닌주의에 정통해 있었으나 조선혁명을 겪으며 이를 북한의 현실에 맞게 수정 적용, 토착화한 것이 주체사상의 사회역사적 배경이라고 한다.

　1982년에는 김정일의 이름으로 〈주체사상에 대하여〉가 발표되는데, 일반적으로 이 논문에서 주체사상의 핵심이 완성된 것으로 본다. 뒤이어 1985년에 북한은 총 10권의 《위대한 주체사상 총서》를 발간한다. 주체사상이 띠고 있는 강한 민족주의적 성향은 과거 일본의 식민지시대 경험과 무관하지 않다.

참여연대

개요

　참여연대는 문재인 정권의 싱크탱크를 구성하는 인재 아닌 인재를 제공하고 있는 집단이다. 조국을 비롯하여 장하성, 김상조, 김수현, 김연철, 탁현민 등이 바로 참여연대 출신이다.

　참여연대는 대한민국의 시민단체이다. 1994년 9월 10일 '참여와 인권이 보장되는 민주사회 건설'을 목표로 창립되었다. '참여'는 국가권력의 남용과 재벌의 횡포, 그 밖의 모든 권리 침해를 용납하지 말고 시민 스스로의 힘으로 권리와 정의를 찾아 나서자는 뜻을 담고 있다. '연대'는 학연, 지연, 국경을 넘어 공익과 정의를 위해 협력하되 특히 사회적 약자와의 연대를 뜻한다.

참여연대는 정치, 경제 권력의 남용과 횡포를 견제하고 고발하는 권력 감시 활동과 시민의 정치적, 경제적 권리를 확대하고 참여를 제도화하기 위한 종합적인 정책방안을 연구하고 제시하는 대안 제시 활동을 병행한다. 더불어 시민참여 문화를 확산하고 참여민주주의를 위한 시민주체를 형성하기 위한 시민교육 활동도 지속적으로 해오고 있다.

참여연대는 다양한 운동방식을 통해 시민의 힘이 사회를 개혁할 수 있다는 것을 입증했으며, 한국 사회에 필요한 제도 도입을 제안하거나 개선하는 데 힘을 쏟았다. 2004년에는 국제연합 경제사회이사회ECOSOC 협의 지위를 취득해 유엔 회의에 참가해서 발언할 수 있게 되었으며, 1998년부터 정부로부터 일절 지원을 받지 않고 회원들의 회비와 후원금으로 재정을 마련해왔다.

참여연대 건물

자료 : peoplepower21.org

2018년 1월 기준으로 15,000여 명의 회원을 가진 한국의 대표적 시민단체로, '시민의 힘이 세상을 바꾼다'는 기치로 참여·연대·감시·대안 4대 활동원칙에 따라 11개의 활동기구[*1]와 4개의 부설기관[*2]이 활동하고 있다.

[*1] 의정감시센터, 사법감시센터, 행정감시센터, 민생희망본부, 사회복지위원회, 노동사회위원회, 경제금융센터, 조세재정개혁센터, 평화군축센터, 국제연대위원회, 공익제보지원센터
[*2] 공익법센터, 참여사회연구소, 아카데미 느티나무, 청년참여연대

1990년대는 1987년 6월 항쟁으로 군사 독재 정권이 막을 내리고 제도적 민주주의가 진전된 시기였다. 그러나 이는 형식적인 민주주의일 뿐 여전히 많은 한계들이 드러나기 시작했다. 개발독재와 재벌위주 성장이 낳은 부실, 정경유착, 정치권과 관료들의 부정부패와 관료주의가 만연했다. 시민들의 권리의식은 높아지는데 정작 직접 참여할 제도와 관행은 미흡했다. 새로운 시대의 참된 민주주의의 내실을 채우기 위해서는 과거와는 다른 운동 방식이 필요하다는 문제의식을 가진 조희연 등의 진보적 학자들, 박원순 등의 인권변호사 그룹, 학생운동 출신 등을 주축으로 1994년 9월 10일, 10명의 상근자와 300여 명 회원들이 참여연대를 출범시켰던 것이다.

장하성 청와대 정책실장 (경제민주화위원장)

조국 청와대 민정수석 (사법감시센터 소장)

김상조 공정거래위원장 (경제개혁센터 소장)

김기식 금융감독원장 (정책실장, 사무처장)

정현백 여성가족부 장관 (공동대표)

박은정 국민권익위원장 (사법감시센터 소장)

강병구 재정개혁특별위원장 (조세재정개혁센터 소장)

홍일표 청와대 정책실장 선임행정관 (희망제작소·참여연대 간사)

김성진 청와대 사회혁신비서관 (경제금융센터 소장)

탁현민 청와대 행정관 (문화사업국 간사)

박원순 서울시장 (사무처장)

조희연 서울교육감 (정책자문위 부위원장)

참여연대 출신 문재인 정부 고위 공직자(2018년)   자료 : hankyung.com

주요 활동 ♟♟

참여연대는 일상적인 감시 활동을 통해 부정부패나 잘못된 관행, 인식 등을 개선하기 위한 다양한 활동을 한다. 그 밖에도 시민들의 기본권 보호, 사회적 소수자들과 연대, 민생문제 해결을 위한 활동 등을 하고 있다.

창립 이래 사법개혁운동, 부정부패척결운동, 국민생활최저선 확보운동, 재벌개혁소액주주운동, 작은권리찾기운동, 정치개혁을 위한 낙천낙선운동 등을 전개하였고, 2000년대 이후부터는 평화군축운동, 노동권보장운동, 조세재정개혁운동 등으로 활동 분야를 넓혀왔다.

참여연대의 주요 활동을 요약하면 다음과 같다.

- 국회, 행정부, 사법부 등 국가권력과 대기업, 재벌 등 경제 권력에 대한 일상적인 감시 활동

- 권력남용 및 부정부패 고발, 공익소송, 입법활동 등 다양한 제도 개선 활동

- 시민들의 삶과 직결된 민생문제의 공론화와 해결을 위한 다양한 캠페인

- 국방정책/예산에 대한 감시, 한반도 평화 정착을 위한 제안 활동, 아시아 국가들의 민주주의와 평화를 위한 국제연대 활동

- 공익신고자 지원, 공익변호사 양성 등 공익적 가치와 인프라 확대를 위한 활동

- 참여민주주의 실현을 위한 대안 정책 연구와 생산, 출판, 토론 활동

- 참여민주주의 실현을 위한 다양한 시민교육 프로그램의 개발과 제공

장하성(왼쪽)과 김기식이 2001년 3월 삼성전자 정기 주주총회에 소액주주들을 대표해 참석, 경영진의 의사진행에 이의를 제기하며 발언권을 신청하고 있는 모습. 당시 둘은 참여연대에서 소액주주운동을 이끌었다.

자료 : news.joins.com

참여연대의 허상

김경율 참여연대 집행위원장은 2019년 9월 29일 본인의 페이스북에 조국을 비판하는 다음과 같은 글을 올렸다.

> "문재인 정부 출범 이후 2년 반 동안
>
> 조국은 적폐청산 컨트롤 타워인 민정수석 자리에서 시원하게 말아드셨다.
>
> 윤석열은 서울지검장으로 내가 기억하는 것만 mb 구속, 사법 농단 사건, 삼성바이오로

직스 회계사기 사건 등을 처리 내지는 처리하
고 있다.

전자가 불편하냐, 후자가 불편하냐?

장삼이사들 말고

시민사회에서 입네하는 교수, 변호사 및 기타

전문가 생퀴[*1]들아.

권력 예비군, 어공[*2] 예비군 생퀴들아

더럽다 지저분한 놈들아

난 이제 목표는 삼성바이오로직스 마무리하고

너희 같은 개같은 생퀴들하고 얼굴 안 마주치

고 살고 싶다.

이 위선자 놈들아

구역질 난다. 너희들 개쌍판

주둥이만 열면 **개혁 @@개혁

야 이 생퀴들아 니들 이른바 촛불혁명 정부에서 권력 주변 족나게 맴돈거 말고 뭐 한 거 있어?

말해봐!

부처에서 불러주면 개혁 개혁, 입으로만 씨부리고

잘 살아라 위선자 놈들!"

조국 옹호세력을 비난하는 김경율 참여연대 집행위원장
자료 : news.joins.com

*1 새끼의 변형어
*2 정당·선거캠프에서 일하다 공무원이
   된 사람, 어쩌다 공무원.

조국 법무부 장관을 지지하고 있는 전문가들을 비난하는 글을 올렸던 김경율
전 참여연대 집행위원장이 한 라디오 방송에서, 참여연대가 조국 사모펀드에 관
한 의혹을 분석한 증거가 있노라고 말했다. 김경율은 참여연대가 이와 같은 의

혹에 대해 침묵한다고도 지적했다.

김경율은 2019년 10월 1일 MBC 라디오 '김종배의 시선집중'에 출연해서 조국의 사모펀드 의혹과 관련하여 "수일에 걸쳐서 몇 명이 밤샘하면서 분석했다."면서 "어느 정도 사실부분에 대해서 사실판단에 있어서 충분한 증거를 가지고 있다, 이렇게 말씀드릴 수 있을 것 같다."고 말했다. 그리고 "경제금융센터의 저와 같은 회계사, 그리고 경제학 교수님, 그리고 경제학 박사님들 이런 분들이 분석했다."고 덧붙였다.

고개 숙인 조국

자료 : sedaily.com

김경율은 이와 같은 분석 결과를 내부적으로 건의했지만 묵살됐다고 한다. 그러면서 "'우리는 권력 감시기관이다', '본연의 임무를 충실히 해야 한다' 등과 같은 의견을 계속 제시했지만 그게 참여연대 내부에서 전달이 안 된다고 생각했다."고 말했다. 그리고 "내부적으로 '조국 사퇴'라는 의견은 내지 말되 의혹에 대해서는 우리가 문제 제기를 해야 한다고 했다. 그래야 나중에 우리가 창피하지 않을 수 있다는 말까지 했다."고도 전했다고 한다.

김경율은 또 "현재 참여연대 내에서 참여연대 출신에 대해 입을 막고, 어떤 감시행위도 하지 않는 등 눈을 감고 넘어가는 행위가 비일비재하다."고 언급하면서 "이런 일은 조국 사태에서 가장 적나라하게 나타났다."며 "시민단체로서 본연의 임무를 망각한 것이며 존립 근거가 없다고 판단한다."고 신랄하게 비판했다.

김경율은 또한 "시민단체의 본연의 임무가 정치 권력, 경제 권력을 감시하는 것이라면 조 장관에 대해서는 남들보다 더 가혹하고, 신랄하게 감시·감독해야 한다고 생각한다."고 덧붙였다. 조국은 예전에 참여연대 내에서 사법감시센터 소장 등을 지낸 이력이 있는 사람이다.

김경율은 논란이 된 페이스북 글과 관련하여 "의도적이었고, 들으라는 의미였다. 맨 정신이었다."고 토로했다.

그는 참여연대가 자신을 내부 징계위원회에 회부하기로 한 것과 관련해서 "사모펀드 의혹에 대해 단 한 줄도 못 보냈던 참여연대가 사적 공간인 SNS에 써놓은 글을 보고 징계하겠다고 공표하는 것을 보고 마음 아팠다."고 말했다.

그에 앞서 김경율은 자신의 페이스북에 조국을 지지하는 각계 전문가들을 향해 '위선자' 등의 단어를 써가며 강하게 비판했다. 그 이후 참여연대는 9월 30일 상임 집행위원회를 열고 김경율을 징계위원회에 회부하기로 했다. 참여연대에 따르면 김경율은 페이스북에 글을 올리기 전인 9월 28일 오전 참여연대에 집행위원장직 사임과 회원 탈퇴 의사를 전했다고 한다.

조국 장관 등을 고발하는 투기자본감시센터

자료 : seoul.co.kr

한편 박근혜 정부 국정농단 사건 당시 최순실최서원과 우병우 전 민정수석을 고발했던 진보성향 시민단체 투기자본감시센터*는 조국과 그의 부인 정경심 동양대 교수, 5촌 조카 조범동 씨 등 조국 장관 일가 7명을 검찰에 고발했다.

2019년 10월 2일 투기자본감시센터는 대검찰청 정문 앞에서 기자회견을 열고 조국 일가를 둘러싼 사모펀드 의혹을 언급하며 "정 교수가 자문료까지 받으며 기업의 사업 확장에 이익을 줬는데 조 장관이 몰랐을 리 없다."면서 "조 장관은 66억 5,000만 원의 뇌물을 받았다. 조 장관은 검찰 개혁을 주장할 게 아니라 구속 먼저 돼야 한다."고 목청을 높였다.

* 투기자본에 대한 노동계와 시민사회의 비판적 공론을 활성화하고, 건설적 대안을 제시하며, 정부의 대책마련을 촉구하여 제도적 장치를 마련하고, 노동자들의 정당한 자기 방어투쟁에 기여하고자 설립된 비정부 기구이다. 서울특별시 종로구 교남동 46번지에 위치하고 있다.

개천절 광화문 집회에서 황교안 "조국 66억 원 뇌물 받아"(2019.10.03.)

자료 : news.heraldcorp.com

망령의 포로
문재인과 아베 신조

문재인의
심복

문재인의 심복

조 국

개요

조국曺國, 1965년 4월 6일 ~ 은 대한민국의 법학자이며, 문재인 정부의 청와대 민정수
석을 지내고, 법무부 장관으로 임명되었다. 2019년 10월 14일 자진사퇴하였다.

생애 ♟♟

정치 이전 ♟

1965년, 부산 서구 동대신동에서 부친인 조변현과 모친인 박정숙 사이의 장남으로 태어났다. 부친 조변현은 사업가로, 부산에서 '고려종합건설'이라는 건설사를 운영하다가, 아들 조국이 대학생이던 1985년에 사학재단인 웅동학원을 인수하여 이사장이 되었다. 2013년에 사망하였다. 모친 박정숙은 화가로만 알려져 있긴 하나, 미술 쪽 공부는 1990년부터 30년 정도 했던 것이고, 젊을 때 원래 직업은 초등학교 교사였다고 한다. 남편이 사망한 후, 그 뒤를 이어 웅동학원의 이사장을 맡고 있다.

구덕초등학교, 대신중학교, 혜광고등학교를 졸업하였다. 남들보다 2살이나 먼저 초등학교에 입학한 것이다. 그래서 대학 동기들과도 두 살씩 차이가 난다. 이후 서울대학교 법과대학에서 학부와 석사를 졸업1989년하였다. 서울대 재학 시절에는 학생회장 백태웅의 권유로 사노맹에서 활동하였는데 이때 사노맹 운영을 돕고 있던 유시민과 인연이 생기게 되었다. 이후 졸업 후에는 석사장교로 병역을 마쳤다. 6개월간 복무4개월 훈련, 2개월 전방부대 체험 후 소위로 전역하는 제도로 이후 폐지되었다. 1991년에는 첫째인 딸이 태어났다. 이후 울산대학교 법대 전임강사로 재직 중 사노맹 사건으로 구속되었고, 출소 이후 미국 UC버클리에 유학을 가서 박사과정을 마쳤다. 박사 유학 시절인 1995년에는 아들을 얻어 두 아이의 아버지가 되었다. 학자로서의 전공은 형법이다*.

* 나무위키

귀국 후 1999년 3월부터 2000년 2월까지 울산대학교 법학과 조교수로 재직했고, 2000년 3월에서 2001년 11월까지 동국대학교 법과대학 조교수로 근무했으며, 2001년 12월부터 모교인 서울대학교 법과대학 조교수로 임용된 뒤 부교수를 거쳐 서울대학교 법학전문대학원의 정교수로 재직하였다. 2001년도부터 서울대 법대로 부임하여 형법총론 강의를 맡았는데, 그 때문에 당시 서울대 01학번들은 동국대에 "혹시 족보 갖고 있는 사람 있느냐."며 수소문을 했다고도 한다.

정치 참여 ♟

반독재 학생운동에 뛰어들었는데, 1980년대 말에는 서울대 82학번 동기생 진중권, 이진경과 함께 《주체사상비판》이란 저서를 통해서 말 그대로 주체사상의 반지성주의, 맹목성, 정신승리론을 신랄하게 비판하였다. 또한 전직 전주시 덕진구 국회의원인 김성주와도 서울대학교 82학번 동기인데, 김성주 의원에 대한 글을 최근 페이스북에 업로드하여 주목받은 바 있다.

이수성 서울대 법대 교수의 지도로 대학원에 다니던 도중에 박노해, 백태웅, 은수미 등이 주도한 남한사회주의노동자동맹약칭 사노맹 사건에 연루되어 1993년 5월, 울산대 전임강사로 재직 중에 구속되어 11월 집행유예로 풀려났다. 현직 교수가 국가보안법으로 구속된 이례적인 사건이어서 서울대, 울산대, 민교협 교수 1,000여 명이 재판부에 탄원서를 제출했다고 한다. 이후 미국 유학길에 올라 박사 학위를 받는다.

조국과 사노맹 동지 은수미

자료 : newsfreezone.co.kr

참여정부 중후반에는 폴리페서 활동 때문에 휴강이 잦았던 편으로, 김영란_{법조인} 전 대법관 인사청문회 당시 참고인으로 출석했다.

로스쿨 도입 논의 당시 참여연대 사법감시센터 소장을 맡고 있었는데, 당시 참여연대는 사법개혁위원회_{대법원장 자문기구}에 법학전문대학원 도입을 촉구하는 의견서를 제출한 바 있다.

2000년대 후반부터는 소위 '강남 좌파'의 대표주자로 언론매체 상에 오르내리지만, 그전에는 비주얼로 유명했다. 서울대학교의 비주얼 담당이라고 해도 과언이 아니다. 미국 유학 당시에는 "저렇게 잘생긴 남자가 집안일까지 하는데 너는 뭐냐?"는 식으로 한인 부부들의 불화의 씨앗이 되었다고도 한다. 동국대학교 법과대학 형법 교수 시절에는 신입생 대면식에서 입장하자마자 탄성이 터져 나와 흡사 아이돌 콘서트장 같은 광경이 펼쳐졌다고 하며 서울대학교 법학부 시절에는 일면식도 없는 공대 학우가 자신도 모르게 인사를 하게 되더라는 후일담을 스누라이프[*1]에 올리기도 했다.

성향은 좌파이다. 일례로 강간죄의 '폭력'의 의미에 대해 학계의 다수설은 최협의, 즉 '항거 곤란한 유형력의 행사'로 보고 있으나 조국 교수는 협의, 즉 '신체에 대한 유형력의 행사'로 보고 있다. 김보은 양 사건[*2]에서도 긴급피난을 인정해야 한다고 주장하기도 했다. 조국 교수의 주전공은 형사소송법이며, 긴급피난 역시 형법관련 쟁점이다.

[*1] 스누라이프(SNULife)는 서울대학교 학생 전용의 포털 사이트로 강의정보 및 족보자료, 주변 음식점, 인근 주거정보 등을 공유하고 학내 사안이나 정치관련 토론, 연애에 관한 이야기 등을 나눌 수 있는 웹 사이트이다.

[*2] 1992년, 충청북도 충주시에서 의붓아버지 김영오에게 지속적인 성폭행을 당하던 20대 여성 김보은(金甫垠)이 남자친구 김진관(金鎭寬)과 함께 의붓아버지를 살해한 사건. 남자친구의 이름까지 더해서 '김보은 · 김진관 사건'이라고도 불린다.

6월 항쟁의 불길을 당긴 박종철의 고등학교, 대학교 선배이기도 하다. 박종철은 1983년에 혜광고를 졸업한 후 재수하여 1984년에 서울대를 입학했고, 조국은 1982년에 혜광고 졸업 후 그해 서울대에 입학했다. 따라서 고등학교, 대학교 선후배 관계이다. 출생연도와 학번을 보면 알 수 있듯이 2년 빨리 대학에 입학했다. 본인의 저서에 적힌 바에 따르면 지금처럼 유치원 단계의 보육시설이 많지 않던 시절, 또래들이 입학하는 시기가 되자 본인 역시 학교에 따라갔다. 입학 연령이 맞지 않았지만 또래들과 같이 있기 위해서 수업을 들었고, 학교 측도 1년간의 과정을 잘 밟는 모습을 보며 2학년으로 월반시켜 주었다고 한다.

2013년 박근혜 대통령이 프로야구 한국시리즈 시구 당시 착용했던 운동화가 외국_{정확히 일본산} 브랜드 아식스 것이라며 비판했다. 네티즌들이 "같은 아식스를 박원순 서울시장이 신을 때는 왜 지적하지 않냐?"고 반문하자 "박 시장도 시구할 때 아식스 신으셨네요. 비서분들 앞으로는 국산브랜드 신발로 챙겨드립시다."라고 발언했다.

조국 교수가 안철수 의원을 향해 "혁신안이 싫으면 탈당해서 신당을 만들어라."고 공격했다는 기사가 나올 만큼 정치에 관여하려 하는 편이다. 이 때문에 폴리페서라는 비판을 받고 있다. 그 발언은 김어준의 파파이스에서 해명을 했는데, 새정치민주연합 혁신위원 시절 한 작심발언이라고 한다.

폴리페서 ♟♟

'조국의 적은 조국'이라고 했던가. 조국은 오래 전부터 자신의 SNS를 통하여 많은 글을 올려왔다. 남을 비난하고 비판했던 수많은 글들이 지금은 자신의 발목을 잡고 목을 조이고 있는 것이다.

조국은 교수직을 잠시 접고 본격적으로 정치에 참여했다. 청와대 민정수석 비서관으로 자리를 옮기면서 이른바 '폴리페서'[*1] 논란에 휩싸이게 된다.[*2] 조국은 2019년 7월 31일 서울대학교 법학전문대학원 교수로 돌아가기 위해 복직신청서를 제출, 다음날 교수직에 복귀한다. 서울대는 예전부터 많은 교수들이 장관이나 차관 혹은 각급 기관장으로 초빙되는 경우가 많았다. 학과에 따라서는 학사 운영에 지장을 초래한다 하여 아예 퇴직을 요구하거나 휴직 기간을 엄격히 준수해 줄 것을 요구했다. 학칙에 따르면 교육공무원법 제44조에 따라 공무원으로 임용될 경우 휴직을 할 수 있고, 임용 기간이 끝나면 30일 내로 복직을 신청해야 한다. 복직 신청을 하지 않으면 면직될 수도 있지만, 신청만 하면 자동으로 복직된다.

폴리페서 비판하더니 내로남불이냐

자료 : news.chosun.com

2019년 7월 30일 서울대 온라인 커뮤니티 스누라이프[*3]에는 "조국 교수님 학교 너무 오래 비우시는 거 아닌가요?"라는 제목의 글이 게시됐다. 글쓴이는 "평소에 폴리페서 그렇게 싫어하시던 분이 좀 너무하는 것 아닌가."라며 조국을 비판했고, 이 내용은 언론을 통해 널리 보도됐다. 특히 조국의 행보에 대해 비판적인 보도를 해온 일부 보수 언론들은 조국이 서울대 교수 시절 '폴리페서'를 신랄하게 비판했던 것에 주목하며 '내로남불'[*4]이라며 통렬하게 공격했다.

그 근거로는 조국이 2004년 서울대 교내 신문인 〈대학신문〉에 기고한 칼럼 '교수와 정치-지켜야 할 금도標度'에서 "해당 교수가 사직하지 않는다면 그 기간 동안 새로이 교수를 충원할 수 없게 된다."며 교수의 정치 참여에 따른 학원 공백을 비판한 부분이 사용됐다. 또 조국이 2008년 4월 서울대 교수 80명과 함께 당시 18대 총선에 지역구 후보로 출마했던 서울대 김연수 교수사범대를 비판하며 '폴리페서 윤리규정'을 마련할 것을 학교 측에 건의하는 데 앞장선 이력도 거론됐다. 그렇다면 정말 조국은 과거 폴리페서에 대해 비판해온 기준을 자신에 대해서만 관대하게 적용하는 내로남불 식으로 합리화하고 있는 것일까.

먼저 2004년 칼럼의 내용을 살펴보면, 조국은 대학교수의 정치 참여를 무조건 비판하지는 않는다. 오히려 "민주주의 사회에서 교수와 정치권이 건강한 상호관

* [*1] 한국에서 쓰이는 현대사회의 신조어 중 하나로, 교수가 정치에 기웃기웃하면서 정계 입문을 노리느라 자기 본분을 잊게 된 경우를 일컫는 말. Politics + Professor
* [*2] 이고은, 뉴스톱, 2019.08.01.
* [*3] 1999년에 만들어진 서울대학교 사설 커뮤니티 사이트. 줄여서 스랖 내지는 스누랖이라고도 부른다. 원칙적으로는 서울대학교 학부생, 대학원생, 졸업생, 교원만이 서울대 메일 인증을 거쳐 가입할 수 있다. SNULife
* [*4] '내가 하면 로맨스, 남이 하면 불륜'이라는 뜻으로, 남이 할 때는 비난하던 행위를 자신이 할 때는 합리화하는 태도를 이르는 말.

계를 맺는 것은 바람직한 일"이라며 "주권자이자 지식인으로서 교수가 정치에 무감할 수 없고, 교수의 전문적 식견과 정책능력이 정치권에 반영되는 것은 좋은 일"이라고 언급했다.

칼럼에서 그가 문제 삼은 폴리페서의 전형이란 "특정 정당소속 출마후보자의 자격을 공정하고 객관적으로 심사해야 하는 공천심사위원이었던 교수가 자기 자신을 후보로 선정하고 출마하는 경우, 정치적 중립성이 철저하게 요구되는 시민운동의 중핵으로 활동하던 교수가 갑자기 시민운동을 그만두고 정당 공천을 받아 출마하는 경우, 자신의 전문분야에 대한 연구는 방치한 채 정치권과의 관계를 구축하는 데 힘쓰다가 출마하는 경우 등"이다. 교수로서 쌓은 업적을 국회와 같은 정치권 진출의 발판으로 삼는 '선출직 공무원 지망생'들의 기회주의적 행태를 지적한 것이다.

2016년 총선 출마를 선언한 정종섭 전 행정자치부 장관

자료 : hani.co.kr

2008년 그가 주장한 '폴리페서 윤리규정' 역시 선출직 공무원에 대한 예규例規를 마련하라는 내용이다. 그러면서 건의문에는 지역구 국회의원, 지방자치단체장 등 '선출직 공무원'에 출마하려는 교수는 공천신청 직후나, 선거사무실 개소 직후 휴직계를 제출할 것을 구체적으로 열거하고 있다.

그러나 여기에서도 "장차관 등 임명직 고위 공무원과 국제기구로 진출하는 교수들의 휴·복직에 대해서는 전공과의 연관성, 한국학계의 국제적 위상 등을 고려할 때 선출직 공무원과 동일하게 규율하기는 곤란하다."면서 교수들이 전문 지식인으로서 정치·사회 참여 활동을 하는 것에 대해서는 불가피한 측면을 언급한 바 있다. 결국 선출직 공무원이냐, 임명직 공무원이냐를 기준으로 놓고 본다면 조국의 행보가 과거 자신의 주장이나 행동에 어긋나는 것은 아니라는 것을 알 수 있다.

대학에서의 임명직 공무원에 대한 기준은 선출직 공무원과 다르다. 특히 서울대에서는 현직 교수들이 휴직 상태로 임명직 공무원으로 일한 경우가 많다. 안경환법대 국가인권위원장과 권오승법대 권익위원장은 3년 임기직을 지냈다. 대부분의 대학들도 임명직 공무원으로 일하기 위한 교수들의 휴직은 인정하고 있다.

그러나 현행법상 선출직 공무원인 국회의원에 당선된 경우는 교수직을 내려놓아야 한다. 2013년 12월 10일 대학교수가 국회의원이나 지자체장으로 당선된 경우 교수직을 휴직할 수 있는 조항을 삭제하고 사직하도록 한 이른바 '폴리페서 금지법교육공무원법 일부개정 법률안'이 통과되었기 때문이다. 다만, 대학교수 신분으로 국회의원이나 지자체장 선거에 출마하는 것이 불가능한 것은 아니며 당선 후에만 사직을 해야 하는 것이어서, 출마 과정에서 교수로서의 업무에 소홀히 하는 것을 막을 방법이 없다. 뿐만 아니라 낙선 후 다시 대학으로 돌아가더라도 교수 신분에는 변함이 없다. 결국 대학 강단을 비우고 교수들이 정치에 참여함에 따라 학생들이 입게 되는 학습권 침해의 문제는 고스란히 남는다. 또한 "새로이 교수를 충원할 수 없게 된다."고 조국이 지적했듯이 임명직 공무원으로 일하기 위해 휴직함으로써 공석이 된 자리에 신규임용을 할 수 없는 한계도 있다. 학원 공백은 선출직이냐 임명직이냐라고 하는 것과는 무관한 또 다른 문제인 것이다.

한편 폴리페서를 통제하기 위해 개정한 법이 교수들이 무분별하게 선거판에 기웃거리는 행태를 방지하는 효과는 어느 정도 거둔 것으로 평가된다. 폴리페서에 대한 부정적 시각이 커짐에 따라, 법적으로 문제는 없지만 도의적으로 교수직을 먼저 사직하는 사례도 나타났다. 2016년 총선 출마를 선언한 정종섭 전 행정자치부 장관은 장관 임기 종료 후 서울대 복직 논란이 벌어지자 선거 전에 사직서를 제출한 바 있다. 2009년에는 서울대 경제학부 교수였던 정운찬 전 국무총리가 후보자 신분일 때 사직서를 제출했다.

시대에 따라 국민의 눈높이는 계속해서 변화하기 마련이다. 최근에는 조국과 같이 휴직 상태로 교수직을 유지하는 국무위원과 같은 임명직 공무원의 겸직을 금지하고자 하는 요구도 있다. 2017년 7월 이장우 자유한국당 의원은 교수가 국무위원 등 정무직 공무원으로 임용될 경우 휴직을 금지하는 '교육공무원법 일부개정법률안'을 발의했는데, 현재 해당 상임위원회인 교육위원회 계류 상태에 있다.

조국의 폴리페서 논란을 지켜보며 한 가지 우려되는 바가 있다. 그가 15년 전 칼럼에서 언급했듯이 교수가 전문 지식인으로서 정치에 참여하여 민주주의와 사회 발전에 기여하는 행위가 폴리페서라는 부정적인 틀에 의해 무분별하게 매도되는 일이다. 자신의 정치적 미래를 위해 대학교수라는 간판을 이용하는 경우와 학자로서 쌓은 지식과 업적을 사회에 환원하기 위해 정치에 참여하는 경우는 구분되어야 한다고 본다. 조국을 '내로남불'이라 비판하는 언론들은 그 두 가지를 구분하지 않은 채, 폴리페서라는 부정적 면만을 논란에 활용한다. 이런 보도는 결과적으로 전후 맥락을 가리고 여론을 호도할 수 있어 위험하다. 이는 조국의 행보를 어떻게 평가할 것인가라고 하는 것과는 별개의 문제다.

앙가주망 ♟♟

조국은 서울대 법학전문대학원 교수로 복직한 2019년 8월 1일, 자신을 향한 폴리페서 비판에 정면으로 반박했다. 조국은 이날 자신의 페이스북에서 "일부 언론이 나를 폴리페서라고 공격하며, 서울대 휴직과 복직을 문제 삼기에 답한다."며 "'앙가주망'은 지식인과 학자의 도덕적 의무"라고 말했다.*

* 박하얀, CBS노컷뉴스, 2019.08.01.

'앙가주망'engagement은 제2차 세계대전 후 프랑스 철학자 사르트르를 비롯한 실존주의자들에 의해 쓰기 시작한 용어로서, 사회참여社會參與, 자기구속自己拘束이란 뜻을 가지고 있다.

폴리페서 반박한 조국 "앙가주망은 의무, 학생들 이해해 달라"

자료 : news.joins.com

그는 이어서 "민정수석 업무는 전공인 형사법의 연장이기도 했다."며 "검찰 개혁, 검경 수사권 조정, 법무부 혁신, 공정한 형사사법체계 구성 등은 내 평생 연구 작업을 실천에 옮기는 것에 다름 아니었다."고 밝혔다.

그는 "민정수석 부임 시 휴직도, 이번 서울대 복직도 모두 철저히 법률과 학칙에 따른 행위"라며 "서울대의 경우, 임명직 공무원에 대한 휴직 불허 학칙이 없다."고 설명했다. 그러면서 교수 휴직을 하고 장관급 고위공직자를 지낸 11명의 명단을 일일이 나열하기도 했다. 이명박 정부 당시 류우익 대통령비서실장, 노무현 정부 당시 윤영관 외교부 장관, 박근혜 정부 당시 홍용표 통일부 장관, 김연철 통일부 장관 등이다.

조국은 "나를 비방, 매도하는 일부 언론들은 왜 이분들이 휴직할 때는 가만히 있었는지 묻고 싶다."고 반박했다. 또 과거 자신이 공동연구원으로 참여한 <서울대 교수의 휴직, 파견, 겸임 제도에 관한 연구>를 언급하며 "교수의 '현실 참여'를 무조건 금지하거나 과도하게 억지하는 것은 위헌 소지가 크고, 의도치 않은 부작용을 낳을 수 있다."고 주장했다.

과거 언론에 자신이 밝힌 내용과 언행이 불일치한다는 지적에 대해 조국은 "육아휴직이라는 허위 신고를 내고 선출직 공무원인 국회의원 공천을 받으려 한 교수에 대한 통제장치 필요를 제기한 글"이라며 "나는 말을 바꾼 적이 없다."고 해명했다.

그는 2008년 김연수 전 서울대 체육교육학과 교수가 학교에 휴직계를 내고 지역구 국회의원에 출마하자 선출직에 도전하는 폴리페서를 비판하며 관련 건의안을 학교 측에 제출한 바 있다. 조국은 당시 기고한 글에서 "국회의원 공천 신청을 하는 순간 교수는 대학에서 몸과 마음이 떠난다."며 "휴강과 강사 대체 등으로 피해를 입게 된 학생들의 학습권 보장을 위한 제도적 장치가 필요하다."고 말했다. 다만, 임명직 공무원인 교수들에 대해서는 "임명직은 교수 전공과 연관성이 높아 이론과 실무의 교류라는 의미에서 진출이 필요한 측면이 있다."면서도 "임명직도 복직 절차는 선출직 공무원처럼 엄격한 심사를 거쳐야 한다."고 주장했다.

자신이 과거 비판한 것은 선출직 공무원이었고, 민정수석이나 법무부 장관 등은 임명직 공무원이므로 말을 바꾼 게 아니라는 주장이다.

조국은 "휴직 기간 동안 나의 강의를 대신 맡아주고 계신, 존경하는 서울대 로스쿨 동료 형사법 교수님들의 양해에 감사드린다."며 "수업당 학생 수가 많아졌다는 학생들의 불만도 이해하지만, 시간이 지나면 학생들도 나의 선택을 이해할 것이라 믿는다."고 말했다.

그는 한 청와대 관계자의 페이스북 글에 "맞으면서 가겠습니다."고 답글을 써 교수직 유지 의지를 내비치기도 했다. 그야말로 내로남불의 전형이다. 그래서 나온 말이 '조로남불'이다. 조국이 하면 로맨스이다. 이와 같은 그의 만용은 그 후로도 이어지며 계속 증폭된다.

조국은 2019년 9월 초 개각에 즈음하여 법무부 장관에 임명되었다. 석연치 않은 기자간담회를 마치고 국회청문회에서 빗발치는 야당의 반대를 무릅쓰고 문재인 대통령은 장관 임명을 강행했다. 문재인 또한 조로남불, 아니 '문로남불'의 압권이다.

서울대 온라인 커뮤니티 스누라이프에는 조국이 법무부 장관에 임명되기 전, "조국 교수가 민정수석을 지내는 2년 2개월 동안 학교를 비워 학생들과 대학에 피해를 줬다."며 "법무부 장관으로 임명될 경우 추가 휴직이 예상되는데, 국회의원에 출마하는 폴리페서가 4년 동안 학교를 비워 생기는 피해와 무엇이 다른가?"라는 글이 올라왔다.

비리의 종합선물세트 ♟♟

조국의 법무부 장관 임명설이 나오면서 그를 둘러싼 온갖 비리가 쏟아져 나와 온통 나라를 어지럽히고 있다. 일본 매스컴에서도 조국을 일컬어 '양파맨다마네기 오토꼬'이라고 조롱하고 있다.

조국 법무부 장관의 딸 조민이 한영외고 재학 시절 의학 영어논문 제1저자로 등재된 사실이 드러나면서, 게재된 논문을 활용해 대학에 부정입학한 것이 아니냐는 논란이 확산되었다. 자유한국당은 특별팀을 구성해 조사에 착수하는 한편 부정입학 정황이 드러나 이미 검찰에 고발한 상태다.

조국 청문회 보도하는 일본 방송

자료 : instiz.net

자유한국당에서는 조국 딸의 부정입학 및 장학금 수령 의혹을 밝히기 위한 특별팀을 구성하여 밝히고 있다. 그들의 관심은 "논문 제1저자로 등재될 만큼 연구에 기여했는지, 논문을 대학 입학과정에 활용했는지 등 사실관계를 확인하는 것"이며 "만약 부정입학 혐의가 드러난다면 조국을 업무방해 혐의 등으로 검찰에 고발한다."는 것이었다.

조국의 딸은 한영외고 유학반에 재학 중 단국대 의대 의과학연구소에서 2주가량 인턴으로 근무했고그것마저도 허위인 것이 드러났음, 2008년 12월 국내 학회지에 제출된 논문의 제1저자로 이름을 올렸다. 연구 책임자인 장영표 교수의 아들과 조국

김진태 "조국 딸, 시험 안 보고 '트리플 크라운'* 이뤘다"

자료 : donga.com

의 딸은 고교 동기이고, 어머니들은 서로 아는 사이였다. 조국의 딸은 논문 등재 후 2010년 수시전형을 통해 고려대 생명과학대학 환경생태공학부에 진학했다.

국회 법제사법위원인 김진태 자유한국당 의원은 국회청문회에서 "조 후보자 딸의 부정입학 논란이 불거지고 있다."며 "조 후보자의 딸이 한 번도 시험 보지 않고 의학전문대학원에 진학했다는 제보가 있어 확인 중"이라고 말했다. 김 의원 은 "'정유라최순실 씨 딸 사건'보다 10배는 심하다. 정유라는 그래도 아시안게임 금메달리 스트였다."고 주장했다.

* 스포츠 용어로 각 스포츠 종목마다 뜻이 조금씩 다르다. 보통 한 선수나 팀이 3개 대회에서 우승할 경우 를 지칭하며 특정 종목에서는 선수 개인이 한 경기에서 3개의 기록을 달성하는 것을 의미하기도 한다. 대한민국에서는 3관왕(三冠王)이라는 표현을 쓰기도 한다.

조국의 딸이 부산대 의학전문대학원에 재학하면서 두 차례 유급을 당했음에도 불구하고 6학기 연속 장학금을 받은 것도 '금수저 특혜' 논란으로 이어졌다. 조국 측은 부인했지만, 장학금을 수여한 교수가 최근 부산의료원장에 취임한 것과 관련해 조국이 영향력을 행사했을 수 있다는 의혹이 야당에서 계속 제기된다.

이언주 무소속 의원은 2019년 8월 27일 "문재인 대통령이 조국 법무부 장관 후보자를 감싸는 모습을 보고 있자니 울화통이 터진다."고 분노했다. 이언주 의원은 이날 자신의 페이스북에 글을 올려 이같이 말한 뒤 "이 정도면 비리 종합선물세트에 그 정도가 하나하나 게이트 수준이니 문 대통령의 비호 자체가 범죄고, 국가농락"이라고 목소리를 높였다.

이언주 의원은 "언론에서 연일 새로운 의혹이 쏟아지고, 국민들의 비난이 쏟아지는데도 무슨 일인지 청와대는 감싸고 후보자는 사퇴할 생각이 없으니 뻔뻔하기 짝이 없다."며 "당신들의 우정이 국민과 국가보다 위라니 대한민국을 조롱하고 위협하는 당신들은 국민들에게 사죄하고 물러나야 한다."고 촉구했다. 이어 "조국이 사퇴하지 않고 문 대통령은 임명을 강행한다면 다음엔 국민들이 문 대통령의 사퇴를 요구하게 될 것"이라고 덧붙였다.

이언주 의원은 "조 후보자 일가족이 운용해온 웅동학원은 동남은행으로부터 1995년 30억 원, 1998년 5억 원 총 35억 원을 대출받았는데 명목은 학교 이전에 따른 신축 공사비라고 한다."며 "그런데 공사비 16억 원은 이자에 이자까지 불어나 후보자 동생 전처가 약 100억 원의 채권으로 갖고 있으면서 공사를 위해 받은 대출금 35억 원은 공사비 안 주고 어디에 썼나?"라고 물었다.

또 "동남은행은 IMF 이후 은행권 구조조정으로 1998년 6월에 영업정지 결정에 따라 폐지된다."며 "이때 법무법인 부산의 문재인 변호사가 파산관재인으로 동남

채권포기 이어 웅동학원·펀드 환원 발표하는 조국

자료 : mnews.joins.com

은행에 대한 채권회수를 담당하게 됐다. 거기에는 당연히 웅동학원이 빌린 35억 원의 대출채권도 포함되어 있었을 것이다. 그런데 어찌 된 영문인지 웅동학원에 대한 채권 35억 원은 동남은행에서 제때 회수하지 못했더라. 문재인 파산관재인이 조 후보자 일가에게 35억 원 회수를 제때 이행하지 않은 것은 어떤 이유에서일까? 문재인 변호사는 동남은행 파산관재인으로서 책임감 있게 일을 하긴 했나?"라고 재차 반문했다. 청와대에서는 아무런 답변이 없다.

이언주 의원은 마지막으로 "공사대출금은 2001년 담보 잡힌 웅동학원의 옛 부지가 20억 원에 경매 넘어가 겨우 회수했지만 여전히 15억 원은 한국자산관리공사캠코가 가압류한 상태로 남아 있더라."며 "이런 과정을 거치며 그 어떤 비난도 이

조국 청문회 장면

자료 : ytn.co.kr

겨낼 우정이 시작된 건 아닐까?"라고 의미심장한 질문을 던졌다.

문재인이나 청와대에서는 아무런 답변이 없다.

무엇보다 국민들을 분노하게 하는 것은 조국의 태도이다. 그는 어떠한 질문이나 의혹에도 '모른다', '아니다'로 일관하고 있다. 오죽하면 '조·또·몰·라'라는 유행어가 생겼을까.

문재인 정권의 괴벨스

정치평론가 김진은 2019년 5월 18일 그의 유튜브에서 조국과 괴벨스의 다섯 가지 공통점을 들어 열거하고 있다.

① 정권의 선전이론가

② 최고의 학력

③ 증오를 부추기는 기법

④ 대중매체 적극 활용

⑤ 보스에 대한 동지의식과 맹목적인 충성

요제프 괴벨스는 1897년 10월 29일 독일 노르트라인베스트팔렌주 라이트Rheydt에서 아버지 프리츠 괴벨스와 어머니 카나타리 오덴하우젠 사이에서 6남매 중 넷째로 태어났다.

요제프는 어렸을 때 폐렴을 앓아 죽을 고비를 넘기는 등 병약한 신체를 가졌고 1901년 4세 때 골수염에 걸려 오른쪽 다리가 마비되고 결국 내반족*이 되어 버렸다. 그는 자기 자신을 열등한 사람으로 여기게 되고, 내성적으로 변했다. 그렇지만 이런 신체적인 결함을 지식으로 만회하려고 했기 때문에 후에 그가 지식인이 되는 계기가 되었다.

1917년 3월 1차 세계대전 전쟁 중에 요제프는 아비투어 시험대학입학 자격시험에 합격하고 고등학교를 졸업하게 되는데 졸업성적과 독일어 실력이 최고였기 때문에 졸업사를 낭독하게 되었다. 4월 요제프는 하이델베르크 대학에 진학한다. 그는 1921년 하이델베르크 대학에서 낭만주의 극작가 빌헬름 쉬츠 연구로 문학박사 학위를 받았다.

1922년부터 그는 히틀러의 국가사회주의독일노동자당을 관심 있게 보게 되었고 1925년 나치에 입당했다. 그는 자주 연단에 서게 되었다. 1925년 7월 11일 바이마르에서 열리는 회의 전날 괴벨스는 처음으로 히틀러와 만나게 되는데 그 후로 그는 더 히틀러를 신봉하게 되었다. 11월 6일 브라운슈바이크에서 히틀러와 괴벨스가 두 번째 만나게 되었는데 괴벨스는 이때 히틀러에게 완전히 매료당하고 만다. 1928년 국회의원, 1929년 당 선전 부장으로서, 새로운 선전 수단을 구사하고 교묘한 선동 정치를 하여, 1930년대 당세 확장에 크게 기여하였다. 1933년 나치스가 정권을 잡자, 국민 계몽선전부장관·문화회의소총재로서 문화면을 완전히 통제하고 국민을 전쟁에 동원하였다.

1939년 2차 세계대전은 독일의 폴란드 침략으로 발발되었고 괴벨스는 국민들에게 분노를 심어 주기 위해 폴란드가 국내의 독일 소수 민족들에게 잔혹한 행위들을 한다고 보도하게 하였다. 폴란드 침략 중에 히틀러는 외교부 장관 리벤트로프에게 해외 선전을 맡겼다. 리벤트로프는 소련과의 독소불가침조약을 체결하였으므로 히틀러의 신임을 얻었기 때문인데, 결국 리벤트로프가 괴벨스에게 명령할 수 있는 권한을 갖게 되었다. 괴벨스는 이 지시를 거부하며 무력화하려고 노력했다. 그 후로 리벤트로프와 괴벨스는 서로에게 큰 반감을 가지게 된다. 줄어드는 자신의 권한을 다시 찾기 위해서 괴벨스는 고위 관료와 국장들을 회의에 소집해 각 담당자들에게 언론, 라디오, 뉴스 등의 선전에 대해 지시를 내렸다. 괴벨스는 전쟁을 위해 국민들의 분노를 이용하기를 원했고 폴란드가 독일계 소수 민족들을 탄압한다고 보도하게 하여 그 분노를 이끌어내었다. 폴란드를 점령한 뒤 히틀러는 서방의 강대국들에게 평화를 제안했다. 괴벨스는 영국의 답변을 기다리며 은근히 평화가 다시 찾아오기를 원했다고 한다. 하지만 영국은 폴란드가 당한 것에 대한 보상을 요구하며 거절했고, 히틀러는 평화의 가능성은 없다고 판단하고 영국에 대한 선전을 괴벨스에게 지시하였다. 괴벨스는 처칠이 시한폭탄을 이용해 배를 침몰시키려 했고 그 안에 있던 수백 명의 미국인들을 익사시키려고 했다는 등의 거짓 주장을 라디오 등의 매체를 통하여 펼쳐서 그를 맹공격하였다. 그 후에도 자주 영국 국민과 영국의 지도자들을 분열시키는 선전

활동을 하였다.

괴벨스는 1945년 히틀러가 자살한 후 나치의 총리에 올랐으나, 이튿날 총리 관저의 대피호에서 6명의 아이들을 모르핀과 청산가리로 살해한 뒤 아내 마그다 괴벨스와 권총으로 동반 자살했다.

일본의 대 한국 수출규제 조치로 한일 양국의 갈등이 고조되는 가운데 당시 조국 청와대 민정수석은 자신의 SNS에 동학농민혁명을 소재로 한 노래인 '죽창가'를 소개했다. 조국은 2019년 7월 12일에도 대일 방안을 다룬 한 칼럼에서 "우리 정부와 국민을 농락하는 아베 정권의 졸렬함과 야비함에는 조용히 분노하되

그 에너지를 내부 역량 축적에 쏟아야 한다."며 "이념과 정파를 떠나 구호가 아닌 실질적 극일을 도모하자."고 선동적으로 언급했다. 이어서 그는 "문제도, 해결 방법도 안다면 남은 건 실행뿐이다."라고 하며 "우리에겐 그럴 만한 능력과 경험이 있다. 그건 자부할 만하지 않은가."라고 덧붙였다.

뿐만 아니라 조국 자신과 그를 둘러싼 가족들의 끊임없이 드러나고 있는 온갖 범죄, 범법, 비리, 거짓 등은 조용히 넘어갈 것 같지 않다. 비극적인 종말이 기다리고 있지 않을까 하는 불길한 예감을 금할 수 없다.

요제프 괴벨스

자료 : ko.wikipedia.org

문재인의 심복

●
●

임종석

개요 ♟♙

임종석任鍾晳, 1966년 4월 24일 ~ 은 대한민국의 정치인이다. 임수경 방북 사건과 관련해 징역 5년을 선고받은 공안사범이다. 제16·17대 국회의원과 서울특별시 정무부시장, 문재인 정부의 초대 대통령비서실장을 지냈으며, 현재 UAE 특임 외교특별보좌관이다. 본관은 장흥이고, 전라남도 장흥 출신이다.

친문계로 분류되지만 일부에서는 박원순계로 분류하기도 한다. 임종석 전 대통령비서실장과 백원우 전 민정비서관, 남요원 전 문화비서관, 권혁기 전 춘추관장 등 문재인 정부 1기 참모진이 2019년 2월 18일 더불어민주당에 복당했다.

생애

1966년 4월 24일생으로 전라남도 장흥군이 고향이다. 이후 서울로 올라와 서울용문고등학교를 졸업하였다.

정치를 하는 사람들은 특히 국회의원쯤 되면 좋은 의미로든 나쁜 의미로든 파란만장한 인생을 살아왔거나_{예: 문재인, 은수미, 이재명} 특정 분야에서 굵직한 족적을 남기고 정치에 뛰어들거나_{예: 이회창, 이명박, 안철수} 기자나 언론인 등 관련 있는 일을 해온_{예: 노웅래, 최문순, 민경욱} 경우가 많지만, 임종석은 그중에서도 눈에 띄는 과거를 가지고 있다.

한양대학교 2학년 때《소리개벽 - 1987년 설립》이라는 민중가요 노래동아리에 가입하면서 학생운동을 시작했으며, 한양대학교 총학생회장을 지내던 1989년 전대협 의장을 맡으면서 노태우 정부에 대한 학생시위 주도와 임수경 방북 사건으로 인해 구속되었다.

1990년 12월 26일 대법원에서 임수경의 밀입북을 몰래 도와 징역 5년, 자격정지 5년 판결을 받았다. 유죄판결에 따른 실형으로 인해 공식적 병역사항은 미필이다. 1993년 5월 원주교도소에서 출소한 이후 8월에 한양대 4학년에 복학하였고, 1995년 8월 대입 10년 만에 졸업했다. 졸업식에서 총동문회장상과 공로상을 수여받았다.

임종석 비서실장 "예스맨 되지 않겠다"

자료 : m.hankookilbo.com

1993년 석방된 이후 청년정보센터를 창립, 청년시민운동을 주도하였다. 2000년 김대중 전 대통령의 '젊은 피 수혈론'에 따라 새천년민주당에 입당하면서, 정계에 투신해 그해 16대 총선에서 서울 성동구에 입후보하여 한나라당의 4선 의원이었던 이세기를 꺾으며 처음으로 원내에 입성했다.

박원순 캠프에서 활동하였으며, 2014년 6월부터 2015년 12월까지 서울특별시 정무부시장을 지냈다.

2017년 5월 문재인 정부 출범과 함께 첫 대통령비서실장에 임명되었으며, 2018년에는 남북정상회담 준비위원장을 맡기도 하였다. 2019년 1월까지 대통령비서실장 업무를 수행했다. 퇴임으로부터 12일 후, 신설된 직위인 아랍에미리트 특임 외교특별보좌관에 위촉되었다.

정치 입문 ♞

1994년 말부터 시민운동 쪽에서 활동하였다. 가까운 동료들과 만든 청년활동 단체인 청년정보문화센터 부소장직을 맡았다. 1995년 모래시계 세대 정계진출 관련 기사들이 많이 나오던 때부터 정계진출 유력 후보로 자주 거론되었다. 그러나 1996년 총선에는 자격이 되지 않아 출마하지 못했다.

1999년 국민의 정부 출범 이후 대규모 사면복권 당시 복권되면서 출마 자격을 얻었다. 2000년 16대 총선을 앞두고 한창 386 운동권 출신 영입이 활발할 때 새천년민주당에 입당, 서울 성동구 을 지역구에 출마하여 4선의 이세기 한나라당 의원을 누르고 당선되면서 정계에 본격적으로 발을 들여 놓게 되었다. 다만, 임종석 자신은 의외로 전대협 의장 출신이라는 화려한 경력에 비해 큰 비중을 차지하는 의원은 되지 못했는데, 2004년 17대 총선에서도 당선되고, 열린우리당 대변인도 했다지만, 당내에서 큰 두각을 나타내거나 거물급 의원으로 성장하지는 못했다.

정계 입문 후 임종석의 의정활동은 국가보안법 폐지, 북한인권법 제정 반대, 대북 교류사업 등에 주로 초점이 맞춰진다. 초선 의원 시절인 2000년 7월 임종석은 국보법 관련 국회 토론회에 참석해 이 같은 발언을 했다. "국가보안법을 폐지하고 보완책으로 간첩죄에 대해 형법상 처벌을 강화하면서 대북 접촉, 통신교류에 대해선 남북교류협력법을 통해 규제하면 된다." 또 2004년 7월에는 의원실 주최로 '국보법 폐지를 위한 간담회'를 열었고, 같은 해 8월 당시 여당인 열린우리당 국보법 폐지 입법추진위원모임에서는 "국가보안법은 위헌적이며 반反민주악법의 상징이기에 폐지해야 한다."는 주장을 폈다. 2004년 12월에는 국보법 연내 폐지를 촉구하는 의원단에 이름을 올리기도 했다.

임종석은 노무현 정부 당시 대북송금 특검수사에도 적극 반대했다. 대북송금 사건은 김대중 정권 때인 2000년 6월, 남북정상회담을 앞두고 북한에 5억 달러를 불법송금한 사건을 말한다. 2003년 3월, 임종석 등 당시 민주당 소장파 의원이 주축이 된 모임인 '정치를 바꾸는 젊은 희망'은 대북송금 특검수사 반대성명을 냈다. 같은 해 6월에는 민주당·개혁당대표 유시민 소속 의원 61명과 함께 대북송금 특검수사 마무리를 촉구하는 성명서에도 이름을 올렸다.

2004년 노무현 대통령 탄핵소추안 가결 당시 열린우리당 의원들과 함께 필사적으로 가결을 저지하기 위해 몸싸움을 벌이기도 했다.

2008년 18대 총선에서는 뉴타운 열풍에 밀리면서 한나라당 김동성 후보에 밀려 낙선했고, 당내에서 활동하면서 재기를 노렸다. 그리고 민주통합당 출범 당시 당 사무총장에 임명되면서 처음으로 비중 있는 역할을 맡게 되었다. 문제는 이 당시 임종석이 정치자금법 문제로 재판에 걸려 있었다는 점이다. 결국 19대 총선 직전 나온 1심 판결에서 유죄가 선고되면서 총선 출마가 좌절되었다. 사실 출마 자체는 할 수도 있었지만, 재판 문제로 인해 공격을 받을 것 같아 결국 포기한 것이다. 한명숙 당시 대표가 끝까지 만류했다고 하는데 결국 그는 사퇴를 선택하고 말았다. 성동구 을 지역구는 그의 친구인 홍익표 교수에게 넘어갔고, 그는 사무총장직도 내놓게 되었다. 그의 사퇴 원인이 된 정치자금법 문제는 2심에서 무죄로 뒤집히면서 최종적으로 무죄 선고가 났다.

2014년 '(사)남북경제문화협력재단'을 설립하고 이사장으로 활동했다. 해당 재단은 남측 방송을 대리하여 대한민국 내 북한 저작물 이용의 저작권료를 북한에 지불하는 업무를 담당하고 있다.

그리고 2014년 지방선거에서 박원순 시장 캠프에서 활약하면서 서울특별시 정무부시장에 임명되어 2015년까지 재직하였고, 그 때문에 박원순계의 대표주자

임종석 서울시 정무부시장

자료 : m.blog.naver.com

정치인으로 분류되었다.

2014년 조선일보와의 인터뷰에서 "중도를 지향해야 한다는 뜻이냐?"라는 질문에 "그렇다"고 답했다. 임종석은 당시 야당이던 새정치민주연합이 "노선이나 정책이 상당히 치우쳐 있다."며 "과도하게 사회·정치적 문제에 집착하고, 국가 운영과 관련된 의지에는 소홀하다."고 지적했다.

총선 출마를 위해 정무부시장직을 내려놓은 후, 은평구 을 출마를 선언한다. 2016년 20대 총선을 앞두고 정계의 거물인 이재오와 겨뤄서 정치적인 재기를 모색하였는데, 그만 당내 경선에서 무명의 신인이지만 은평구 내에서 기반을 착실하게 만들었던 강병원 후보에게 패하면서 출마 자체를 하지 못했다. 전대협 의장 출신으로 많은 기대를 받으며 정치에 입문했지만, 18대 총선부터 20대 총선까지 세 번의 선거에서 연거푸 고배를 마시면서 10년 넘게 원외에 남게 되었다. 임종석과 함께 국회의원 자리에 도전한 다른 박원순계 정치인들도 기동민을 제외하면 경선과 본선 과정을 통과하지 못했다. 이렇게 한물 간 정치인으로 잊혀지는 줄 알았다.

문재인 정부 초대 대통령비서실장 ♟

2017년 문재인 캠프의 비서실장으로 영입되었다. 임 실장은 19대 대선 국면 동안 안정적으로 이끌었다는 평가를 받았다. 문재인 당시 민주당 전 대표가 삼고초려 끝에 영입을 했다고 알려졌다. 그래서 일부에서는 박원순 서울시장이 지난 대선 후보 경선 때 문재인 당시 후보를 상대로 극단적인 네거티브 공세를 퍼부었던 이유를 여기서 찾기도 한다. 다만, 유시민 작가는 〈썰전〉에서 임종석을 박원순계로 분류하는 이 같은 시선에 대해서는 꼭 그런 식으로 분류할 수 있는 건 아니라면서 "편견이다."라고 비판했다.

2017년 5월, 문재인 정부 초대 대통령비서실장으로 임명되었다.

2017년 11월, 국회 국감장에서 자유한국당 전희경 의원과 충돌했다. 전희경 자유한국당 의원은 "주사파·전대협이 청와대를 장악했다."면서 "전대협의 강령과 회칙을 보면 미국을 반대하고 모든 외세에 부당하다고 본다. 회칙을 보면 민족과 민중에 근거한 진보적 민주주의 구현을 밝히고 있다. 지금 청와대에 있는 전대협 인사들이 이런 사고에서 벗어났다는 어떠한 증거도 없다."고 임종석 실장을 비판했다.

임종석은 이에 대해 "전희경 의원님 말씀에 매우 모욕감을 느끼고, 아주 강력한 유감의 뜻을 표합니다. 제5, 제6공화국 때 정치군인들이 광주를 짓밟고 민주주의를 유린할 때 전 의원님이 어떻게 살았는지 제가 살펴보진 않았습니다. 그러나 지금 의원님께서 거론하신 대부분의 그 사람들이 인생을 걸고 삶을 걸고 민

문재인 캠프의 초대 비서실장에 임명

자료 : m.blog.naver.com

주주의를 위해서 노력했습니다. 의원님께서 그렇게 말씀하실 정도로 부끄럽게 살지 않았습니다."라며 발끈했다.

'비서실장 자리는 무소식이 희소식'이라는 말도 있고, 박근혜 정부 시절 김기춘 당시 청와대 비서실장이 '왕실장'으로 군림하며 대통령 참모 그 이상의 과도한 권력을 행사한다는 이유로 '기춘대원군'이라는 비판을 받았는데 임종석 또한 이를 반복하고 있다는 부정적 평가가 있다. 반면 장하성 청와대 정책실장, 정의용 청와대 국가안보실장과 함께 인수위 기간 없이 시작된 문재인 정부의 초기를 안정적으로 이끌었다는 긍정적 평가도 있다.

그런데 문재인 정부의 내각 구성을 끝내고 청와대가 본격적으로 활약하면서, 자연스럽게 청와대 비서실의 리더인 임 실장의 보폭이 커졌다. 그 덕에 청와대에 머물지 않고 대외적으로 다방면으로 활약하는 해결사의 면모를 보여주었다. 대외적으로는 문재인 대통령의 오른팔로서, 추미애 여당 대표를 예방한 자리에서 장미꽃을 선물하며 당·청 불화설을 일축하였고, 추경 통과를 위해 추미애 대표의 '머리 자르기 발언'에 대한 사과를 요구한 국민의당 박주선 비대위원장에게 대통령 대리인으로서 사과하면서 막힌 정국을 해결해 존재감을 보여주었다. 또한, UAE에 특사로 파견되어 양국의 외교적 갈등 봉합에 핵심 역할을 했다. UAE는 UAE 논란으로 야당과 언론에 뭇매를 맞고 있는데도 침묵을 지킨 임 실장을 보고 신뢰를 느꼈다고 한다.

1년차가 되면서 제왕적 비서실 및 자기 정치로 비판을 받았으며, 음주운전·음주폭행 등의 공직기강 해이가 청와대에서 일어나는데 비서들은 SNS에 집중하고 있다, 겉멋만 들었다는 지적이 여당에서도 나왔다. 또한 통신사고가 일어났는데도 관심 밖이었다.

이렇게 이번 정권의 실질적 2인자로 활약하면서 민주당의 차기 대권 주자 중

문 대통령 2기 참모진 인사 단행, 비서실장에 노영민 발탁

자료 : energytimes.com

한 명으로 꼽히고 있다. 차기 대권 주자로 부상하면서 야권에서 행적 하나하나를 비판하는 일이 부쩍 늘었다. 한편 임 실장에 대한 여론은 긍정평가 48.9% vs. 부정평가 38.7%로 드러났다. 긍정평가가 부정평가보다 높긴 하지만, 자기 정치 논란이 일면서 과거에 비해 지지율이 약 10%p 하락했다. 또한 매우 잘 한다, 매우 못 한다 등으로 여론이 극과 극으로 갈리는 것으로 조사되었다.

2019년 1월 청와대 인사 개편안을 발표하고 퇴임하였다. 후임 비서실장은 노영민 주중대사로 교체되었다.

남북정상회담 준비위원회 위원장 ♟

2018 제1차 남북정상회담이 확정된 뒤인 2018년 3월 9일에는, 문재인 대통령이 4월 27일로 예정된 남북정상회담을 준비할 준비위원회를 꾸리라는 지시를 내

렀고 임종석 비서실장이 위원장직을 맡게 되었다. 그리하여 남북정상회담에 신속하게 대처할 수 있게끔 준비위원회가 구성된다고 발표되었고, 3월 16일 첫 전체회의를 개최했다.

남북정상회담 준비위는 중요 사항을 결정할 전체회의를 매주 또는 격주에 한 차례 열기로 했다. 준비위 전체회의와 별개로, 실무 논의는 위원장과 총괄간사, 3명의 분과장이 참석하는 분과장 회의에서 논의하며, 이 회의는 주 3~4회 열기로 했다.

2018년 4월 28일, 서훈 국정원장과 함께 오전 남북정상회담장에 자리했다. 서 원장이 김영철 통일전선부장의 카운터파트였다면, 임 실장은 이번 정상회담에서 김정은 위원장을 가장 곁에서 보좌한 김여정 제1부부장의 카운터파트로 나선 것으로 보인다.

임 실장은 한 달 동안 준비위원장을 맡으면서 회담의 밑그림을 그렸다고 평가받고 있다. 그동안 북측과 꾸준히 사전 의제 조율 작업을 벌여 한반도 비핵화를 뺀 나머지 의제들에 대해선 회담 전에 상당부분을 남북이 합의할 수 있었던 것으로 전해졌다. 월스트리트저널WSJ은 이러한 임 실장의 역할에 주목해 1989년 전대협 3기 의장을 맡아 임수경 전 의원의 방북을 주도하는 등 학생운동 시절부터 그가 거쳐 온 인생역정을 소개하기도 했다. 또한, 최룡해와 함께 북한의 사실상 2인자로 평가받고 있는 김여정 제1부부장과 호흡을 맞춘 것이 임 실장이 현재 문재인 정부에서 가지고 있는 위치를 보여준다는 이야기가 나오고 있다.

2018년 9월, 임종석은 국회의장단과 외통위원장, 여야 5당 대표 등 총 9명을 제3차 정상회담에 초청했다. 그러나 자유한국당과 바른미래당은 "애초 불참의사를 밝혔는데도 불구하고, 회담 며칠 전 언론을 통해 일방적 재초청을 공표한 건 전략적 행위"라고 주장하며 불참 의사를 밝혔다. 문희상 국회의장과 이주영, 주

남북정상회담 준비위원장에 임종석

자료 : dtnews24.com

승용 국회부의장은 정기국회와 국제회의 등의 일정으로 불참한다고 했다.

임종석은 국회의원 시절 때도 6년간 통일외교통상위원회에서 활동했다. 2004년 정기적인 남북교류협회 사업을 추진하기 위한 '남북경제문화협력재단'의 부회장을 맡았고, 2007년에는 '개성공단지원법'의 제정 등을 주도하기도 했다.

논란 및 사건사고

주사파 활동 논란 관련사건

과거 대학 재학 시절, 전대협 의장으로서 임수경 방북 사건에 연루되어 국가보안법 위반 혐의로 지명수배되어 크게 논란이 됐었다. 지명수배가 됐음에도 불구하고 포위망을 빠져나와 각종 운동권 활동에 참가하는가 하면, 기습 기자회견을 열어 경찰을 당혹스럽게 만들기도 하였다.

덕분에 당시 임종석 체포의 포상으로 2계급 특진과 1,000만 원의 보상금이 걸려 있을 정도였으며, 임종석을 잡기 위해 12만 명의 경찰이 동원됐었다. 국보법·집시법 위반 외 10여 개의 법률 위반 혐의와 임수경의 방북을 도와, 결과적으로 북한을 이롭게 했다는 이유로 1심에서 징역 10년과 자격정지 10년을 선고받고 항소하여 서울 고등법원 형사4부는 징역 5년에 자격정지 5년을 선고했다. 한 번 더 항소하여 1990년 12월 26일 대법원 형사1부주심 윤관 대법관는 임종석의 상고를 기각해 징역 5년, 자격정지 5년을 선고한 원심판결을 확정했다. 이후 김대중 전 대통령에 의해 특별사면되었다. 여담으로 임수경은 탈북자들에게 변절자라는 단어를 사용하여 논란이 된 적이 있다.

또한 김정일의 사망 당시 임종석은 북한에 조문을 써 보냈고, 북한에서 답신을 받게 되었다. 이후 임종석은 그 조문에 대한 답신을 박정근의 구속 사유를 비꼬기 위해 트위터에 올리게 되었는데, 그가 문재인 대통령의 비서실장이 되자 각종 커뮤니티에서 논란이 되었다. 이는 통일부의 허가를 받고 통일부에 활동내역 신고를 한 상태에서 진행된 남북교류라서 실정법을 위배하는 사안은 아니라는 주장이 있으나, 근거는 없다.

자유한국당에서는 비서실장 임명에 대해 과거 행적을 들어, 적국과 오랜 기간 내통한 주사파의 우두머리가 비서실장으로 임명되는 게 합당하냐며 반발하였다.

노무현 정부 당시 대북송금 특검수사 반대, 미국 북한인권법 항의, 북한인권법 제정에 반대하고 2006년 10월 북한의 1차 핵실험 직후에는 북한 핵실험의 원인이 미국의 대북금융제재 때문이라며 대북유화정책을 지속할 것을 주장하기도 했다. 또한 임종석은 의원 시절 전대협의 후신인 한총련의 이적단체 규정 철회에도 적극 나섰다. 2002년 9월 당시 의원으로서 한총련 이적 규정 철회를 위한 국회의원 탄원서를 작성해 사법부에 제출했다.

이에 대해 본인의 입장은 다음과 같다.

1989년 언론과의 인터뷰에서 임종석 당시 전대협 의장은 전대협의 핵심 간부들이 김일성의 주체사상을 지지하는 주사파라는 지적에 대해 "전대협이 지향하는 이념은 자주·민주·통일이며, 북한의 주체사상은 결코 전대협의 지도 이념이 될 수 없다."고 선을 그었다.

임종석 당시 의장은 "전대협이 북한에 대해 비판을 하지 않고 있는 것과 마찬가지로, 전대협은 북한을 찬양한 적도 없었다. 전대협이 반공 이데올로기에서 벗어나 북한을 객관적으로 바라보려고 하는 것은 사실이나 정부가 주장하듯 북한을 일방적으로 찬양하는 이적단체는 아니다."라고 말했다.

방북 당시 임수경과 전대협3기 의장 임종석

자료 : christiatoday.co.kr

북한산 자료 저작권료 수금 및 독촉 논란 ♟

임종석은 2004년 남북경제문화협력재단_{이하 경문협} 출범을 주관했고, 2005년 7월 29일부터 2017년 5월 10일까지 이사장을 맡아 북한 측 저작권 대리인 역할을 한 바 있다.

그런데 이 재단이 북한에 저작권료 명목으로 2005~2017년 13년간 187만 6,700달러_{22억 5206만 원}의 돈을 퍼줬다. 우리나라의 방송사가 북한의 방송을 내보낼 때는 꼭 이 재단에 돈을 줘야 한다. 사실 저작권료 지급 자체는 '베른 협약'에 따라 국제법적으로 문제될 게 없다. 하지만 북한은 우리나라 저작물을 사용하고서도 돈을 한 푼도 주지 않는다. 이주영 당시 새누리당 의원 또한 이를 지적한 바 있다. 게다가 자금 흐름의 투명성에 대해서도 논란이 있고, 방송업계에서는 경문협이 영세업체들을 쥐어짠다며 불만을 터트리기도 했다.

먼저 2000년대 중반에는 대북 저작권 문제와 관련한 무리수로 구설수에 올랐다. 북한 작가의 문학작품을 펴낸 국내 출판사들에 저작권료 67만 6,000달러_{약 7억 5,900만 원}를 챙겨 북한에 보낸 적도 있다. 대부분 영세업체인 데다 소송 제기 등의 방식으로 압박하는 바람에 원성을 샀다.

또한 임종석 의원이 국회 통일외교통상위원회 여당 간사였을 때, 자신이 이사장으로 있는 경문협이 김일성대의 도서관을 현대화하는 사업을 하겠다며 통일부에 사업 승인을 요청했다. 그리고 통외통위_{통일외교통상위} 피감기관인 통일부는 이를 승인하고, 예산 8억 6,000만 원가량을 지원했다. 이는 자신이 속한 상임위의 피감기관을 이용했다가 구설수에 올라 사퇴한 김기식 전 금융감독원장과 비슷한 케이스이다.

그러다가 2008년 7월 박왕자 씨 금강산 피격 사건 이후, 이명박 정부의 제재로 저작권료를 북한에 보내지 못하고 2009년 5월에 법원에 공탁하였다. 그러다가

남북경제문화협력재단 출범

자료 : tongilnews.com

공탁금의 국고 귀속일이 임박하자, 2019년 4월에는 '회수 후 재공탁'이라는 방법을 통해 북한이 돈을 가져갈 수 있는 기간을 연장해준 꼼수를 부렸다.

불투명한 자금 흐름에 대해서도 논란이 있다. 통일부는 2009년 보고서에서 "경문협의 대북 파트너인 '저작권 사무국'의 실체도 확인되지 않고 저작권료가 저자에게 제대로 전달되는지도 불투명하다."고 지적한 바 있다. 저작권료 1억 2,700만 원을 북한에 보내지 않다가 적발되기도 했다. 한때 대한민국 정부는 북한의 원 저작권자를 보호하기 위한 것인지도 불투명한 일을 경문협이 벌이고 있다며 사업 취소를 검토한 바 있다.

그리고 이명박근혜* 시기에는 상대적으로 논란이 잠잠했는데, 문재인 정부가 들어선 직후 대북 저작권료 독촉이 부쩍 심해졌다고 한다. 업계 관계자는 "보수 정권 시기 주춤하던 경문협이 다시 기지개를 켜고 중소 규모 방송에까지 손을 뻗치고 있다."고 말했다. 수백만~수천만 원의 추가 부담이 닥치자 "북한을 챙겨주겠다며 우리 영세 방송업체를 쥐어짜고 있다."는 불만이 곳곳에서 나왔다.

국가 안보 기밀 누설 ♞

임 실장이 비무장지대 시찰 후 청와대 홈페이지에 영상을 올렸다고 하는데, 이는 자기 정치 논란보다도 더 심각한 문제점이 있다. 기밀사항을 공개한 것이다.

비무장지대 안 감시초소, 즉 GP로 들어가는 우리 측 통문이 고유 번호와 함께 위치가 공개되었는데 이 정보는 군사기밀로, 통문은 우리 장병들이 지

> * 이명박과 박근혜를 합친 말로, 2008~2017년까지 이어진 보수 정권 9년(이명박~박근혜 정부, 2008년 2월 25일~2017년 3월 10일)을 일컫는 줄임말 중 하나. 또는 황교안 권한대행 체제 기간까지 포함해 2017년 5월 9일까지로도 계산한다.

뢰를 피해 다니는 길목이자 유일한 비상구이다. 또한 건너편에 있는 북한 초소의 위치도 드러났다. 국방보안업무 훈령에서는 경계 상태를 드러내는 내용은 촬영을 금지하고 있다. 그리고 당시 청와대는 "북한 GP 초소와 국군의 무기류, 통문 숫자는 공개하지 말아 달라."고 언론에 요청했지만, 정작 청와대가 이를 지키지 않았다.

그리고 임 실장의 군 정보 누설은 과거의 주사파 경력과 엮여 같이 비난받고 있다. 이언주 바른미래당 의원은 "임 실장 본인은 억울할지 모르지만, 안 그래도 우리 국민들은 그의 과거 주사파 경력 때문에 그가 대북 문제와 안보에 깊이 관여하는 것을 매우 불안해 한다."고 우려를 표명했다.

결국 청와대는 문제의 동영상을 모자이크 처리하고 사과했다. 해당 동영상은 수정 전까지 조회 수 2만 4천 회를 기록했다.

비서실의 제왕적 권한 및 자기 정치 논란 ♟

"내각과 장관들이 소외되고 대통령비서실의 권한이 너무 크다.", "행보가 비서 본연의 역할을 벗어난다."는 의견이 계속 제기되었다.

10차 개헌안 발표가 대통령비서실의 과도한 권한 행사를 보여주는 예시로 꼽힌다.

사실 이러한 지적은, 문재인 대통령이 정권 초반부터 일자리 창출, 적폐청산 등 국정현안을 다룰 때부터 제기되었다. 줄곧 주무부처가 아닌 청와대 비서실을 핵심에 두고 움직였다는 것이다.

2018년 3월 16일 출범한 남북정상회담 준비위원장에 임명된 것을 두고서는 '부통령급', '국무총리급' 비서실장이라는 뒷말도 나왔다. 또한 "청와대 참모들이 정책을 뒷받침하고 내각 장관들이 정책 전면에 나서야 하는데, 지금은 청와대가 정책방향을 정해 '톱다운' 식으로 내려 보내 내각과 청와대 간 소통에 문제가 있어 보인다."는 우려도 나타났다.

이후에는 자기 정치를 한다는 논란이 일었다. 임종석 실장이 문재인 대통령 유럽 순방 중 서훈 국가정보원장·정경두 국방부 장관·조명균 통일부 장관을 대동해 강원도 철원 비무장지대의 화살머리 고지를 시찰하고, 이후에는 청와대 공식 홈페이지 첫 화면에 임 실장의 내레이션을 실은 방문 영상을 올렸다. 이를 두고 손학규 바른미래당 대표가 "국민은 또 하나의 차지철, 또 하나의 최순실을 보고 싶지 않다."며 "비서실장은 나서는 자리가 아니다. 자기 정치를 하려거든 비서실장 자리에서 내려오라."고 말했다. 김성태 자유한국당 원내대표도 국방위원회 질의응답 때 정경두 국방부 장관에게 맥아더 흉내를 내며 자기 정치를 하냐고 비판하였다.

이외에도 전여옥 전 의원 또한 "비서실장이 권력을 과시하고 다닌다."고 임 실장을 비판하였으며, 박형준 전 국회사무총장 또한 "참 특이한 비서실장이다. 대부분의 역대 비서실장들은 대통령 그림자도 안 밟으려고 했다."고 평했다. 반면 이철희 더불어민주당 의원은 "선글라스 끼는 것은 자유다."라며 "앞으로 본인의 역할에 충실하라고 하면 되는데 마치 큰 사고를 친 것처럼 몰아세우니 과하다."고 평하기도 했다.

이러한 야권의 반응에 대해, 차기 대권 행보로 보이는 것을 우려해 이를 견제하는 것으로 보인다는 분석이 있다. 청와대는 임종석 실장의 자기 정치 논란에 대해 동의하기 어렵다는 의견을 표했다.

임종석 자기 정치 논란과 리선권 냉면 논란으로 인해 문재인 대통령의 지지율은 3.2%p 하락한 55.5%로 조사되었다.

김성태 "임종석 기고만장하다, 청와대 왕실장 정치하나"

자료 : news.joins.com

청와대 특수활동비 논란 ♟

2018년 11월 13일, 국회운영위원회 전체회의에서 자유한국당 김성태 원내대표는 국회도 줄였는데 청와대는 특수활동비를 줄이지 않았다고 비판했고, 자유한국당 이양수 의원이 청와대 특수활동비를 50%를 삭감하는 의견을 내겠다고 밝혔다. 이어 정책용역비도 삭감하겠다고 밝히자 임종석 실장은 "구체적인 정책은 부처가 만들겠지만, 정책이 적절한지, 부처 간 충돌을 어떻게 조정할지, 국민 여론과 부합하는지는 저희가 해야 하는 업무라서 관련 용역은 더 필요하다."며 "의원님 저 삭감하지 말아주십시오."라고 요청했다. 이에 김수현 정책실장을 비롯한 좌중이 미소를 띠었다.

실제로, 문재인 정부는 2018년에 청와대 특수활동비를 181억 원 책정했고, 2019년도 예산안에서도 동일한 181억 원을 책정했다. 그러나 2017년도 대비 50억 원, 2016년도 대비 80억 원을 이미 선제적으로 삭감한 수치로 최근 10년간 청와대 특수활동비는 평균 258억 원 규모였던 점을 고려하면 적은 편이다. CBS는 예산 자체를 '하나도 안 줄인' 것은 맞지만, 2018년도 예산부터 눈에 띄게 낮아서 오는 착시에서 비롯된 것이라고 분석했다.

김경수 응원 논란 ♟

드루킹 여론조작 사건으로 인해 김경수 경남도지사가 1심에서 징역 2년을 선고받고 법정 구속되자, 임종석 전 비서실장은 "경수야! 이럴 땐 정치를 한다는 게 죽도록 싫다. '정치 하지 마라'던 노무현 대통령님의 유언이 다시 아프게 와서 꽂힌다. 말로 표현할 수 없는 충격과 함께 만감이 쏟아져 내린다."라면서 "경수야, 우리는 널 굳게 믿는다. 사람 김경수를 좋아하고 믿는다. 정치인 김경수를 한없이 신뢰하고 응원한다. 항상 널 보며 친구로서 더 맑아지려 노력한다. 항상 널

보며 정치적 동지로서 더 반듯해지려 노력한다."라고 페이스북에 글을 올렸다.

해당 글을 두고 이언주 바른미래당 의원은 "기가 차서 헛웃음밖에 나오지 않는다."라고 비판했다. 그러면서 "뭘 견뎌서 이겨내 달라는 거냐."며 "대한민국 헌법과 사법부, 민주주의와 진실에 맞서서, 거짓과 기만, 불법과 조작, 인민독재의 세상을 만들겠다는 얘길 공공연히 드러내는 것 아니냐."고 발언했다.

"김경수, 미안하다" 임종석 '애절'

자료 : edaily.co.kr

Part 02

아베 신조

인간 아베신조

일본회의의 정체

군국주의 망령의 포로

아베의 심복

인간
아베 신조

인간 아베 신조

개 요

아베 신조安倍晋三, 1954년 9월 21일 - 는 일본의 정치인이다. 자유민주당 소속의 중의원 의원이자 제90·96·97·98대 내각총리대신으로, 제21·25대 자유민주당 총재이다.

대학 졸업 후 고베 제강소의 직원으로 일했고, 아버지인 아베 신타로安倍晋太郎 외무대신의 비서관을 지냈다. 이후 제37대 자유민주당 간사장을 지냈으며, 제72대 내각관방장관, 제21대 자유민주당 총재를 지낸 바 있다.

2006년 내각총리대신으로 취임하였으나 이듬해 사임했다. 이후 2012년 12월 총선에서 다시 승리하여, 5년 3개월 만에 내각총리대신으로 재취임했다. 이후 2017년 10월 총선에서 다시 승리하여 98대 내각총리대신으로 취임하였으며,

2018년 9월 20일에 있었던 자유민주당 총재 선거에서 승리하여 3선 연임에 성공해 예정상 2021년 9월까지 총리직을 맡으며 일본 역사상 최장 임기의 내각총리대신이 되었다.

일본 내각총리대신, 아베 신조

자료 : m.news.zum.com

인간 아베 신조

생 애

출생과 성장

1954년 9월 21일, 도쿄도 신주쿠구에서 당시 《마이니치 신문》의 기자였던 아베 신타로와 그의 아내 아베 요코安倍洋子의 차남으로 태어났다. 본적지는 야마구치현 오쓰군 유야정현재의 나가토시이다. 친할아버지는 중의원 의원이었던 아베 간安倍寬, 외할아버지는 제56·57대 내각총리대신을 역임한 기시 노부스케岸信介[*1]이며, 작은 외할아버지는 제61·62·63대 내각총리대신을 역임한 사토 에이사쿠佐藤栄作[*2]이다. 이렇듯 세습 정치 가문에서 성장하였기 때문에 훗날 아베는 "어려서부터 나와 가

[*1] 기시의 본래 성씨는 사토(佐藤)이다.
[*2] 기시 노부스케와는 친형제 관계이다.

가족 사진 – 모친 아베 요코가 안고 있는 2살 때의 아베 신조(왼쪽에서 두 번째)와 부친 아베 신타로(오른쪽에서 두 번째)

자료 : ko.wikipedia.org

까운 곳에 정치가 있었다."라고 회상하기도 했다. 어린 시절에는 야구 선수를 꿈꾸기도 했으며, TV를 즐겨보고 형사가 되기를 생각하기도 했다고 한다.

학창 시절

외할아버지 기시 노부스케가 입학하도록 주장한 세이케이 계열에서 초등학교부터 고등학교를 거쳐 세이케이대학成蹊大学 법학부 정치학과를 졸업했다.

아버지인 아베 신타로를 비롯해 아베 간, 기시 노부스케, 사토 에이사쿠, 가정

교사였던 히라사와 가쓰에이平澤勝榮, 친척들까지 도쿄대학 출신이 많았지만 아베 신조는 입시를 통과하지 않고 에스컬레이터식으로 세이케이대학으로 진학했다.

회사원 시절 ♟♟

졸업 이후 얼마 동안 미국 캘리포니아주로 건너가 영어를 배우다가 1979년 4월 귀국한 뒤 고베 제강소에 입사하여 뉴욕 사무소, 가코가와 제철소, 도쿄 본사에서 근무했다. 이 중 가코가와 제철소에서의 경험에 대해 아베는 '나의 사회인으로서의 출발점', '나의 출발점'이었다고 회고했다.

정계 입문 ♟♟

비서 시절 ♟

고베 제강소에서 3년간 근무한 뒤 1982년부터 당시 외무대신에 취임한 아버지 아베 신타로의 비서관을 맡았다. 비서를 맡는 동안 각국의 수뇌와의 회담에 동석하는 등 후계자 수업을 진행해갔다. 1987년 6월 9일, 모리나가 제과 사장 마쓰자키 아키오의 장녀인 마쓰자키 아키에松崎昭惠와 도쿄의 프린스 호텔에서 결혼식을 올렸다. 두 사람의 결혼을 주선한 것은 전직 내각총리대신 후쿠다 다케오福田赳夫 내외인 것으로 알려졌다.

이후 1987년 참의원 의원이었던 에지마 아쓰시江島淳의 사망에 따라 공석이 생긴 야마구치현 선거구 보궐선거에 출마할 뜻을 밝혔으나, 우베시의 시장을 맡고 있던 후타쓰기 히데오二木秀夫가 출마를 선언하자 아버지 신타로가 아들 신조의 출마를 만류한 것으로 알려졌다.

중의원 의원 ♟

1991년, 총리 후보로 유력하게 거론되었던 아버지 아베 신타로가 급사하면서, 1993년 제40회 일본 중의원 의원 총선거에 사망한 아버지의 지역구였던 야마구치현 제1구당시에서 출마해 처음으로 당선되었다. 그 이후로 현재 지역구인 야마구치현 제4구에서 내리 8선에 당선되어 9선 중의원 의원이 되었다.

소속 파벌의 영수였던 모리 요시로森喜朗가 수상으로 조각한 2000년의 제2차 모리 내각 개조내각에서, 나중에 총리대신이 되는 고이즈미 준이치로小泉純一郎의 추천으로 내각관방 부장관에 취임한다. 모리 내각의 뒤를 이어 출범한 2001년의 제1차 고이즈미 내각에서도 유임되었다.

2002년의 고이즈미 총리의 북한조선민주주의인민공화국 방문을 수행하고, 고이즈미 내각총리대신과 김정일 국방위원장과의 정상회담에서 "안이한 타협은 안 된다."며 강경론을 주창했다. 이후 납치 피해자 5명은 귀국했지만, 일본 내에서는 납치문제의 타협에 난항을 거듭했다.

이후 아베는 나카야마 교코中山恭子와 함께 북한에 대한 경제 제재와 무력 행사를 포함한 강경 노선을 고집했다. 대화 등의 신중론을 취한 의원들이 많았던 가운데, 언론은 아베를 두고 '의연한 태도를 취하고 있다.'고 미화하면서 이후 인기가 상승했다.

자민당 간사장 ♟

2003년 9월에는 고이즈미 총리대신에 의해 자민당의 간사장으로 발탁되었다.

3선의 국무대신 경력도 없는 젊은 의원이 간사장에 취임하는 것은 전례가 없는 일이었지만, 11월의 총선거를 앞두고 아베의 '인기'를 필요로 했던 것이라고 추측된다. 이후 자민당은 총선거에서 절대 안정 다수를 확보하는 데 성공했다.

간사장으로서는 자민당 내에서 지속적으로 지급되던 떡값이나 얼음값_{파벌의 영수가 소속원에게 지급하는 활동자금}을 폐지하고, 자민당 후보자의 공모제를 일부 도입하는 등 당내의 제도 개혁을 추진했다. 그러나 2004년의 참의원 선거에서는 목표치였던 51석의 확보에 실패하면 '가장 무거운 책임을 지는 방향으로 한다.'고 사임을 시사했고, 결과는 49석을 확보하면서 곧 사직했다.

같은 해 9월부터는 후임 간사장이었던 다케베 쓰토무_{武部勤}의 강한 요청으로 간사장대리에 취임했는데, 간사장 역임자가 간사장대리라는 낮은 직위로 가는 것도 이례적인 일이었다. 이후 간사장대리로 맞이한 2005년 중의원 선거에서는 여러 선거구에서 상대방의 낙선을 노린 고이즈미의 자객을 공천했다.

고이즈미 정권 말부터 '포스트 고이즈미'의 가장 강력한 후보로 일컬어졌고, 2005년 10월 31일에 발족한 제3차 고이즈미 내각 개조내각에서는 내각관방장관_{内閣官房長官}에 취임한다.

2006년 9월 1일에는 자민당 총재선거에 출마할 것을 발표하고, 일본국 헌법의 개정과 교육 개혁, 재정 건전화를 전면에 내세웠다. 이후 고이즈미 총리의 임기가 끝나고, 9월 20일 실시된 총재 선거 투표에서 전체 703표_{국회의원 403, 당원 300표} 가운데 464표를 얻어 경쟁 후보인 아소 다로 외무대신과 다니가키 사다카즈 재무대신을 큰 표차로 물리치고 일본 자유민주당의 21대 총재로 선출되어, 9월 26일 국회 중·참 양원 본회의에서 제90대 총리대신으로 지명되었다.

아베는 첫 전후 세대 총리로, 제2차 세계대전 이후의 내각총리대신 중에서 가장 젊다.

1차 집권 시기 2006~2007 ♟♟

　취임 일성에서 아베는 고이즈미 전 총리의 구조 개혁을 이어받을 것임을 시사했으며, 국가상으로는 '아름다운 나라'를 제시했다.

　총리에 취임한 그는 고이즈미 총리의 야스쿠니 신사 참배 문제로 중단되었던 중국중화인민공화국과 대한민국에 방문할 것을 발표하고, 10월 8일에는 베이징에서 후진타오 국가주석을, 9일에는 서울에서 노무현 대통령과 회담을 가져 양국과의 관계를 개선하고자 시도했다.

　그러나 북한이 제1차 핵 실험을 실시하자 그는 '북한 핵 실험은 일본의 안전 보장에 대한 중대한 도전'이라고 평가하고, 유엔안전보장이사회의 제재 결의보다 엄격한 경제 제재 조치를 취했다. 이후 12월에는 교육기본법의 개정과 방위청의 성省 승격을 강행했다. 같은 달 혼마 세제회장이 공무원 기숙사의 애인 문제로 사임하고, 사타 겐이치로佐田玄一郎 행정개혁대신이 사무소 운영비 계상 문제로 사임했다.

2007년 G8 회담에서의 각국 수뇌들과 함께한 모습(오른쪽에서 네 번째가 아베 신조)　　자료 : ko.wikipedia.org

2007년에 열린 제166회 통상국회에서는 많은 주요 법안들을 강행 표결하여 잇달아 통과시켰다.

5월 초순에는 처음으로 미국을 방문하고, 고이즈미 내각 이후 미일관계가 지속적으로 군건한 것을 어필했다. 같은 달, 이전부터 여러 가지 의혹이 제기된 마쓰오카 도시카쓰松岡利勝 농림수산대신이 자살하고, 연금기록 문제도 수면 위로 떠올랐다. 이런 와중에 6월 초의 지지율이 고이즈미 정권 이래 최저라는 보도가 이어졌다. 이후 규마 후미오久間章生 방위대신이 히로시마와 나가사키의 원폭 투하를 두고 "어쩔 수 없다."고 발언하는 일까지 일어나자, 처음에는 문제가 없다는 자세를 취한 아베 총리는 이후 비판의 목소리가 높아지면서 규마 방위상에 대해 주의를 부탁했다. 다음날에는 규마 방위상이 사임했다.

참의원 선거 참패 및 개각 ♟

제21회 일본 참의원 의원 통상선거를 앞두고 자살한 마쓰오카의 후임 아카기 노리히코赤城德彦 농림수산대신의 사무소 비용 문제가 제기되었다. 이어 니가타현 주에쓰 오키 지진이 발생하면서 유세를 중단하고 현지로 향했다. 선거에서는 연금 문제의 해결과, "개혁할 수 없는 야당보다, 책임정당 자민당이 개혁의 실행력을 가지고 있다."고 호소하며 결과를 낙관했지만 결국 연립 정권의 공명당과 합쳐도 과반수가 되지 않는 역사적인 대패를 맞았다. 그동안 자민당이 견고하게 지켜온 도호쿠 지방과 시코쿠 지방에서 전멸하고 선거의 승패를 좌우하는 소선거구에서도 일제히 민주당 후보와 야당 계열 무소속에게 의석을 빼앗겼다.

7월 30일 오전, 그는 "유감스러운 결과가 되었다. 지지해 준 사람에게는 미안하다. 국민의 목소리를 받아들이면서 앞으로도 책임을 수행해 가겠다."고 정권을 계속할 방침을 발표했다. 이어 나카가와 히데나오中川秀直 자민당 간사장은 "총재·

총리의 결의를 일원이 되어 지지하고 진행하자."고 발표해, 아베 총리를 지지하는 방침을 결정했다.

그러나 7월 31일, 자민당 총무회에서 "결단하는 것이 좋을 것"이라는 발언을 시작으로 당내에서 아베의 퇴진을 요구하는 목소리가 나오기 시작했다. 이후 8월 1일이 되어서 농림수산대신을 경질하는 등 쇄신을 꾀했지만 "너무 늦었다."라는 당내 비판만 더 키우게 됐다.

이후 8월 27일 새로 조직한 제1차 아베 신조 개조내각이 출범하자마자 각료의 문제가 제기되면서 정권의 구심력이 흔들리기 시작했다. 9월 9일에 오스트레일리아의 시드니에서 개최된 APEC 정상회의의 종료에 즈음해 열린 기자회견에서 "9월 10일부터 열리는 임시국회에서 테러 특별조치법을 연장할 수 없을 때에는 내각총사직을 한다."고 공언했다.

갑작스러운 사의 표명 ♟

그러나 2007년 9월 12일 오후 2시, "내각총리대신에서 물러난다."는 내용의 내각총사직을 표명한 기자회견을 가졌으며, 이로 인해 같은 날로 예정되었던 중의원에서의 대표 질문이 불가능해졌다.

그는 사직 이유는 "테러특별조치법의 재연장에 대해 논의하기 위해 민주당의 오자와 이치로小澤一郎 대표와의 회담을 타진했지만 사실상 거절당했고, 이대로 총리직을 계속 수행하는 것보다는 새 총리가 수행하는 것이 좋을 것이라고 판단했다."는 것이었다. 그리고 "내가 총리인 것이 장애가 되고 있다."고 발언했다다만, 언급된 오자와 대표는 기자회견에서 "타진을 받은 것은 단 한 차례도 없었다."고 부정. 자신의 병이 악화되어 몸 상태가 좋지 못하다는 이유도 있었다고 요사노 가오루與謝野馨 내각관방장관이 회견을 통해 밝히기도 했다.

APEC 정상회의에서 조지 W. 부시 미국 대통령과 악수하는 모습(2007년 9월 8일)

자료 : ko.wikipedia.org

그러나 임시국회가 개막해 내정과 외교에 중요 과제가 산적한 상황에서, 국회에서 소신을 표명한 이틀 만에 물러난다는 뜻을 발표한 것은 무책임하다는 의견이 잇따랐다. 한편 아소 다로麻生太郎 간사장은 같은 날의 회견에서 기자의 "총리는 언제 사임을 결심한 것인가?"라는 질문에서 "이틀 정도 전이라고 하기도 그렇고, 어제라고 하기도 그렇고…"라고 발언해 이틀 전쯤에는 이미 아베 총리가 조만간 사임할 것이라는 사실을 알고 있었음을 밝혔다.

사의를 표한 9월 13일에는 게이오기주쿠慶應義塾 대학병원에 입원하고, 검사 결과 위장 기능 이상의 소견이 보이며 상당히 쇠약해진 상태라고 의사단이 발표했다.

9월 13일 아사히신문이 실시한 긴급 여론조사에서는 "현안이 산적한 상황에서 소신 표명 직후 사퇴한 것은 무책임하다."는 의견이 70%에 달하기도 했다.

아베의 갑작스러운 사임 소식은 일본 국내뿐만 아니라 해외 언론들도 톱뉴스로 보도하는 등 큰 관심을 보였다. 미국의 CNN은 "일본의 아베 총리가 갑작스럽게 사임", "사임 압박을 견디지 못했다."고 보도했다. 이 밖에 영국의 파이낸셜 타임스도 "무사도武士道가 아니다. 겁쟁이다."라며 비판적인 입장을 보였고, 다른 서방 언론들 중에서도 중요한 외교 일정을 앞두고 사임한 것은 무책임하다는 비판적 의견이 많았다.

또한 파이낸셜 타임스는 "지금 당장 중의원 해산으로 총선거가 치러진다면 제1야당인 민주당이 정권교체를 이룰 가능성이 높다. 다만, 자민당 지도부와의 갈등으로 탈당한 과거 자민당 비주류 정치인들이 많이 분포하고 있는 민주당이 현재 자민당 정권보다 더 나은 정치를 할 것이라는 보장은 없다."고 지적했다.

총리 퇴임 후 ♟♟

컨디션 회복 후 활동 재개 ♟

총리 퇴임 후 위장 이상 문제로 입원하고 있던 게이오기주쿠 대학병원에서 임시 퇴원하여 도쿄 시부야구의 자택에서 요양에 들어갔다.

이후 2007년 11월 13일, 테러특별조치법 표결에 참여하기 위해 중의원 본회의에 참석한 뒤 후쿠다 야스오福田康夫 총리와 공명당의 오타 아키히로太田昭宏 대표에게 컨디션이 회복됐다고 전하며 사실상 활동 재개를 밝혔다.

2007년 말 산케이신문과의 인터뷰에서는 "'아름다운 나라' 만들기는 이제 막 시작됐다."며 2008년부터 본격적으로 활동을 재개한다고 밝힌 뒤 "서서히 굳건해지고 있는 양질의 보수 기반을 더욱 넓혀 나갈 것이다."라고 답했다.

2008년 1월에는 문예춘추에 수기를 기고했다. 여기서 아베는 2007년 9월 퇴진에 관련해서 "소신 표명 연설에서 컨디션이 안 좋아지는 바람에 연설문 원고 3줄을 건너뛰는 실수를 범했다. 이대로 총리직을 수행하는 것은 불가능하다고 인정할 수밖에 없었다. 이게 퇴진의 결정적 요인 중 하나였다."고 고백하는 등 사임의 이유 중에는 건강 문제도 컸음을 밝혔다.

2008년 3월 5일에는 연구회인 '쿨 어스 50 간담회'를 만들어 시오자키 야스히사塩崎恭久, 세코 히로시게世耕弘成와 함께 참여했다. 연구회 설립에 즈음해서 아베는 "홋카이도 G8 정상회담을 성공시키는 것은 나의 책임이다."라고 말한 뒤 이와 관련된 협의회장에 취임했다. 3월 6일에는 소속 파벌인 세이와 정책연구회마치무라파 총회에 참석해 "총리로서 1년간 아름다운 나라 만들기에 전력을 다했으나 아쉽게 힘이 미치지 못했다. 나의 사임에 대한 비난도 강했던 것을 알고 있다. 진심으로 사과를 드리고 싶다."고 말하고 소속 의원들에게 사과했다.

제45회 일본 중의원 의원 총선거에서 민주당에 정권을 내준 직후 열린 2009년 일본 자유민주당 총재 선거에서는 아소 다로와 함께 히라누마 다케오平沼赳夫의 복당에 따른 총재 선거 출마를 독려했지만, 히라누마가 출마를 고사하자 무산되고 니시무라 야스토시西村康稔를 지원했다.

자민당 총재 재취임 ♟

2012년 9월 12일, 다니가키 사다카즈谷垣禎一 총재의 임기 만료에 따라 열리는 2012년 일본 자유민주당 총재 선거에 출마할 뜻을 표명했다. 자신이 소속된 파벌인 세이와 정책연구회마치무라파의 회장인 마치무라 노부타카町村信孝의 출마가 이미 언급되고 있어서 출마에 대한 신중한 결정이 요구되고 있었지만, 아랑곳하지 않고 출마한다. 이로 인해 파벌이 분열되면서 아베는 자신의 파벌에서 충분한 표를 얻지 못하는 상황이 되었고, 5년 전 총리 사퇴 과정에서의 부정적 이미지가 남아 있는 점이 약점으로 작용했다. 또 당시에 당내에서 대중의 인기가 높았던 이시바 시게루石破茂가 부상하고 있었으며, 당내 중진의 도움을 받아 출마한 이시하라 노부테루石原伸晃 등 거물들이 버티고 있었기 때문에 아베는 이들에게 밀리는 형국이 되었다. 그러나 아베 역시 아소 다로, 고무라 마사히코高村正彦 등 당내 중진 및 유력 파벌의 지지를 바탕으로 9월 26일 열린 본 투표에서 이시바 시게루에 이어 2위를 차지하는 결과가 되었다. 그러나 어느 누구도 과반 득표를 하지 못해 1, 2위 후보를 대상으로 결선 투표를 실시하였는데, 표가 역전되어 아베가 1위를 차지하면서 아베 108표 대 이시바 89표로써 총재에 당선되었다. 한 번 사임한 총재가 다시 선출된 것은 자민당 역사상 최초의 일이었고 결선 투표에서 표가 역전된 것은 1956년 12월 이후 처음이었다.

아베 후임으로 급부상하는 이시바 시게루
자료 : ko.wikipedia.org

2차 집권 시기 2012~

2012년 12월 16일 실시된 제46회 중의원 의원 총선거에서 자민당이 압승하면서 민주당에 정권을 빼앗긴지 약 3년 3개월 만에 다시 여당 자리를 탈환했다. 이후 12월 26일 국회에서 아베가 제96대 내각총리대신에 선출되면서 제2차 아베 신조 내각이 출범했다. 한 번 재임했다가 사임한 내각총리대신의 재취임은 일본국 헌법 하에서는 요시다 시게루 이후 두 번째이다.

제2차 아베 신조 내각 발족 후의 기념 촬영(2012년 12월 26일)

자료 : ko.wikipedia.org

　재집권 이후에는 디플레이션을 극복하기 위해 물가 안정 목표를 설정한 다음, 일본은행법 개정도 염두에 두고 양적 완화 조치를 강구하여 계속되고 있는 디플레이션에서 탈출하기 위한 강한 의욕을 드러냈다. '대담한 양적 완화', '기동적인 재정 동원', '민간 투자를 촉진시키기 위한 성장 전략' 등 크게 세 갈래로 나누어진 일련의 경제 정책은 흔히 '아베노믹스'로 일컬어지고 있다. 이 '아베노믹스'라는 단어는 2013년 신어·유행어 대상 탑10에 들어, 아베가 직접 그 상을 수상했다.

2013년 참의원 선거 승리 ♟

지난 1차 집권 시기 아베가 참패를 당한 경험이 있는 제21회 일본 참의원 의원 통상선거 이후 참의원에서는 2009년에서 2010년까지의 기간을 제외하고는 집권 여당이 참의원 과반수를 밑도는 '네지레 국회_{직역하면 뒤틀린 국회}'가 이어지고 있었다. 그러나 2013년 7월 21일의 제23회 일본 참의원 의원 통상선거에서 자민, 공명 연립 여당이 과반 의석을 확보하면서 이러한 문제는 해소되었다.

2020년 도쿄 올림픽 유치 ♟

2013년 9월 7일, 아르헨티나 부에노스아이레스에서 열린 제125차 국제 올림픽 위원회_{IOC} 총회에서 도쿄가 2020년 하계 올림픽 및 패럴림픽 개최지로 결정되었다. 아베는 재집권 이후 도쿄 올림픽 유치위원회 최고 고문으로서 각국 정상들과의 회담이나 국제회의 때마다 도쿄 올림픽 유치를 어필해왔다. 이어 2013년 3월 일본을 방문한 IOC 평가위원회와의 공식 환영 행사에서 연설을 하고 직접 노래를 부르기도 했다. 아베는 1964년 하계 올림픽 개최지가 도쿄로 결정되었을 당시 총리가 자신의 외할아버지인 기시 노부스케였다는 점을 강조하면서 스스로 IOC 총회에 참석해 프레젠테이션까지 하는 의욕을 보였다. 또 아베는 개최지 결정 직전인 2013년 9월 5일~6일 러시아 상트페테르부르크에서 열린 G20 정상회의에서 도중 이탈해 급하게 부에노스아이레스로 날아와 IOC 위원들에게 지지를 호소하기도 했다. 개최지 결정을 앞두고 프레젠테이션을 하면서는 "후쿠시마에 대해 염려하시는 것에 대해서는 제가 안전을 보증해 드리겠습니다. 상황은 통제되고 있습니다. 도쿄에는 어떠한 악영향도 지금까지 미친 적이 없으며 앞으로도 미칠 일은 없을 것입니다."라고 말했다.

연설 후의 질의응답에서는 IOC 총회 직전에 밝혀진 후쿠시마 제1 원자력 발전소의 방사능 오염수 누출에 관한 질문이 나왔다. 이에 대해 아베는 "결론부터 말하면 전혀 문제가 없다. 뉴스의 헤드라인이 아니라 사실을 봐 달라. 오염수의 영향은 후쿠시마 제1 원자력 발전의 항만 내 0.3평방킬로미터 범위 내에서 완전히 차단되고 있다." "건강 문제에 대해서는 지금까지도, 현재도, 장래에도 전혀 문제가 없다. 완전히 문제가 없게 만들기 위해 근본적 해결을 위한 프로그램을 내가 책임지고 결정하는 일에 이미 착수했다."면서 "아이들의 장래나 일본에 오는 선수들에 대한 책임을 완전히 지겠다."고 말했다. 그러나 이후 오염수 유출 소식은 끊이지 않았고, 아베의 발언이 도쿄 전력이 공개한 상황과도 달라 상황이 통제되지 못한 것이 드러나면서, 국회에서 야당 의원들에게 집중 추궁을 당하기도 했다. 아베는 이러한 추궁에 대해 "사태는 통제되고 있고, 대응을 하고 있다는 의미에서 '컨트롤'되고 있다고 말씀드린다."라고 항변하였다.

현재의 후쿠시마 제1 원자력 발전소

자료 : matcha-jp.com

또한 2013년 9월 19일 후쿠시마 제1 원자력 발전소를 시찰한 자리에서 아베는 도쿄 전력 관계자에게 "오염수의 영향을 받는 0.3평방킬로미터는 얼마 만큼인가?"라고 물었고, 이 때문에 총리가 사전에 실제 방사능 오염수의 영향을 받는 범위가 어느 정도인지 모르고 현장에 왔을 가능성이 있다고 교도 통신이 보도했다.

2016년 참의원 선거 승리 ♟

2016년 7월 10일 제24회 참의원 의원 통상선거에서는 홋카이도, 도호쿠 지방, 신에쓰 지방, 오키나와현에서 고전했지만 직전 선거를 웃도는 의석을 획득했다. 아베는 "이 선거 결과를 통해 아베노믹스가 신임을 얻었다."고 주장했다.

2017년 도쿄도의회 선거 패배 ♟

* 일본 도쿄도의 지역정당이며 도쿄 도지사인 고이케 유리코를 중심으로 창당되었다.

2017년 7월 실시된 도쿄도의회 선거에서는 자민당이 종전의 57석에서 23석으로 의석이 줄어들고 대신 도민퍼스트회*가 크게 약진하면서, 자민당이 참패했다고 평가받는 지난 2009년 도쿄도의회 선거에서의 38석에도 못 미치는 사상 최소 의석 수에 그쳤다.

이에 대해 아베는 "매우 엄격한 도민의 심판이 나왔다. 자민당에 대한 엄중한 질타를 심각하게 받아들이고 깊이 반성해야 한다."고 말했다. 패배의 원인에 대해서는 "정권이 출범한 지 5년 가까이가 지나면서 아베 정권이 게을러진 것 아니냐는 비판이 있었을 것이다. 진지하게 받아들여야 한다. 정권을 탈환했을 때의 초심으로 돌아가 전력을 기울일 것이다."라고 설명했다.

2017년 중의원 선거 승리 ♟

선거 전 의석 수와 같은 284석을 얻어 자민당이 승리했다. 지역구에서 218석, 비례대표에서 66석을 얻었다. 이 선거에서 무소속으로 입후보하려던 3명이 자민당에 입당해 공천을 받았다.

2025년 오사카 세계 박람회Expo 유치 ♟

2018년 11월 23일, 프랑스 파리에서 열린 국제박람회기구BIE 총회에서 오사카부가 2025년 세계박람회Expo 개최지로 결정됐다. 아베는 영상 메시지를 통해 "오사카, 간사이, 일본 사람들이 여러분을 맞아 함께 활동하기를 기대하고 있다. 성공은 약속되어 있다."라며 오사카 유치를 어필했다. 개최가 결정되자 아베는 세코 히로시게를 '국제 박람회 담당 대신'으로 임명하였다.

일본 오사카 부가 2025년 세계박람회 유치에 성공

자료 : hankyung.com

인간 아베 신조

정책 및 정치적 입장

황실

황실전범의 해석

"황위 계승은 남자 황족만 할 수 있도록 황실전범에 규정되어 있다."며 "여자 황족은 그러한 역할천황을 담당할 수 없다."고 말했다.

천황 생전 퇴위

2016년 8월, 천황 아키히토가 황위를 생전에 장남 황태자 나루히토 친왕에게 물려주겠다는 뜻을 표명하자마자, 일본 정부는 급히 학자 등으로 구성된 전문가

회의를 마련했다.

이런 회의를 마련한 이유는 일본국 헌법 및 법률 어디에도 천황의 생전 퇴위에 관해 규정하고 있는 부분이 없었기 때문에 시급히 대책을 마련해야 했기 때문이다. 이 회의에서 논의한 결과 및 아베 내각의 의견 모두 황실전범 개정을 통한 생전 퇴위는 개정된 황실전범의 위헌 가능성 여부 등을 모두 검토하는 데 꽤 오랜 시간이 걸리기 때문에 부적합하다. 대신 이에 관한 특별법을 제정해 최대한 빠른 시일 내에 천황의 생전 퇴위에 관한 법률적 근거를 마련하기로 했다.

그런데 나루히토가 즉위하게 될 경우 나루히토에게는 딸만 하나 있고 아들이 없기 때문에 황위를 계승할 직계 후손이 사라지게 되므로, '남자 황족'만 황위를 계승할 수 있도록 한 현행 황실전범을 개정하여 여성도 천황에 오를 수 있도록 해야 한다는 주장이 힘을 얻게 된 상황에서 2017년 1월 26일, 중의원 예산위원회에서 호소노 고시細野豪志 의원의 비슷한 맥락의 질문에 대해 아베는 "당연히 황실전범도 필요하다면 개정한다."라고 답변했다.

이후 2017년 4월 21일 전문가 회의는 최종 보고서를 아베에 제출했다. 이 보고서의 내용을 바탕으로 아키히토의 퇴임 후의 호칭 및 제도 설계 등이 포함된 퇴위 특례 법안이 발의됐다. 이후 이 법안은 중의원의 의결을 거쳐 2017년 6월 7일 참의원 특별위원회에서 통과된 뒤, 6월 9일 최종적으로 참의원 본회의에서 의결을 얻어 공포되었다. 이와 함께 참의원 본회의에는 특별위원회에서 채택된 '여성 궁가결혼한 여성 황족이 거처할 수 있는 공간의 창설' 등의 검토를 정부에 요구하는 결의도 보고되었다. 아베는 총리 관저에서 기자들과 만난 자리에서 "정부는 국회의 논의, 그리고 위원회의 부차적 결의를 존중하면서 실수 없이 황위 계승을 이뤄내기 위해 준비해 나갈 것"이라고 강조하였고, 황위 계승에 대해 "안정적인 황위 계승은 매우 중요한 과제다. 부차적 결의를 존중하며 검토를 해 나간다."라고 말했다.

결국 나루히토德仁는 일본의 제26대 천황으로 2019년 5월 1일에 즉위하였다. 연호는 레이와令和이다.

국가관

'아름다운 나라'

1차 집권 시기 직전인 2006년 7월 19일, 자신의 정치 신념에 대해 자필한 《아름다운 나라에》를 출판하였는데 10쇄 발행에 51만 부 이상 팔린 베스트셀러가 됐다. 정부 슬로건도 "아름다운 나라 일본을 만든다."로 하였으며, 내각의 이름도 '아름다운 나라 만들기 내각'으로 명명하는 등 '아름다운 나라'[*1]라는 자신의 슬로건을 폭넓게 활용하는 모습을 보였다. 또한 본인이 전후 세대 첫 총리임을 강조하며 아베 정권의 의의에 대해 '전후 체제로부터의 새로운 출발'이라고 평가하고 있다. 현행 일본국 헌법 하에서 정점을 찍은 행정 시스템과 교육, 경제, 안전보장 등 사회의 틀이 이제는 시대의 변화를 따라갈 수 없게 되었다면서 이러한 틀을 과감히 개혁하겠다는 것이다. 고이즈미 전 총리의 구조 개혁에 우호적이며, 이를 아베 정권에서도 계승하여

아베 신조의 유일한 단독 저서 《아름다운 나라로》 (文藝春秋, 2006.7)의 표지.
그는 일본의 자존을 위해 '싸우는 정치가'를 자임(自任)했다.

자료 : ohmynews.com

더욱 가속화할 것임을 밝혀왔다. 그러나 좌익 성향 언론인들은 《주간금요일》*²에 출연하여 "정권 출범 초기부터 집단적 자위권을 용인하고 미국을 추종하는 군국주의적 체제를 구축하고 있다."는 비판을 가하기도 했다.

*¹ 아베의 '아름다운 나라', 결국 '강한 나라'를 의미한다.
*² 일본의 대표적 진보 잡지
*³ 환태평양경제동반자협정(Trans-Pacific Strategic Economic Partnership, TPP)

세계화 ♟

정치인이 된 이후로 일본의 시장을 개방하여 열린 나라로 만들겠다는 일관된 철학을 가지고 있으며, 정부의 성장 전략 중 하나로 '인재와 산업을 포함한 철저한 세계화'를 제시하고 "이제 국경과 국적을 따지던 시대는 지났습니다."라고 발언하는 등 '세계에 대해 어디까지나 전면 개방적 자세를 취하는 일본'을 추구하고 있다. 아베는 "세계의 인재, 자금, 기술을 활용해 일본의 성장으로 연결시키기 위해서라도 일본 내의 철저한 세계화를 추진해야 한다."고 표명했으며, 그 구체적인 예로는 CT, MRI 등의 의료 기술이나 다른 최첨단 의료 기술 및 철도 인프라 등의 해외 진출 성장 전략을 말했다. 2006년의 연설에서 아베는 "사람, 물건, 돈, 문화, 정보의 흐름에서 일본이 아시아와 세계의 교량 역할이 되겠다."며 "'아시아 게이트웨이 구상'을 추진한다."고 밝혔다. 또한 "세계 최고의 비즈니스 친화적 국가로 만들겠다고 우리는 계속 말해왔다. 그 점에서 싱가포르를 따라잡을 것이며 가능하면 추월도 하고 싶다. 진지하게 그렇게 생각하고 있다."며 "미일 양국이 TPP*³를 만드는 것은 역사적 필연이다."라는 입장을 보이며 글로벌 기업의 활동에 있어서 국경을 없애는 것을 목표로 하고 있다. 2014년 4월에는 총리대신 관저 홈페이지에 "기업 활동의 국경, 없앱니다.", "글로벌 기업은 관세 장벽 등 국내외 시장에 자리잡은 제도적 어려움을 해결하여 더욱 자유롭게 활동하게 될 것입니다."라는 글을 쓰기도 했으며, 이후 "나는 일본을 미국처럼 벤처 정신이 넘치는 '창업 대국'으로 만들어 나가고 싶다."고 말하기도 했다.

의원 정수 삭감

2016년 2월 19일, 국회의원 정수 삭감에 대해 "꼭 실현할 것이다. 2020년 인구 조사 때까지 미루지 않을 것이다. 이것은 자민당 총재로서의 방침이다."라고 말해 자민당이 공식 제시한 안보다 더 큰 폭으로 삭감이 이루어질 수 있음을 밝혔다.

지방 자치

구조 개혁과 함께 지방분권 개혁_{도주제, 道州制}을 추진하겠다고 밝혔다. '지방경제 활성화'는 아베 정권의 주요 경제 정책 중 하나로, 일명 '로컬 아베노믹스'라 불린다. 구체적으로는 정부 기관의 지방 이전이나 각종 경제특구의 설치 등의 방안이 거론되고 있다.

국가 전략 특구

'암반 규제* 개혁을 위한 방법으로 산업의 국제 경제력을 강화하는 동시에 국제적 경제 활동의 거점을 형성한다는 관점에서 국가가 정한 '국가전략 특별구역'을 설치해 규제를 완화해주는 정책을 시행하고 있다.

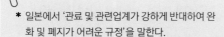

* 일본에서 '관료 및 관련업계가 강하게 반대하여 완화 및 폐지가 어려운 규정'을 말한다.

구조 개혁 특구 ♟

현실에 맞지 않는 규제가 민간 기업의 경제 활동이나 지방자치단체의 사업을 방해하는 문제가 발생하면, 지역을 한정하여 문제가 된 규제를 개혁하는 구조 개혁을 추진하고 각 지역을 활성화시키는 것을 목적으로 한 특구로 2002년 '구조 개혁 특구'가 신설되었다. 해당 지역의 자연적, 경제적, 사회적 조건을 활용한 지역 활성화를 실현하는 데 방해가 되는 규제를 없애는 방법으로 이러한 '구조 개혁 특구'의 활용을 강조하고 있다.

도주제 특구법 제정 및 도주제 추진 ♟

2006년, 도주제 도입을 촉진시키기 위한 '도주제 특별 구역의 광역 행정 추진에 관한 법률'을 제정, 시행하였다. 도주제의 도입에 대해서도 2007년, '도주제는 지방 분권의 총 완성'이라고 설명한 뒤 도주제가 지방 행정 제도의 최종 형태로서 가장 바람직하다는 입장을 표명했다.

외국인 정책 ♟♟

중국으로부터 국비 유학생을 대폭 수용하는 문제 ♟

2005년, 도쿄도에 위치한 센슈대학專修大学에서 열린 강연에서 아베는 "중국에서 온 국비 유학생 수가 아직은 적다. 과감히 늘려서 반일 감정이 강한 중국에 일본에 대해 알릴 수 있도록 우리가 노력해 나가지 않으면 안 된다."고 말했고, 총리 취임 후 '아시아 게이트웨이 구상'에 따른 국비 유학생의 대폭 수용, 일본 체류 자격 규정의 재검토, 유학생의 취직을 장려하는 정책을 추진하고 있다.

출입국 관리, 난민 인정법 개정안 의결 ♟

2014년 3월 11일, 정부는 고급 인재로 인정받은 외국인이 영주권을 취득받기 위해서 필요한 최소 체류 기간을 3년으로 단축하고, 부모나 동반자에 대해서도 쉽게 영주권을 인정해 주도록 하는 출입국 관리 및 난민 인정법 개정안을 각의_국무회의에서 최종 의결하였다. 아베는 여성의 사회 진출 장려의 관점에서 가사와 간병 분야에 대해서도 외국의 인재를 적극 활용할 것을 지시했다.

헌법 개정 ♟♟

2006년 자민당 총재 선거에 출마한 아베는 시행 60주년을 맞은 일본국 헌법을 개정하겠다고 선언하였고, 총리에 취임해서는 국회에서 "현행 헌법은 일본이 연합국에 점령당한 기간 동안 제정되어 60년이 지났기 때문에 현 시대와는 맞지 않으므로, 21세기에 걸맞은 일본의 미래 모습과 이상을 헌법에 반영해 나가는 것이 필요하다고 생각한다."며 헌법 개정의 필요성을 강조했다. 또한 "나는 국회의원이 된 당초부터 개헌론자이며, 세 가지 관점에서 헌법을 개정해야 할 필요가 있다고 생각한다. 그중 첫 번째 이유는, 현행 헌법은 법 분야 전문가들이 참여하지 않은 채 단지 연합군 최고사령부_{GHQ}에 의해서 2주 만에 대충 만들어졌고, 무엇보다도 법을 만드는 데 있어 반드시 거쳐야 하는 정식 제정 절차를 거치지 않았기 때문이다. 두 번째는 60년이 지나면서 세계정세도 크게 바뀌었고 새로운 가치관도 생겨났는데, 헌법 제9조를 포함해서 지금 시대와는 맞지 않는 조항이 몇 가지 있기 때문이다. 세 번째는 국가의 형태를 어떻게 할 것인가, 21세기에 걸맞은 새로운 헌법을 만들기 위해 현행 헌법은 우리 스스로의 손으로 바꾸어 가는 것이 맞고, 이 모두 국민적 논의를 해야 한다는 그 정신이야말로 새로운 시대를 개척할 수 있게 만든다. 그러기 위해서는 '백지'에서부터 헌법 개정을 논의하는 것이 필요하다고 생각한다. 자유민주당의 방안은 이미 마련됐지만 헌법 개정에는 넓고 깊은 논의가 필요한 만큼 시간이 필요할 것이다. 다음 내각에서는 헌법 개정이 그야말로 엄청난 국정 과제가 될 것이 틀림없다.'라고 말했다.

현행 헌법 전문에 대해서는 '패전국의 애처로운 사과문', '볼썽사납다'라고 주장하고 있다. 2017년 5월 3일, 민간단체의 심포지엄에 보낸 영상 메시지에서 새 헌법의 시행 시기를 2020년으로 하고 싶다고 밝혔다. 개헌안의 구체적인 내용으로는 현행 헌법 제9조의 기본 원리는 지키되 자위대를 명기하고, 헌법에 고등 교육을 포함한 교육무상화를 담는 방안을 제시했다. 이렇게 개헌 시한을 못 박은 아베의 발언은 해외 언론에서도 큰 관심을 보였다. 2017년 9월, 중의원 선거를 앞두고서는 헌법에 자위대를 명기한다는 공약을 자민당이 제시하자, 연립 파트너인 공명당이 난색을 표하는 등 연립 여당 내 갈등이 표출되고, 헌법학자들이 집회를 갖고 집단적 자위권 행사를 용인하는 방향에 대해 "헌법을 개정할 자격이 없다.", "개헌을 외쳐대는 총리가 아이러니하게도 가장 헌법을 준수하지 않는다."며 아베를 비판하기도 했다.

日本国憲法

第二章　戦争の放棄

第九条

① 日本国民は、正義と秩序を基調とする国際平和を誠実に希求し、国権の発動たる戦争と、武力による威嚇又は武力の行使は、国際紛争を解決する手段としては、永久にこれを放棄する。

② 前項の目的を達するため、陸海空軍その他の戦力は、これを保持しない。国の交戦権は、これを認めない。

일본 현행 헌법 제9조

자료 : bemil.chosun.com

9조 1항 일본 국민은 정의와 질서를 기조로 하는 국제 평화를 성실히 희구하며, 국권의 발동인 전쟁과 무력에 의한 위협 또는 무력의 행사는 국제 분쟁을 해결하는 수단으로서는 영구히 이를 포기한다.

9조 2항 전항의 목적을 달성하기 위하여, 육해공군 그 외 전력은 이를 보유하지 아니한다. 국가의 교전권은 이를 인정하지 아니한다.

외교 ♟♟

　　제1차 아베 신조 내각에서는 '가치관 외교'와 '주장하는 외교'를 외교의 기본 원칙으로 하였다. 이 중 '가치관 외교'는 자유, 민주주의, 기본적 인권, 법치주의라는 현대 국가의 보편적 가치를 공유하는 나라들을 고리로 이것이 세계, 아시아로 확대되는 것을 목표로 한 외교 전략으로, 제1차 아베 신조 내각에서 외무대신을 지낸 아소 다로_{麻生太郎}가 '자유와 번영의 호'로써 처음 주창한 것이다. '자유와 번영의 호*'는 민주주의나 법치주의라는 가치에 대해 일본이 비_非구미권에서는 선구자의 역할을 하고 있다며 동북아시아에서 동남아시아를 거쳐 인도, 중동, 중앙아시아, 동유럽에 걸친 '호_弧'에 위치한 나라들과의 관계에서 일본이 리더십을 가지고 이러한 가치를 공유하여, '호' 지역 전체의 번영에 기여하는 결과로서 일본도 경

> * 시장경제 국가들로 중국을 남쪽에서 넓게 포위한다는 개념

문재인 대통령과 도널드 트럼프 미국 대통령, 아베 신조 일본 내각총리대신이 독일 함부르크 주재 미국총영사관에서 열린 한미일 3국 정상 만찬회동에 앞서 취재진의 사진 요청에 응하고 있다(2017년). 자료 : newdaily.co.kr

한·미·일 3국 외교전, 정의용·존 볼턴·야치 쇼타로(2018년)

자료 : yna.co.kr

제나 안전 보장 등의 면에서 국익을 도모할 수 있다는 구상이다.

　2012년 12월 출범한 제2차 아베 신조 내각에서 아소 다로가 부총리 겸 재무 대신 및 금융 담당 대신으로 임명되고, 외교관인 야치 쇼타로谷內正太郞가 내각관방에 기용되는 등 '자유와 번영의 호'를 기반으로 한 외교 정책을 재개한다고 말했는데, 아베가 총리 취임 직후인 2012년 12월 28일 베트남, 인도네시아, 호주, 인도 등의 정상과 연쇄 전화 통화를 가진 것도 이와 같은 맥락인 것으로 분석된다. 또 체코 프라하를 본거지로 둔 비영리 단체인 '프로젝트 신디케이트Project Syndicate'의 웹 사이트에 게재된 아베의 영어 논문에서는 '아시아 민주주의를 보호하기 위한 다이아몬드 구상'을 주장하였다.

　제2차 아베 신조 내각 각료의 최초 외국 방문은 군정에서 민정 이양을 추진하던 미얀마에 아소 다로 부총리 겸 재무대신이 방문한 것인데, 여기서 아소는 "

각료의 첫 방문지가 미얀마라는 것부터가 이 정권의 메시지라고 할 수 있다."고 말했다.

아베도 총리 취임 후 첫 해외 순방지로 2013년 1월 16일부터 18일까지 베트남을 방문하였고, 이후 태국, 인도네시아를 차례로 방문했다. 이렇게 아시아 태평양 지역의 전략 환경이 변화하는 가운데, 지역의 평화와 번영을 확보하기 위해 자유, 민주주의, 기본적 인권, 법치주의 등 보편적 가치의 실현과 함께 경제 연계 네트워크를 통한 번영을 목표로 일본이 동남아시아 국가 연합ASEAN의 대등한 파트너로서 함께한다는 취지의 메시지를 각국 정상에게 전달한 후 '대對 아세안 외교 5원칙'을 발표했다.

중일 관계에 있어 아베 정권의 외교에 대해 '자유와 번영의 호'의 범위에서 중국

후진타오 중국 국가주석과 악수를 나누는 아베 신조(2006년)

자료 : hani.co.kr

은 민주주의와 법치주의가 기능하고 있다고 볼 수 없다며 대상에서 제외시키는 바람에 중국의 엄청난 반발을 불러와 센카쿠 열도 분쟁 등 양국이 첨예하게 대립하고 있던 외교 문제를 더 심화시켰다. 결과적으로 중일 관계가 파탄에 이르게 만들었다는 비판적 평가도 있다. 그 반면에 취임 후 얼마 되지 않아 중국 베이징을 방문하여 후진타오 국가주석과의 정상회담을 추진하는 등 원칙론과 현실적 대응을 앞세워 일본의 국제적 지위 하락을 막고 센카쿠 열도 분쟁으로 대표되는 중일 간의 역학 관계 변화를 이끌어냈다. 그럼으로써 새로운 국제 정세 아래 중국과의 정면충돌을 피하면서 동북아시아 지역의 힘의 균형을 적정하게 유지시켰다는 평가도 있다.

미국 ♟

고이즈미 정권 때 강화된 미일 안전보장조약을 더욱 충실히 이행하기 위해 '주일 미군과 자위대의 일체화'를 목표로 하고 있으며, 집단적 자위권 행사를 위한 헌법 개정도 검토하고 있다. 아베 정권의 대미對美 외교 방침에 대해서 홋카이도 신문과 오키나와 타임스 등의 언론에서 '대미 추종 외교'라는 비판 섞인 우려가 나오자,

2013년 3월 시정 연설에서 "미일 동맹을 더욱 공고히 하고 싶다. 미일 동맹은 우리나라의 안전 보장의 관점에서 볼 때 당연히 필요한 것이며, 지역의 평화와 안전에 이바지한다. '대미 추종 외교'라는 지적은 전혀 옳지 않다."고 주장했다. 2014년 4월 24일 열린 버락 오바마 대통령과의 정상회담에서는 일본의 초전도 자기부상 신칸센 기술을 미국에 무상으로 제공하겠다고 밝혔다. 앞선 2013년 2월 회담에서도 '미일 동맹의 상징'으로서 기술을 제공할 것임을 시사한 바 있다. 또한 자기부상 기술연구는 1962년부터 양국이 해 오고 있으므로 통상 시에 미국

이 자기부상 기술을 원할 경우 라이선스료를 징수하기로 했다.

　2013년 3월에는 일본 기업이 F-35 스텔스기 개발에 참여할 것을 미군 측에 제안하기도 했다. 2016년 미국 대통령 선거 기간 중에는 민주당 후보인 힐러리 클린턴과 회담을 가졌으며, 2016년 11월 17일 차기 대통령에 당선된 도널드 트럼프와 비공식 회동하여 혼마 골프에서 주문한 골프 장비를 선물하기도 했다. 이후 2017년 11월 5일, 트럼프 대통령이 아시아 순방 도중 일본을 첫 번째로 방문하여, 북한에 대한 최대한의 압박에 일치된 의견을 보이고 미제 군사 장비 구입도 성사시켰다. 회담 전 양측 정상이 골프를 함께 치며 우의를 다지는 이른바 '골프 외교'도 등장했다.

일본을 방문한 도널드 트럼프(왼쪽에서 셋째) 미국 대통령이 아베 신조(맨 오른쪽) 일본 총리, 세계 랭킹 4위의 일본 골프선수 마쓰야마 히데키(왼쪽에서 넷째)와 함께 사이타마현 가스미가세키 골프클럽에서 골프를 치고 있다 (2017년).

자료 : hani.co.kr

중국 ♟

아베의 작은 외할아버지인 사토 에이사쿠 전 총리는 중국과의 국교 정상화를 추진하였고, 아버지 아베 신타로 역시 중일평화우호조약 체결 및 후야오방胡耀邦의 일본 방문을 성사시키는 등 선대부터 대對중국 관계를 중시해왔다. 2006년 자유민주당 총재 선거에서는 반일 감정이 존재하는 중국으로부터 많은 유학생을 받아들여 일본에 대해 알려야 한다면서 고이즈미 정권 당시 악화된 중일 관계를 개선하고자 하는 의지를 보였다.

2006년 총리 취임 직후에는 1998년 오부치 게이조 총리 이후 8년 만에 중국을 공식 방문하여 후진타오 국가주석과 정상회담을 가졌다. 회담 후에는 '중일 공동 언론 발표문'을 양국이 공동 발표하여 전략적 동반자 관계를 구축하기로 합의했다. 2012년 재집권 이후에도 친서나 중일 정상회담 등에서는 '전략적 동반자 관계'라는 단어가 자주 등장하고 있다. 2017년 9월에는 총리로서는 15년 만에 중일 국교 정상화 45주년 기념식에 참석해 '전략적 동반자 관계'를 바탕으로 중일 관계를 발전시킬 것을 표명하고, 중단되었던 양국 정상 간의 축전 교환이 재개되어 이러한 전략적 동반자 관계를 재확인하였다. 그 해 10월 열린 제19차 중국 공산당 대회에 자유민주당 총재 명의로 축전을 보내기도 하였다.

2017년 11월에는 시진핑習近平 국가주석, 리커창李克强 국무원총리 등 중국 고위 인사들과 당사국인 중국, 일본이 아닌 필리핀 마닐라에서 연달아 만나는 극히 이례적인 회담을 가졌다. 2018년 5월에는 중국 국가주석과는 사상 처음으로 전화 통화를 가지기도 했다. 그 해 6월에는 한중일 정상회의 참석을 위해 8년 만에 방일한 리커창 총리와 따로 단독 회담을 가진 뒤 일본 내 산업 시설 시찰에도 동행했다. 그리고 그 해 10월에는 일본 총리로서는 7년 만에 중국을 공식 방문하여 '경쟁을 통한 협조', "서로가 파트너로서 위협을 가해서는 안 된다.", '자유롭고

시진핑 중국 국가주석과 악수를 나누는 아베 신조(2017년 11월)

자료 : news.joins.com

공정한 무역 체제의 발전'이라는 '신시대 3원칙'을 발표하고 첨단 기술 및 인프라 정비, 금융 분야 협력에 일치된 의견을 보였다.

러시아

2016년 12월 16일, 블라디미르 푸틴 대통령과의 정상회담 이후 아베가 강조한 것은 과거 일본인이 거주했던 쿠릴 열도 4개 섬에 대한 이전 주민의 성묘 등 자유 방문을 가능하게 하고 쿠릴 열도에서 양국이 공동 경제 활동을 하기 위한 협상 개시에 합의했다는 것이었다. 그러나 푸틴 대통령은 이 문제를 영토 문제로

블라디미르 푸틴 러시아 대통령과 정상회담을 하고 있는 아베 신조(2018년 5월 26일)

자료 : ko.wikipedia.org

간주하는 것은 일본뿐이며 쿠릴 열도 4개 섬 중 2개 섬은 반환에 대한 논의조차 할 수 없다고 말해 양국의 쿠릴 열도 분쟁은 장기화되고 있다.

대한민국 ♞

　2015년 6월 22일, 서울과 도쿄에서 동시에 열린 한일 국교 정상화 50주년 기념식에 참석한 자리에서 축사를 통해 "내 할아버지인 기시 노부스케와 종조부인 사토 에이사쿠는 한일 국교 정상화에 크게 기여했다. 50년이 지난 지금, 나자신도 오늘의 행사에 참여하게 된 것을 매우 기쁘게 생각한다. 무엇보다도 서울에서 열리는 기념식에 윤병세 외교부 장관과 박근혜 대통령이 참석해주신 것에 대해 기쁘게 생각한다."라고 말했다. 아베 신조의 아버지 아베 신타로는 일본 내 대표적인 친한파 정치인으로서 한국 정부와 자주 접촉했기에 과거 한국의 박정희 대통령과 친분이 있었으며, 이 때문에 내각관방장관 시절인 2006년 무렵, 서로 아버지끼리 친했다는 인연이 있는 박근혜당시 한나라당 대표에게 고베 비프를 선물하고 서로 편지를 주고받는 등의 교류가 있었던 것으로 알려졌다. 제1차 내각 때에는 "한국은 틀림없이 일본과 같은 가치관을 가지고 있다."라고 발언하기도 했다. 이후 '메이지 시대 일본의 산업 혁명 유산'으로 지정된 하시마섬일명 군함도 등의 유네스코 세계문화유산 등재와 관련된 한국과의 갈등 국면에서는 강제 징용 문제에 대한 한국 측 요구를 일단 수용하고 외무성에 한국 측과 구체적으로 조율할 것을 지시했다. 이후 과거사 문제로 인한 양국 간의 갈등이 지속

아베와 대담하는 월간조선의 조갑제 편집장(2013년)

자료 : monthly.chosun.com

되면서 일본이 타국과의 관계를 소개하는 외무성 홈페이지에서 한국에 대해 '기본적인 가치를 공유하는 국가'라는 문구를 삭제하였고, 2018년에는 '가장 중요한 이웃'이라는 표현도 '어려운 문제가 있지만 미래 지향적 관계로 나아가야 하는 국가'라는 표현으로 대체하였다. 2013년 초반, 아베는 한국의 월간지인 월간조선의 조갑제 편집장과 대담한 자리에서 한일 관계와 과거사 문제, 헌법 개정 등의 문제에 대해 말했다.

이후 2015년 11월 2일, 아베의 한국 방문이 결정되자 한국 정부는 박근혜 대통령이 주최하는 오찬 등을 여는 것을 조건으로 일본 정부에 위안부 문제에 있어 통큰 '양보'를 요구했으나 일본 측이 이를 거부했다. 아베는 공식 입장은 아니지만 측근들에게 "오찬 하나 때문에 국익을 해치지는 않겠다."라고 말한 것으로 알려졌다. 그 해 12월, 한일 위안부 합의가 이

루어졌고, 이듬해인 2016년에는 한일 최초의 안보 협력을 위한 협정인 '한일군사정보보호협정GSOMIA'도 체결하여 한미일 3국이 처음으로 합동 미사일 방어 훈련을 진행했다. 2018년 5월 9일, 한중일 정상회의 참석 차 문재인 대통령이 처음으로 일본을 공식 방문했는데, 한중일 회담에서 한일 양국 간의 민감한 현안은 다뤄지지 않았고, 그 후의 개별 정상회담에서도 중일 간에는 여러 현안에서 합의가 오간 데 비해 한일 회담에서는 별다른 성과가 없었다. 강제 징용 문제와 관련해서는 피해자들이 미쓰비시 그룹에 개인 청구권 소송을 제기하여 대한민국 대법원에서 승소 판결이 나온 것에 대해 '전략적 방치'로 대응한 것으로 알려졌다. 이후 대응 조치를 관계 기관에 지시하여 문재인 대통령으로부터 "일본의 정치 지도자가 정치적 쟁점으로 문제를 확산시키고 있다."는 비판을 받았다. 이낙연 국무총리도 "일본의 지도자들이 반한 감정을 이용하고 있다는 시각도 있다."며 간접적으로 일본을 비판했다.

지소미아 파기 통보, 한일 또 한 번의 갈등 국면 예고

자료 : donga.com

북한 ♞

　일본의 안보상 불안 요인이 되는 북한에 대한 대책으로 통신감청법의 요건을 완화하고 그 대상을 확대할 것을 주장했다. 2007년 2월 12일 방일한 딕 체니 미국 부통령에게는 북한의 일본인 납치 문제가 해결될 때까지 북한에 대한 테러 지원국 지정 해제를 하지 말아달라고 요청했다. 2016년 9월 북한이 5차 핵실험을 강행하자 아베는 "엄중 항의하며 가장 강한 어조로 비난한다."는 성명을 발표하였고, 9월 22일의 유엔 총회 연설에서는 이례적으로 김정은의 실명을 거론하는 등 북한을 강도 높게 비난하며 북한에 대한 제재 강화 논의를 일본이 주도할 의향을 표명했다. 2017년 유엔 총회 연설에서도 북한을 비난하며 "대화를 통한 문제 해결 시도는 헛수고였다. 무슨 가능성이 있다고 세 번이나 같은 잘못을 반복해야 하는가. 지금 필요한 것은 대화가 아니라 압박이다."라고 말했다. 이에 앞서 "북한과의 대화는 헛수고이며 최대한의 압박을 해야 한다."라고 주장하는 내용의 기고를 미국 신문에 하기도 했다. 2017년 9월 25일, 중의원 해산에 즈음한 연설에서 "북한에는 근면한 노동력이 있으며 자원도 풍부합니다. 북한이 올바른 길을 걷는다면 경제를 비약적으로 발전시킬 수 있습니다."라고 전제한 뒤 탄도 미사일 프로그램을 완전히 검증 가능하고, 돌이킬 수 없는 방법으로 포기하게 만들기 위해 "앞으로도 모든 수단을 동원해 압박을 최대한 높여갈 수밖에 없다."고 말했다. 이렇게 북한에 대한 제재에 앞장서는 일본에 대해 조선중앙통신은 "미국의 반공화국 제재 및 압박 책동에 추종하고 있다."고 하면서 '아베 패당', '미국의 충견'이라는 단어를 사용해가며 맹비난했으며, 일본인 납치 문제에 대해서도 "이미 모두 해결된 문제에 집착하며 트집을 잡는다."며 일본을 비난했다. 2017년 11월 20일, 트럼프 미국 대통령이 9년 만에 북한을 테러 지원국으로 재지정하자 아베는 "북한에 대한 압박을 강화하는 것으로 환영하고 지지한다."는 입장을 표명

"한 번만 만나 달라." 일본 아베 총리의 정상회담 요청을 '단호박' 거절한 북한 김정은 위원장

자료 : ofun.net

했다. 2018년 6월 2일 열린 강연에서는 미국과 북한 간의 정상회담을 앞두고 "핵 무장한 북한을 결코 용인할 수는 없다. 빠져 나갈 수 없다는 자세로 일본은 국제사회와 함께 압박해 왔다. 압박 기조 속에서 정상회담이 열릴 것으로 기대한다."고 말했다. 이에 앞서 TV 방송에 출연해서는 "납치 문제가 해결되지 않은 상황에서 북한에 대규모 경제 지원을 해야 할 이유는 없다."고 말했다.

안보 ♟♟

안보 문제에 대한 대응 강화를 위해 국가안전보장회의NSC 설치를 추진했다. 총리 취임 이전부터 헌법 개정 문제에 있어 집단적 자위권 허용을 주장해왔다. 2007년에는 안전 보장의 법적 기반 재구축을 위한 간담회를 개최하여 집단적 자위권 행사는 일본국 헌법 제9조의 규정에 어긋나지 않는다는 보고서가 나오자 미야자키 레이이치宮崎禮一 내각법제국 장관에게 헌법 조항 해석 변경을 지시했지만, 내각법제국 소속 직원들이 이에 반대하여 총 사퇴도 불사하겠다는 저항에 부딪혀 결국 무산됐다. 제2차 아베 신조 내각 기간인 2013년 8월 8일에는 집단적 자위권 행사를 허용해야 한다는 고마쓰 이치로<small>小松一郎</small> 주<small>駐</small>프랑스 일본 대사를 내각법제국 장관에 임명했다. 그러나 고마쓰가 취임한지 1년도 안 돼서 건강 문제로 사퇴하자, 공석이 된 장관 자리에는 내각법제국 차장인 요코바타케 유스케<small>横畠裕介</small>가 승진 임명됐다. 요코바타케는 2016년 3월 18일 참의원 예산위원회에서 안보를 위해 핵무기를 사용하는 것에 대해 "우리나라를 방어하기 위해 필요한 최소 한도로 제한된다."면서도 "헌법상 모든 종류의 핵무기 사용이 금지되고 있다고 생각하지 않는다."라고 답했다.

2006년 11월 14일, 아베 내각은 각의<small>국무회의</small>에서 스즈키 무네오<small>鈴木宗男</small>가 작성한 핵 보유에 관한 질문서에 대해 "정부로서는 비핵 3원칙의 재검토를 논의하는 것에 대해서는 생각하지 않고 있다."라고 강조하면서도 "핵무기라도 자위를 위해 필요한 최소한에 머무른다면, 핵 보유는 헌법 규정에 어긋나지 않는다."라는 답변서를 보냈다.

제2차 아베 신조 내각에서는 '무기 수출 3원칙'의 철폐를 포함한 근본적인 재검토에 착수했다. 2013년 10월 9일, 정부 산하 전문가 회의인 '안보와 방위력에 관한 간담회'에 아베 등 정부 인사가 가세하면서 군사 장비 수출을 사실상 전면 금지하고, 무기 수출 3원칙의 근본적인 재검토를 논의에 포함시킬 것이라고 밝혔다.

2014년 3월, 무기 수출 3원칙 대신 '방위 장비 이전 3원칙'을 채택하는 방안이 여당인 자민당 프로젝트팀에서 제시되어 그 해 4월 1일 최종적으로 결정되었다.

2015년 11월 1일, 나가사키에서 열린 제61회 퍼그워시 회의 세계 대회에 "비핵 3원칙을 견지하면서 '핵무기 없는 세계'의 실현을 위한 국제사회의 핵 군축 대응을 주도할 생각"이라는 메시지를 보냈다.

2016년 11월 15일, 안보 관련 법안을 통해 새로 인정된 '달려라 경호' 작전을 남수단에서 유엔 평화유지군PKO 활동을 하고 있는 육상자위대의 임무와는 별도로 실시하는 계획을 의결했다. 아베는 자위대 대원들의 안전을 확보하고, 의미 있는 활동이 어렵다고 판단될 경우 철수를 주저하지 않겠다고 밝혔다. 한편으로는 "위험이 따르는 활동이지만, 자위대밖에 할 수 없는 책무를 제대로 완수할 수 있다."라고 말했다.

2017년 3월 17일, 정보 수집 위성인 '레이더 5호기'의 발사 성공에 대해 "정보 수집 위성을 최대한 활용하고 앞으로도 일본의 안전 보장과 위기관리에 만전을 기해 달라."는 입장을 발표했다.

2017년 8월 9일, 나가사키 원폭 희생자 위령 평화 기원식에 참석해 "'핵무기 없는 세계'를 실현하기 위해서는 핵무기 보유국과 비보유국 양측 모두가 협력하는 것이 필요하다."라며, "일본은 비핵 3원칙을 견지하고 양측에 모두 손을 내밂으로써 국제 사회를 주도하겠다."라는 뜻을 표명했다.

후텐마 기지 이전 문제Relocation of Marine Corps Air Station Futenma

2013년 12월 25일, 아베는 오키나와현 기노완시에 위치한 미군 소유의 후텐마普天間 비행장의 이전을 위해 오키나와현 지사인 나카이마 히로카즈仲井眞弘多와 회담했다. 그 결과 미일 지위 협정의 환경면의 내용을 보충하는 결정을 체결하기 위한 미일 회담 개시 등의 방안을 내놓았다. 나카이마 지사는 "놀랍고 훌륭한 내용이다."라고 평가하며 이전 예정 부지인 나고시 헤노코 지역 바다 매립 신청을 승인하기로 하고, 그 해 12월 27일 오전에 공식 승인했다.

오키나와현 지사 나카이마 히로카즈

자료 : hani.co.kr

인간 아베 신조

●
●

역사관

무라야마 담화

2006년 9월 7일, 무라야마 담화에 대해 "기본적으로 그 정신을 이어 나간다."라고 말했다. 한편, 2006년 10월 6일 중의원 예산위원회에서 A급 전범의 전쟁 책임에 대해서는 "당시에 지도자였던 사람들에게는 더욱 무거운 책임이 있지만, 그 책임의 주체가 어디에 있느냐 하는 것은 정부로서 판단할 입장이 아니다."라고 말했다.

2006년 10월 5일 중의원 예산위원회에서도 도조東條 내각의 상공대신이자 아베의 외할아버지인 기시 노부스케가 태평양 전쟁 개전 조서에 서명한 것에 대한 생각을 묻는 질문에 "할아버지를 포함해서 당시의 지도자에게 큰 책임이 있다. 정치는 그 결과에 책임을 져야 하는 것이므로 당연히 판단을 잘못한 것이다."라고 답했다.

극동국제군사재판에 대해서는 1차 집권 시절 "재판 결과를 인정하며 이에 이의를 제기할 입장이 아니다."라고 말했다. 그러나 2차 집권 기간에 들어서는 2013년 2월 12일 열린 중의원 예산위원회에서 "대전大戰의 책임은 일본인 자신의 손이 아니라, 말하자면 연합국이라는 승자의 판단에 의해서 단죄가 이루어졌다."며 회의적인 견해를 보였다. 그러나 이후 2013년 5월에는 또 입장을 바꾸어 "일본이 침략하지 않았다고 말한 적은 단 한 번도 없다."며 무라야마 담화를 계승하겠다고 밝혔다.

고노 담화 1993년 8월 4일 고노 요헤이 관방장관		• 위안소 설치·운영, 위안부 모집에 정부와 군이 직간접적으로 관여한 사실 및 모집에 관헌이 직접 가담한 사실 인정
무라야마 담화 1995년 8월 15일 (종전 50주년) 무라야마 도미이치 총리		• 일본의 식민지 지배와 침략에 의해 특히 아시아 여러 나라 사람들에게 다대한 손해와 고통을 끼쳤음을 인정하고 사죄와 반성 표명
고이즈미 담화 2005년 8월 15일 (종전 60주년) 고이즈미 준이치로 총리		• 일본의 식민지 지배와 침략에 의해 특히 아시아 여러 나라 사람들에게 다대한 손해와 고통을 끼쳤음을 인정하고 사죄와 반성 표명 • 무라야마 담화의 "국가 정책을 그르치고 전쟁에의 길로 나아가"삭제
아베 담화 2015년 8월 14일 아베 신조 총리		• 두 번 다시 침략을 국제 분쟁 해결 수단으로 써서는 안 되며 식민지 지배와 영원히 결별해야 한다고 주장 • 일본은 지난 전쟁에서의 행동에 대해 거듭 반성과 사죄를 표명해 왔다고 주장

일본 정부의 역대 주요 담화

자료 : seoul.co.kr

위안부 문제 ♟♟

고노 담화 ♟

일본의 역사 교육에 이의를 제기하며 우익 성향의 '새로운 역사 교과서를 만드는 모임'을 지원해 왔으며, 자민당 내부 의원 연맹인 '일본의 앞날과 역사 교육을 생각하는 젊은 의원 모임'의 사무국장을 지내기도 했다_{현재는 고문}. 이 모임은 특히 침략 전쟁과 위안부 문제를 교과서에 기술하고, 일본군의 위안부 강제 동원을 인정하는 고노 담화를 발표했던 고노 요헤이_{河野洋平}를 불러서 담화의 철회를 요구하기도 했다.

1997년 국회에서도 "위안부 강제 동원의 근거로 여겨지던 요시다 세이지_{吉田清治}의 증언이 허위임이 밝혀졌기 때문에, '고노 담화' 및 '위안부 문제'를 교과서에 기술한 것은 문제이다."라고 말했다. 자민당 간사장 대리 시절인 2005년 3월 27일에 열린 강연회에서도 '종군 위안부는 지어낸 이야기'라고 말했다. 총리 취임 후 2006년 10월 5일에는 "고노 담화를 지금의 내각에서 변경하는 것은 아니다."라고 발언했다.

2007년 3월 1일, 고노 담화에 관한 한 기자의 질문에 대해 "일본군의 강제성을 뒷받침하는 증언은 존재하지 않는다."라고 말했다. 미국 하원에서 위안부 문제에 관해 일본을 비판하는 결의안이 제출된 것에 대해서는 그 해 3월 5일의 참의원 예산위원회에서 민주당의 오가와 도시오_{小川敏夫} 위원과의 질의·응답에서 "이 결의안은 객관적인 사실에도 근거하고 있지 않다.", "결의가 채택된다고 해서 우리가 무조건 사죄해야 하는 것도 아니다."라고 말했다.

"_{일본군의} 강제성을 뒷받침하는 것은 없었다."라는 발언에 대해 미국에서도 비판이 이어지자, 2007년 3월 16일 국회 답변에서 고노 담화의 계승을 다시 언급하며 '동정과 사죄'라는 단어를 사용하기도 했다. 이후 4월 3일 조지 W. 부시 미국 대통령과의 전화 통화에서도 이 같은 입장을 전달했다. 4월 7일에는 영국 BBC 와의 인터뷰에서 "매우 힘든 상황에 위안부들이 강제적으로 동원된 것에 대해 대단히 죄송하다.", "우리는 전시의 환경에서 그러한 고난과 고통이 강제된 것에 책임을 느끼고 있다."라고 말했다. 또한 이날 일본 언론에도 "인간으로서 진심으로 동정한다. 총리로서 매우 죄송하다.", "그 여성들이 위안부가 되지 않으면 안 되었던 상황에 대해 우리는 책임이 있다."라고 말했다. 아베의 이와 같은 발언에 대해 마이니치신문은 "이번 발언은 일본 측의 '책임'도 지적함으로써 일각의 반발 을 진정시키려고 한 것으로 보인다."라고 보도했다.

제2차 아베 신조 내각 출범 직후인 2012년 12월 27일에는 고노 담화를 재검토 할 방침을 밝혔다.

대만 첫 위안부 소녀상 건립

자료 : newsis.com

한일 합의

2015년 12월 28일, 한일 외교장관 회담에서 일본 측은 "위안부 동원에 있어 일본군의 관여와 일본 정부의 책임을 인정하고 사죄한다."라고 하였으며, 일본 측이 위안부 피해자를 지원하는 화해·치유재단에 10억 엔을 내놓는 조건으로 양측은 '최종적이고 불가역적인 문제 해결'에 합의하였다. 이에 대해 아베는 "우리의 자손과, 그리고 그 다음 세대의 아이들에게 계속 사죄할 숙명을 지울 수는 없다.", "이번 합의에 따라 한일 양국이 힘을 합쳐 '한일 신시대'를 열어가고 싶다."라고 말했다.

이날 박근혜 정부와 아베 신조 일본 정부는 한일 외교장관 회담을 열고 일본군 위안부 피해자 문제의 해결 방안에 합의했으며, 윤병세 대한민국 외교부 장관과 기시다 후미오岸田文雄 일본 외무대신은, 12월 28일 오후에 서울특별시 세종로 정부서울청사별관에서 외교장관 회담을 연 뒤 공동기자회견을 통해 위 합의 사항을 발표하였다.

윤병세 외교부 장관(오른쪽)과 기시다 후미오 일본 외무상이 서울 도렴동 외교부 청사에서 열린 한·일 외교장관 회담에 앞서 인사하고 있다.

자료 : hankyung.com

야스쿠니 신사 참배 ♟️

총리의 야스쿠니 신사 참배에 대해서 "나라를 위해 목숨을 바친 사람들에 대해 국가의 지도자가 존중의 뜻을 표하는 것은 당연하다. 참배를 해야 한다고 생각한다."라고 말했다. 또 아베의 역사 인식을 둘러싸고 반일 감정을 서슴지 않게 드러내는 중국과 한국의 태도를 비판하였고, 다른 나라가 야스쿠니 신사 참배에 대해 항의하는 것은 내정 간섭이라는 견해를 가지고 있다.

아베는 자민당 간사장 재임 기간인 2004년, 간사장 대리 재임 기간인 2005년에는 각각 종전기념일8월 15일에 참배를 했지만, 내각관방장관 재임 중에는 2006년 4월 15일 아침에 비밀리에 참배했다. 이후 아베는 기자회견에서 몰래 참배한 사건에 관해 "참배했는지 여부에 대해서 말씀드릴 생각은 없다."라고 말했다.

제1차 아베 신조 내각 출범으로 총리에 취임한 이후에도 야스쿠니 참배를 계속할 의사를 표시했다. 2007년 1월 17일 자민당 당대회에서 결정된 활동 방침에서도 "야스쿠니 참배를 이어받는다."라는 내용이 명기되었지만, 야스쿠니 참배 문제가 외교 문제나 정치 문제가 되는 것을 피하기 위해 아베 자신의 참배에 대해서는 밝히지 않겠다는 의지를 거듭 밝혔다. 아베는 1차 집권 기간 중에는 참배를 하지는 않았는데, 이에 대해 총리 퇴임 후 인터뷰에서 "'주장하는 외교'를 펴는 과정에서 일본을 위한 미래의 포석을 두기 위해 큰 결단을 내렸다."라고 설명했다.

2012년 9월 14일 열린 자민당 총재 후보자 공동기자회견에서 아베는 "총리 재임 중에 야스쿠니를 참배하지 못한 것은 천추의 한이다."라며 다시 총리에 취임할 경우에 야스쿠니를 참배할 수도 있음을 시사했다.

이후 재집권에 따른 제2차 아베 신조 내각 출범 이후에는 2013년 봄 및 종전기념일인 8월 15일에도 참배하지 않았다.

그러나 재집권 후 1년이 되는 2013년 12월 26일, 1차 집권 기간 중에는 참배하지 않았던 야스쿠니 신사를 참배하였는데, 참배 전 중국, 미국 등의 외교 루트를 통해서 외국에도 참배 소식을 전한 후에 전격적으로 참배하였다. 모닝 드레스차림으로 참배했으며, '내각총리대신 아베 신조'라는 이름이 쓰여진 국화를 헌화했다. 또한 야스쿠니 신사 경내에 있는 전몰자들을 추모하는 '진레이샤鎭靈社'에도 참배했다. 참배 이후, '항구 평화에 대한 맹세'라는 제목의 담화를 발표하였다.

아베는 참배 후 기자단에 "경건한 모습으로 방문했다. 지난 1년간 아베 정권의 발걸음을 보고하고, 두 번 다시 전쟁의 참화에 의해 사람들이 고통받는 일이 없는 시대를 만들겠다고 다짐하는 결의를 전하기 위해서 이날을 택했다. 전쟁터에서 흩어진 영령의 명복을 비는 것은 세계 공통의 지도자의 자세이다. 중국, 한국

2013년 12월 A급 전범자들의 유해가 있는 야스쿠니 신사에 들어서고 있는 아베 신조 일본 총리

아베 총리가 참배한 야스쿠니 신사 진레이샤

사람들의 기분을 상하게 할 생각은 털끝만큼도 없다. 한중 양국 정상에게 이를 직접 설명하고 싶다."라고 말했다.

여론조사

아베의 2013년 12월 26일 야스쿠니 신사 참배에 대해서는 다음과 같은 여론 조사 결과가 나왔다.

• 아사히신문은 2013년 12월 30일 조간 30면에서 "일본 총리가 야스쿠니 신사에 참배하는 것에 찬성하십니까? 반대하십니까?"라는 질문에 20대에서 찬성 60%, 반대 15%였으며, 30세 이상에서는 찬성 59%, 반대 22%가 나왔다고 보도했다. 또한 이와 함께 진행한 내각 지지율 조사에서 "아베 내각을 지지하십니까? 지지하지 않으십니까?"라는 질문에 20대에서 '지지' 53%, '지지하

지 않는다' 33%였으며, 30세 이상에서는 '지지' 55%, '지지하지 않는다' 33%였다고 밝혔다. 아사히신문은 2014년 1월 25일~26일 실시한 정례 여론조사에서도 아베의 야스쿠니 참배에 대한 의견을 물었는데, 이 조사에서는 긍정평가 41%, 부정평가 46%였다.

- 교도통신은 2013년 12월 28일~29일 긴급 전화 여론조사를 실시해 아베의 야스쿠니 참배에 대한 의견을 물었는데, 긍정평가 43.2%, 부정평가 47.1%였다. 또한 아베 내각의 지지율은 55.2%전월 대비 1.0 pp * 증가, '지지하지 않는다'는 32.6%전월 대비 0.4pp 감소였다고 보도했다.

* 퍼센트 포인트(pp, %p)는 두 백분율과의 산술적 차이를 나타낼 때 쓰는 단위이다.

- 산케이신문과 FNN의 공동 여론조사에서는 아베의 야스쿠니 참배에 대해 '평가하지 않는다'가 53.0%, '평가한다'가 38.1%로 부정 비율이 긍정을 크게 웃돌았다. 다만, 20대와 30대에서는 긍정평가가 조금 더 높았다.

비판 ♟

아베의 2013년 12월 26일 야스쿠니 신사 참배에 대해 다음과 같은 비판이 있었다.

- 미국 백악관은 아베의 야스쿠니 신사 참배에 관한 성명을 일체 발표하지 않았지만, 주일 미국 대사관은 2013년 12월 26일 "일본은 소중한 동맹국이자 우방국이지만, 주변국과의 긴장을 악화시키는 행동을 취한 데 대해 실망하고 있다."라는 성명을 냈다.

- 미국 국무부의 젠 사키 대변인은 "야스쿠니 참배에 관한 성명을 내는가."라는 질문에 대해 "주일 미국 대사관의 성명을 보라."며 답변을 피했다. 이후 2013년 12월 30일, 사키 대변인은 주일 미국 대사관이 12월 26일 내놓은 "실망하

고 있다_{disappointed}"라는 표현을 두고 "'실망'이라는 말은 아베 총리의 야스쿠니 신사 참배 자체를 논평한 것이 아니라 중국 및 한국과의 관계 악화를 우려한 것이다.", "이견이 있을 때 서로 솔직하게 소통할 수 있다는 것은 서로가 긴밀한 관계라는 증거이다.", "일본은 소중한 동맹국이자 우방이며, _{이번 아베 총리의 야스쿠니 신사 참배는} 미일 관계 전체에 영향을 주지 않을 것이다."라고 말했다.

- 유럽 연합_{EU} 대변인은 아베의 야스쿠니 참배에 우려를 표명하고, 한중일 각국에 대해 "EU는 긴장을 고조시키는 행동을 피하고 외교를 통해 싸움을 해결할 필요성을 늘 강조해왔다."라고 말하고, 동북아 지역의 장기적 안정을 위해 당사국이 건설적인 관계를 쌓기를 촉구했다.

- 중화인민공화국과 대한민국의 주일 대사는 아베의 참배에 항의의 뜻을 표명했다.

- 대한민국의 주요 신문 중 하나인 조선일보는 "일본의 주요 6개 신문 중 아사히, 마이니치, 니혼케이자이, 도쿄 등 4개 신문은 사설을 통해 아베 총리를 비판했다. 평화주의를 지키려는 일본 국민과 아베 총리를 분리하여 일본 내에서 양심적인 목소리를 높이려면, 한국은 대응을 오로지 '반일' 감정으로만 이어갈 것이 아니라 보다 고도의 차원에서 접근할 필요가 있다. 일본 국내외에서 아베 총리에 대한 비판을 높여서 그 자리를 잃게 한다면 이 탈선에도 반드시 제동이 걸릴 것"이라고 보도했다.

- 중화민국_{대만}의 마잉주 총통은 "중화민족의 한 사람으로서 일본 정부가 주변국의 상처를 생각하지 않고 이런 행동을 취한 것은 이해하기 힘들며, 일본에 실망했다."라고 자신의 페이스북에서 밝혔다. 이후 총통부 대변인은 "제2차 대전 이후의 국제 질서에 대한 도전에 평화를 사랑하는 사람이 단호히 반대하는 것은 당연하다."라고 말했다.

일본 우익 위협 속, 야스쿠니 반대 시위

자료 : newcham.net

- 교도통신은 미국 월스트리트 저널이 "일본 군국주의 부활에 대한 공포를 자국의 이익 확대의 빌미로 삼고 싶은 중국 정부에 대한 '선물'이다."라는 비판적 입장을 보였다고 보도했다.

- 민주당 대표인 가이에다 반리海江田万里는 "과거 일본 역사의 부정적 측면에서 벗어나야 한다. 일본의 주체적인 판단으로 대승적인 입장에 서서 참배를 중단해야 한다."며 야스쿠니 신사는 일본 역사의 어두운 면이라는 생각을 드러내며 아베를 비판했다.

- 러시아 외교부 정보국장은 12월 26일 성명을 통해 "이런 행보에는 유감을 표명하지 않을 수 없다."며 비판했다.

- 대한민국 외교부 대변인은 2014년 1월 23일의 정례 브리핑에서, 세계 경제 포럼 연차 총회에 참석한 아베 총리가 "야스쿠니 참배를 이해해 달라."고 요구했던 것에 대해 "야스쿠니 신사를 참배하면서 한일 우호를 말하는 것이 얼마나 모순된 것인지, 한국뿐만 아니라 전 세계 언론과 지식인, 양식 있는 사람들이 목소리를 높이고 있다. 이 목소리가 안 들린다는 게 이해가 안 된다."라고 비판했다. 이어 "야스쿠니 신사 참배는 제국주의 시대에 일본이 저지른 잘못을 반성하지 않는 것과 같다. 총리 등 지도자가 야스쿠니 신사를 참배하지 않는 것이 한일 우호, 동북아 지역 안정의 출발점이다."라고 다시 한 번 강조했다.

- 컬럼비아 대학교 교수인 제럴드 커티스는 강연에서 "아베 신조의 참배는 일본의 국익에 전혀 도움이 되지 않는다."라고 비판하였고, 이어 "재참배 여부는 중국과의 외교 협상의 거래 수단이 된다."라고 말했다. 커티스는 "아베 총리는 총리 취임 후 1년간 이곳을 방문하는 것을 자제했으나 한중 양국으로부터 얻은 것이 없었다. 그래서 참배를 한 것이다. 그러나 참배를 했다고 해서 두 나라와의 관계가 더 악화되는 것은 아닐 것이다."라고 지적했다. 이후 "이번 참배에 대한 중국의 태도가 비교적 억제되고 있다."며 재참배 여부가 중일 관계에 있어 국면 지렛대 역할을 할 수 있을 것이라고 밝혔다. 커티스는 미국 정부의 '실망' 입장 표명에 대해서는 "아베 총리의 입장에서는 충격적이었겠지만 세계는 변화하고 있다. 중국이 대두하고 있다는 새로운 현실을 깨닫지 않으면 안 된다."라고 말했다.

- 월스트리트 저널은 2014년 1월 23일 전자판에서, 복수의 미국 정부 당국자의 말을 인용해 "아베 신조가 야스쿠니 신사 참배를 되풀이 하지 않는다는 보장을 미국 정부가 일본 정부에 비공식적으로 요구하고 있다."고 전했다. 또

아베 "위안부 문제, 최종적·불가역적으로 해결되게 됐다."

자료 : news.sbs.co.kr

"이는 중일 관계가 더욱 악화될 것을 우려한 것으로 보인다."라고 보도했다. 이후 월스트리트 저널은 "미국 정부는 참배 후에 워싱턴과 도쿄에서 열린 일본 측과의 '일련의 회담'을 통해, 아베가 주변국을 화나게 하는 언동을 삼가도록 요청했다. 또 한미일 동맹을 저해하고 있는 한일 관계의 개선을 위해 한국 측을 끊임없이 설득할 것을 촉구하고, 위안부 문제에 적절히 대처할 것도 요구했다. 또 앞으로 과거 침략과 식민지 지배에 대한 사죄를 재확인할 것을 검토하도록 아베 총리에게 촉구할 것으로 알려졌다."라고 보도했다. 미국 국무부 부대변인은 이날 기자회견에서 이러한 월스트리트 저널의 보도에 대한 질문을 받자 "사실인지 나는 모른다."라고 답했다.

인간 아베 신조

인 물

좌우명 ♟

요시다 쇼인吉田松陰이 말한 "지성至誠적이면서도 움직이지 않는 것, 이것이야말로 드러나지 않는 방법이다." 및 "초심을 잊지 말자."이다. 일본 국회 헌정기념관에는 아베가 직접 붓글씨로 쓴 이 두 명언이 전시되어 있다.

즐겨 읽은 책 ♟

소설가 후루카와 가오루古川薰의 《유혼록留魂錄의 세계》 '유혼록'은 요시다 쇼인이 지은 것이다.

존경하는 인물이나 좋아하는 인물 ♟

에도 막부江戶幕府 말기의 사상가인 요시다 쇼인을 존경한다. 아베의 '신조晋三'라는 이름도 요시다 쇼인이 다녔던 학당인 쇼카손주쿠의 문하생이었던 다카스기 신사쿠高杉晋作의 '신晋, しん'에서 따온 것이다. 이는 아버지 아베 신타로安倍晋太郎 또한 마찬가지이다.

본인이 내각관방부장관이었던 시절 총리였던 고이즈미 준이치로小泉純一郎와 모리 요시로森喜朗를 존경한다.

이시하라 신타로石原慎太郎를 '정치인 중에는 드문 타입', '늘 도전적인 이케멘*'이라고 평가하였고, 학생 시절에는 아버지인 아베 신타로

> * 이케멘(일본어 : イケメン) 또는 이케맨은 미남(美男)을 뜻하는 일본어 속어이다.

를 만나기 위해 자택을 방문한 이시하라로부터 《태양의 계절》 문고본을 받았을 때 이시하라가 "더욱 새로운 것을 사라."는 말을 본인에게 한 이후부터 이시하라를 동경하고 있다.

일본 이시하라 우익 신당 '태양의 당' 출범

자료 : yna.co.kr

패션 ♟

추위를 많이 탄다. 따라서 일본 정부의 '쿨 워크' 정책의 일환으로 여름철 국회 내에서 와이셔츠, 넥타이 차림을 하도록 하는 규정이 도입되었음에도 아베는 에어컨 바람이 차갑다는 이유로 정장 차림을 고수했다.

그러나 도쿄 신문이 실시한 인터넷 조사에서 아베가 '쿨 워크' 차림이 어울리는 정치인 순위 2위를 차지하는 결과가 나오면서 이러한 옷차림에도 변화가 나타나기 시작했다.

이후 2002년, "깨끗함을 중요시하여 패션을 고른다."는 평가를 받으며 정치·경제 부문 '베스트 드레서 상'을 수상하였다. 아베는 수상 소감으로 "솔직히 말해서 항상 내 옷을 체크해주는 아내가 받아야 하는 상이다."라고 말했다.

양궁 ♟

대학 시절 양궁을 즐겼던 아베는 2005년 전☆일본 양궁연맹의 제6대 회장으로 취임하였다. 이후 2007년 3월 25일, 회장에 재추천되었고 아베가 이를 수락하면서 이사회에서 2기 회장이 되었다. 그러나 아베가 총리 재임 중이었기 때문에 사실상 양궁연맹 부회장이 직무를 대행하게 되었다. 2006년 4월 28일, 후지 TV의 오락 프로그램에 출연해 MC인 아카시야 산마와 함께 양궁 대결을 펼치기도 했다.

골프 ♟

골프도 아베의 취미 중 하나로, 과거 미국 유학 기간 동안 현지에서 만난 친구와 함께 골프를 즐겼다고 한다.

야구 ♟

어릴 적 일본 프로야구 산케이 아톰스_{현재의 도쿄 야쿠르트 스왈로스}의 팬이었다. 아베는 과거 고베 제강소 근무 기간을 회상하며 "그 회사 직원은 거의 모두 한신 타이거스 팬이었다. 한신 팬 없이 그 회사는 돌아갈 수 없을 정도였다."며 농담을 던지기도 했다. 2017년 제48회 중의원 의원 총선거 기간에는 효고현兵庫縣 제2구에 출마한 공명당 아카바 카즈요시赤羽—嘉 후보의 고베시 기타구 오카바 역 앞 지원 유세에서 "오늘10월 14일 열린 클라이맥스 시리즈 1차전에서 한신 타이거스가 이겼다."라고 말하기도 했다. 또한 본인이 '안티 교진巨人'이라고 밝혔으며, 요미우리 자이언츠에서 선수와 감독을 모두 거친 야구선수 출신 정치인 호리우치 쓰네오堀内恒夫에게는 국회 질의·응답 때 농담 섞인 견제를 하기도 했다.

좋아하는 음식 및 요리 솜씨 ♟

과거에는 자기 전에 비디오를 보면서 아이스크림과 전병을 먹는 것을 좋아했으나, 아내의 조언에 따라 그만두었다. 2012년에는 코스 요리보다는 스스로 주문해 먹는 일품요리를 좋아한다고 말했다. 바비큐를 해 먹을 때는 타바스코 소스가 들어간 쫄깃한 야키소바를 만들어낼 수 있다.

좋아하는 TV 프로그램 ♟

코미디를 좋아했고, 특히 타모리*의 팬으로서 후지 TV 계열의 코미디 프로그램인 '보캬부라 천국ボキャブラ天国'을 즐겨 봤다. 또 본인의 취향은 아니지만 폭소문제가 출연하는 프로그램에 직접 출연하였고, 봄철 벚꽃 축제에서 이들과 사진을 찍기도 했다.

* 본명: 모리타 카즈요시(森田—義)

흡연 **1**

자신의 흡연 경력에 대해 "24, 25세 정도까지 담배를 피웠고, 그 후에는 그만두 었다."라고 털어놓은 뒤 "피울 때는 간접흡연의 입장에 있는 사람들이 불쾌해 한 다는 것을 잘 몰랐지만 끊고 나니 잘 알게 되었다."라고 말했다.

아베, 트럼프와 '골프 외교'

자료 : dreamwiz.com

인간 아베 신조

가족관계

아베의 집안에는 정치가를 지낸 이들이 많은 것으로 잘 알려져 있다. 조부는 중의원 의원을 지낸 아베 간安倍寬이고, 외조부는 제56·57대 총리를 역임한 기시 노부스케岸信介, 외종조부는 제61·62·63대 총리를 지낸 사토 에이사쿠佐藤榮作, 고조부는 1894년 경복궁을 점령하고 청일 전쟁의 도화선이 되었던 오시마 요시마사大島義昌로 요시다 쇼인吉田松陰의 정한론征韓論[*1]을 배우기도 하였다. 아버지는 일본

[*1] 정조론(征朝論)이라고도 하는데 19세기 말 당시, 일본이 조선을 정벌해야 한다는 사상 또는 신념이다. 1860년대의 일본 군국주의자에게서 나왔으나 1884년 갑신정변 실패 이후에는 조선에 호의적이던 인사들에게서도 정한론이 대두되었다.

의 외무대신을 지낸 아베 신타로_{安倍晉太郎}, 남동생은
참의원인 기시 노부오_{岸信夫}*²이다. 부인은 모리나가
제과 사장 마쓰자키 아키오_{松崎昭雄}의 딸 아베 아키
에_{安倍昭惠}이다.

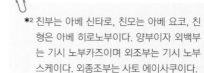

*2 친부는 아베 신타로, 친모는 아베 요코, 친
형은 아베 히로노부이다. 양부이자 외백부
는 기시 노부카즈이며 외조부는 기시 노부
스케이다. 외종조부는 사토 에이사쿠이다.

아베 신조 부부의 결혼식 사진

자료 : japantruestory.history.com

부인인 아베 아키에는 열렬한 한류 마니아로, 텔레비전 드라마《겨울연가》에
출연한 배우인 고_故 박용하의 팬이다. 아베 부부는 슬하에 자녀를 두지 않았는
데, 아베 아키에 여사는 2006년 11월 문예춘추에 기고한 수기에서 자신이 불임
이라는 사실을 언론에 공개했다.

인간 아베 신조

●

기 타

　일본 경제의 고질적인 문제였던 디플레이션 해결을 위해 집권하면서부터 아베 노믹스로 불리는 강력한 양적 완화 정책을 실시하였다. 이로 인해 일본 증시에 활력이 붙고 일본 대기업들의 수출 경쟁력 증가 등의 효과를 거둔 한편, 수입 원자재 가격 상승 및 재정 부채 증가 등 부작용도 겪고 있다. 또한 이로 인해 엔화 가치가 떨어져 대한민국 기업들의 수출 경쟁력에도 많은 영향을 끼치고 있다.

　외교적으로는 미일 동맹을 최우선시하는 등 대미 관계에 중점을 두고 있다. 군사적으로는 집단적 자위권을 추진, 전후 전쟁을 금지한 평화헌법을 개정하여 일본을 전쟁을 할 수 있는 '보통국가'로 만드는 일을 추진하고 있다. 중국과 한반도에 대한 과거의 식민지 침략에 대해서는 "침략의 정의는 학계에서도, 국제적으로

군국주의자라고 불러도 좋다!

자료 : japantruestory.history.com

도 정해지지 않았다."고 주장하는 등의 행보를 보여 제2차 세계 대전 때 피해를 입은 유럽 국가, 한국, 중국 등의 비판을 샀다.

그가 총리직에 복귀한 지 1년이 되는 2013년 12월 26일, 선거로 공약한 대로 그는 야스쿠니 신사 참배를 행하여 한국 및 중국에서 논란이 되기도 했다. 참배 후 그는 "일본을 위해 귀중한 생명을 희생한 영령에게 존숭의 뜻을 표했다."라고 말한 데 이어 "중국인들 및 한국인들의 기분을 상하게 할 생각은 털끝만큼도 없다."고 언급하기도 했다. 국가를 위해서 순사殉死한 사람들의 영령을 위로하는 것은, 국가지도자로서 당연한 책무라는 것이 그의 주장이었다. 앞서 그는 1차 아베 내각 시절, 야스쿠니를 참배하지 못한 것에 대해 '통한의 극치'라고 밝힌 바 있다.

한편 대한민국 등에서는 이에 관한 비판 여론이 강하게 표출되었다.

자위대를 군대로 전환하기 위한 개헌 문제나 과거사 인식 문제 등으로 한국, 중국 등을 비롯한 제2차 세계대전 피해국들로부터 비판의 대상이 되었다. 한편 아베는 비정규직 처우개선, 최저임금 인상, 동일임금 동일노동 등 노동자 권리 향상, 대학 무상화 정책, 다문화 정책 등 일부 진보적인 정책을 펴고 있다. 공통적으로 출산율 및 인구 감소에 따른 문제 개선과 연관된 해결책이다.

일본 정치권서 교육 포퓰리즘 달아올라(2017)

자료 : news.joins.com

망령의 포로
문재인과 아베 신조

일본회의의
정세

일본회의의 정체

개 요

일본회의日本会議는 1997년에 창립된 일본 최대 규모의 극우 단체이다. 1997년 5월 30일 '일본을 지키는 국민회의'와 '일본을 지키는 모임'이 통합해 발족한 임의 단체이며 본부는 도쿄도 메구로구 아오바다이青葉台에 있고, 현재 회장은 다쿠보 다다에田久保忠衛*이다.

일본의회 국회의원 간담회, 일본의회 지방의원 연맹, 일본 여성 모임은 일본회의의 관련 단체이다. 기관지 《일본의 숨결》日本の息吹을 매달 발행하고 있다.

약 38,000명2016년 초 현재의 회원과 243개 지부, 약 1,700명의 지방의회 의원이 활동하고 있는 일본회의는 일

* 개헌 운동을 추진 중인 민간단체 일본 회의의 회장을 맡고 있는 교린(杏林)대 명예교수.

아베 총리 경제도발 배후 세력 일본회의 정체

자료 : wjsfree.tistory.com

본 최대 우익 단체 또는 아베 정권을 조종하는 거대 세력으로 불리기도 한다.

아베 총리의 정책적 성향에 큰 영향을 미친 일본회의는 현재 일본 최대의 보수계 단체이다. 일본회의는 정계, 재계, 사법, 교육, 종교 등의 보수계 단체 및 개인과 연계된 우익 및 보수단체의 결합체이자, 우익의 내셔널 센터로 기능하고 있으며, 보수계 단체 및 우익 성향 단체 간의 연락기관의 역할도 하고 있다.

일본회의는 일본 최대 규모의 우익 정치 결사로, 정계·재계·문화·종교·예술 분야 등 각계각층의 인사들이 결집해 만들어진 조직이다. 평화헌법으로 대표되는 현행 전후체제를 부정하고, 전쟁 전 및 전시의 일본 체제와 사상을 복원하는 것을 그 목표로 하고 있다. 이를 위해 헌법 개정·수정주의 역사 교육·제국 시기의 법제 보존 및 부활 등을 추진하고 있고, 이 중 상당 부분을 이미 실현시킨 단체이다. 일본의 모든 우경 활동과 논란들을 추적해보면 정점에 항상 이 조직이 있을 정도다. 일본 종교계 우익의 구심점이 신사본청이라면, 정치-사회계에서는 바로 이 일본회의가 있다.

일본 내의 주요 우익 집단들 중에서도 가장 자금력과 정치적 영향력이 강한 조직들이 협력해서 만들어진 조직인 만큼 일본사회에 있어서 강력한 영향력을 보유하고 있으며, 하부에 수많은 프론트 조직을 두고 있어 그 규모가 매우 방대하다. 일본 아베 정권 및 자민당과의 긴밀한 연계가 의심되고 있다. 리버럴liberal 성향 외신들은 이 단체를 국수주의 로비 단체라고 평가하는 경우가 많다.

아베 2기 내각 19명 중 일본회의 소속 15명
★표는 일본회의 직책

일본회의 국회의원 간담회 소속 회원들

유임

신임

가시다 후미오 외상 ★회원

야마리 아키라 경제재정담당상 ★회원

시모무라 하쿠분 문부과학상 ★부회장

스가 요시히데 관방장관 ★부회장

아소 다로 부총리 ★특별 최고 고문

다카이치 사나에 총무상 ★부회장

야마타니 에리코 납치담당상 ★정책심의회장

이시바 시게루 지방창생담당상 ★상담역

시오자키 야스히사 후생노동상 ★회원

에토 아키나리 방위상 ★회원

다케시타 와타루 부흥상 ★회원

야마구치 순이치 과학기술담당상 ★회원

모치즈키 요시오 환경상 ★회원

아리무라 하루코 여성활약상 ★회원

일본회의

광역지자체 47개 본부
전국 228개 지부
총 회원 3만5000명
가맹단체 회원 800만 명

아베 총리 ★ 특별 최고 고문

일본회의 소속 각료 얼마나 늘었나

아베 1기 내각
7명

1기 후반
13명

2기
15명

아베 내각 접수한 극우 대본영 '일본회의'

자료 : news.jtbc.joins.com

일본회의의 정체

상 세

1997년 5월 30일, '일본을 지키는 국민회의'와 '일본을 지키는 모임'이라는 두 단체가 통합해 발족한 민간조직이다. 2017년 8월 현재 회장은 다쿠보 다다에이다. 회원 수는 2017년 기준 약 4만 명이고, 일본 도도부현 47개 전체에 본부가 있으며, 시정촌 241곳에 지부를 두고 있다. 브라질에도 해외 지부를 두고 있다.

일본 국회의원 중 약 270여 명 정도가 일본회의 회원이라고 한다. 이는 일본 국회의원의 40%에 달하는 숫자이다. 그뿐만 아니라 의원연맹 하의 일본회의국회의원간담회라는 것도 결성해 현재 원외, 원내 포함해 국민민주당, 일본 유신회도 있으며, 95% 이상이 자민당이다. 그 외에도 지방의원, 경제인 동지회까지 결성한 상태이다. 일본정책연구센터라는 싱크탱크도 가지고 있다.

일본회의 창립 멤버인 현직 총리 아베 신조를 포함해서 4차 아베 내각을 기준으로 총 20명의 각료 중 15명이 일본회의 회원이다. 무려 75%에 달하는 수치이다. 극우적인 말을 자주 하는 스가 요시히데菅義偉, 아소 다로麻生太郎가 일본회의 멤버이며, 자민당 정조회장 기시다 후미오와岸田文雄 도쿄도지사 고이케 유리코小池百合子도 회원이다. 일본의 대표적 우익사관론자인 가세 히데아키加瀬英明 역시 이 단체의 대표회원을 역임하였다.

공식 회원만 해도 4만 명에 달하는 대규모 조직인 만큼 엄청난 자금이 움직이고 있는데, 단순 연간 회비 수입만으로도 1년에 약 4억 엔을 벌어들이고 있고, 협력 단체의 기부금과 협찬금도 상당하다고 알려져 있다. 실제로 일본회의가 본격적으로 발족하기 이전인 70년대 중반 메이지신궁은 원호법제화 운동 성공을 위해 억 단위의 돈을 아무런 조건도 없이 마구 뿌려댈 정도로 막강한 자금력을 자랑했는데, 이런 단체들이 모여 있는 만큼 방대한 양의 자금이 움직이고 있을 것으로 추정되고 있다.

이러한 자금은 일본 전국의 지방조직을 만들어 영향력을 확대하는 데에 사용되고 있는데, 실제로 일본회의는 일본 전국에 243곳의 지부를 두고 있고, 이들 지부를 통해 자신들의 영향력이 미치는 의원들을 키워나가는 데에 상당한 노력을 기하고 있다. 실제로 일본회의 사무총국의 홍보담당자는 최종적으로는 일본 전체 소선거구 수와 비슷한 수인 300개의 지부를 각 선거구에 설립하여, 모든 선거구에서 자신들의 영향력이 미치는 후보를 양성하는 것이 목표라고 설명하기도 했다.

궁극적으로 천황제 국가의 복원을 꿈꾸는 신흥종교 생장의 집生長の家 원리주의자 무리가 그 배후라는 설이 있다. 그런데 곧 후술하겠지만 '천황제 국가의 복원'을 노린다면서 한편으로는 황태자였던 나루히토 덴노天皇와 노골적으로 갈등을 빚었던 모순적인 집단이기도 하다.

그동안 한국에서는 잘 알려지지 않은 조직이었지만, 2019년 일본의 대한국 수출 통제와 이로 인한 일본 불매운동이 벌어지는 등 2019년 들어 한일 양국의 관계가 최악으로 치닫고 있어 한국 내에서도 일본회의가 주목받기 시작했다. 아베 정권 들어 극심해지는 일본의 우경화에 대해 이해하려면 일본회의에 대한 분석이 필수적이기 때문이다. 조국 전 청와대 민정수석이 수석보좌관 회의에 일본회의의 정체를 파헤친 책《일본회의의 정체》를 들고 참석해 눈길을 끌기도 했다.

일본군 위안부에 대해 다룬 영화《주전장》에서도 일본회의가 등장한다. 위안부 문제를 소재로 한 다큐멘터리 영화지만 우익사상의 기원과 일본회의에 대한 조사 또한 겸해진 작품이기도 하다.

매달《일본의 숨결》日本の息吹이란 기관지도 발행한다. 표지 그림부터가 일본의 이상적인 가족의 모습이나 명절을 쇠는 모습 등 전통적인 가치관을 반영한다.

《일본의 숨결》(日本の息吹) 표지

자료 : nipponkaigi.org

설립 및 기원

일본회의는 공식적으로는 1997년 5월 30일, 유력한 우파단체였던 '일본을 지키는 국민회의'와 '일본을 지키는 모임'이 통합하면서 결성되었다. 그러나 양 조직의 실질적인 사무를 이끌어나가던 핵심 인사들이 설립 이전부터 동일했던 점이나, '일본을 지키는 모임'이 두각을 드러낸 1979년경의 원호법제화 운동에서 중심적인 역할을 맡은 '일본청년협의회'의 인사와 조직이 이후 '일본을 지키는 국민회의'에서도 핵심을 차지한 것을 보면 사실상 이 두 단체는 1970년대 후반부터 그 행동과 목표를 같이 해왔다고 볼 수 있다.

즉, 실질적인 일본회의의 활동은 1970년경부터 시작된다고 볼 수 있다.

일본을 지키는 국민회의

　일본회의의 근간이 되는 조직 중 하나인 '일본을 지키는 국민회의'는 1981년 10월경, 당시 성공리에 목표를 달성한 원호_{연호}*¹법제화 운동을 추진한 조직들과 인원을 기반삼아 탄생하였다. 헤이세이_{平成}나 쇼와_{昭和} 등 일본 특유의 연호 체계는 전후 GHQ*²에 의해 그 내용이 황실규범에서 삭제되어 사용을 강제할 법적 근거가 사라진 상태였는데, 이를 복원해서 지켜나가자는 운동이었다. 이 운동은 당시 여러 갈래로 나뉘어 있던 일본 우파계 조직이 한데 모여서 활동하는 계기가 되었으며, 이후 일본 우파가 전개하는 '국민운동'의 큰 기반이 되었다.

　천황 재위 50년을 기념하는 1975년부터 시작된 이 운동은 1979년 원호법의 제정을 통해 그 목표를 달성한 후, 함께 운동에 참여했던 우파조직들이 이대로 해산하기에는 아깝다는 공감대에서부터 시작해 재계, 정계, 학계, 종교계에 흩어져 있던 우파인사 대표들이 한데 모여 '일본을 지키는 국민회의'를 결성하게 된다.

　발족 당시 의장으로는 유엔 대사 등을 지낸 가세 도시카즈_{加瀬俊一}가 참여하였고, 사무총장으로는 메이지신궁의 부대표인 소에지마 히로유키가 그 역할을 맡는 등 당시 일본의 많은 고위층들이 이 국민회의라는 조직에 참여하고 있었다. 특히 이 국민회의는 고등학교 일본사 교과서인 신편 일본사를 편찬하여, 오늘날 일본 교과서 왜곡의 핵심이 되는 복고조의 역사관을 주창하는 데에 큰 영향을 미쳤다.

---

*¹ 연호를 일본에서는 겐고(元号, 원호)라고 부른다.
*² General Headquarters의 약자로서, '총사령부'라는 뜻인데 일본에서는 주로 제2차 세계대전 이후에 미군 연합군이 일본에 막부 군정을 펼치기 위하여 설치한 사령부를 뜻한다.

이 조직에 가입한 인원 중 상당수가 전후 탄생한 우파 단체들에 소속되어 있었으며, 일부는 현재까지도 극우 및 신우익 단체에서 활발한 활동을 이어오고 있다. 이 '국민회의' 계통의 현대 일본국 역사적 우파 조직을 나열하면 다음과 같다.

- 일본 일수회_水会
  - 스즈키 구니오鈴木邦男가 대표로 있는 것으로 유명하다.
- 일본학생동맹
- 방패회楯の會
  - 미시마 유키오三島由紀夫가 1968년 결성한 민간조직
  - 미시마 유키오 연구회

할복자살한 탐미주의 작가 미시마 유키오
자료 : windck7.tistory.com

일본을 지키는 모임 ♟♟

 다른 한 중심축인 '일본을 지키는 모임'은 '국민회의'보다 좀 더 앞선 1974년에 결성되었다. 우파계 종교인사들이 중심이 되어 결성하였으며, 그 시작에는 임제종 승려 아사히나 소겐朝比奈宗源이 있었다. 가마쿠라 엔카쿠지円覚寺 주지를 맡기도 했던 아사히나는 이전까지는 평화운동에 주로 참여하던 종교인이었지만, 70년대 초반 이세신궁을 참배하던 도중 갑자기 하늘의 계시를 받았다고 주장하며, 이전까지 알고 지내던 메이지신궁과 도미오카하치만구富岡八幡宮 등의 주요 종교단체들에게 '일본을 지키는 모임'을 창설하자고 호소하면서 이들을 모아 조직을 형

생장의 집

자료 : ko.wipedia.org

성하였다.

그리고 이 과정에서 전쟁 당시 '천황 신앙'을 신자들에게 호소하며 전쟁 선동과 선전에 앞장섰으며, 전후에도 헌법을 부정하는 등의 저작을 내며, 당시 막강한 교세를 자랑하던 신흥종교단체 '생장의 집'生長の家의 교주 다니구치 마사하루谷口雅春가 가담하여 중요한 역할을 맡았다. 다니구치 마사하루는 조직의 설립 이전부터 아사히나 소겐과 회동을 가져왔으며 이후 '일본을 지키는 모임', 더 나아가 '일본회의' 전체의 조직의 인적 구성 측면에 다대한 영향을 끼쳤다.

일본 신토의 중심이자 신사본청에 막강한 영향력을 행사하는 메이지신궁의 주요 인물들과, 신흥종교단체들 중에서도 큰 규모를 자랑하는 생장의 집이 만나면서 '일본을 지키는 모임'은 일본 내 우파조직들 중에서도 종교계 인사들이 모인 막강한 조직이 되었고, 이후 천황 즉위 50주년 봉축운동이나 원호元號법제화 운동을 추진하며 크게 두각을 나타내게 된다.

신사본청 ♟

이세신궁伊勢神宮을 본종으로 하는 신사본청神社本庁은 일본 신사계의 중심이자 정점에 군림하는 조직이며, 일본 전국에 퍼진 8만여 개 이상의 신사 중 9할 이상을 그 산하에 두고 있다. 여기에 더해 일본에서 신관이 되기 위해서 취득해야 하는 신관 자격을 수여하는 곳 역시 신사본청이며, 이름만 들어도 안다는 메이지신궁이나 이세신궁 등 부유한 종교법인들이 다수 소속되어 있어 그 자금력과 인원 동원 능력이 어마어마하다.

신사본청은 전후 GHQ가 '신도지령'을 발표해 국가신토国家神道를 완전히 철폐하면서 탄생한 조직이라 표면적으로는 국가신토와의 관계를 단절하고 있으나, 실제로는 '메이지의 정치체제와 이념을 부활시킬 발판이 되는 시책을 강하게 지원'

하면서 국가신토의 부활을 꿈꿔왔다. 신사본청이 발급하는 신관 자격을 취득하기 위해서 수료해야 할 교육과정에서 그 면면이 드러나는데, 신관 자격을 취득하는 학과를 운영하는 두 사립대학은 모두 국가신토를 뿌리로 하고 있으며, 그중 하나인 고갓칸 대학皇学館大学은 지금도 '황국의 도의를 가르치고 황국 문학을 배워 운용하는 것'을 건학의 이념으로 받들고 있다. 여기서 말하는 '황국'이란 '천황이 통치하는 나라, 천황을 최고 정신적 통합자로 섬기는 나라'라는 의미다.

　이러한 신사본청의 극우 성향, 전쟁 전으로 회귀하고자 하는 본심은 후술할 생장의 집 정치연맹의 조직에 자극을 받아 신사본청이 창설한 '신토정치연맹'神道政治連盟의 정책목표에서 뚜렷하게 드러난다.

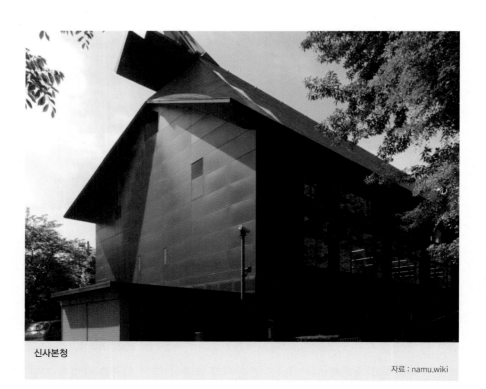

신사본청

자료 : namu.wiki

- 세계적으로 자랑스러운 황실과 일본의 문화전통을 소중히 하는 사회건설을 지향한다.
- 일본의 역사와 특성을 고려한 자랑스러운 신헌법의 제정을 지향한다.
- 일본을 위해 고귀한 생명을 바친, 야스쿠니靖國의 영령에 대한 국가의례 확립을 지향한다.
- 일본의 미래에 희망을 품을 수 있는, 마음이 건강한 아이들을 키우는 교육 실현을 지향한다.
- 세계로부터 존경받는 도의 국가, 세계에 공헌할 수 있는 국가확립을 지향한다.

심지어 이들은 이러한 이념에 찬동하며 이를 정책으로 실현시키기 위해 활동하는 하부조직인 '신토정치연맹 국회의원간담회'를 조직하였으며, 여기에 가담한 국회의원의 수는 중참 양원을 합해 304명에 이르며 당적을 초월한 결사를 이루고 있다. 일개 종교가 자신들의 교리를 정치에 투영하기 위해 국회의원의 4할 이상을 장악하고 있는 것이다.

신사본청의 힘은 정계 장악에만 그치지 않는다. 일본회의 성립의 뿌리가 되는 운동인 천황 즉위 50주년 봉축 행사부터 현재 이슈가 되고 있는 일본회의 주도의 신헌법 제정을 위한 국민 천만 명 서명 운동에 이르기까지, 신사본청은 소속되어 있는 신사들을 최대한 활용하여 자금·인력·홍보를 지원해 왔다. 일본에서 부유함으로는 손꼽히는 메이지신궁이 봉축 행사 당시에 몇 억 엔에 달하는 자금을 내주었으며, 지금도 일본회의의 집회 활동에 들어가는 비용 중 30~40%를 늘 지원해오고 있다. 집회에 동원되는 인원에 대해서는 말할 것도 없으며, 신사본청 산하의 신사들 다수가 아베 정권이 주장하는 헌법 개정을 위한 국민 서명을 받는 홍보 부스를 운영하고 있다.

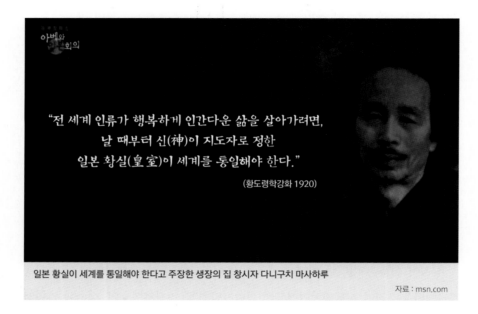

"전 세계 인류가 행복하게 인간다운 삶을 살아가려면,
날 때부터 신(神)이 지도자로 정한
일본 황실(皇室)이 세계를 통일해야 한다."

(황도령학강화 1920)

일본 황실이 세계를 통일해야 한다고 주장한 생장의 집 창시자 다니구치 마사하루

자료 : msn.com

일본회의 성립 이전부터 성립 이후 현재에 이르기까지, 신사본청과 신사본청이 대표하는 일본 신사계는 자금력과 인원, 그리고 '천황 중심 국가'라는 사상적 지향점을 제공해오는 뿌리이자 한 축이라 할 수 있다. 신사본청의 본종은 이세 신궁이나, 자금력이나 권력 측면에서는 메이지신궁이 핵심을 차지하고 있으며, 이는 이후 일본회의의 설립 과정에서 메이지신궁의 신관인 도야마 가쓰시가 핵심 역할을 한 것에서 잘 드러난다.

생장의 집生長の家

생장의 집은 1930년 다니구치 마사하루谷口雅春가 창설한 종교로, 다니구치 마사하루는 원래 오모토교大本教에서 편지 포교라는 일을 담당하던 인물이었다. 이후 오모토교를 탈퇴해서 개인잡지인 〈생장의 집〉을 발간하게 되는데, 이것이 바로

생장의 집 종교의 시작이다. 주요 교리는 다니구치 마사하루 자신이 생명의 실상을 깨닫고 있기 때문에, 자신이 쓴 저서를 열심히 읽기만 하면 모든 병이 치유되고 인생고가 해결된다는 흔한 사이비 종교의 모습을 띠고 있었으며, 역시 흔한 성공한 사이비 종교가 늘 그렇듯이, 실제로 병이 나았다는 신자가 쇄도하면서 그 교세가 급속도로 확장되었다.

여기까지는 일반적인 사이비 종교와 별 다를 바가 없으나, 다니구치 마사하루는 신흥종교를 세우기 이전부터 "일본은 세계의 지도국이며, 일본인은 세계의 지배자로서 신에게 선택받은 거룩한 백성이다."라고 주장하는 등 자민족 중심

다니구치 마사하루 「생장의 집」 쇼와 49년 7월호

자료 : bidbuy.co.kr

주의에 심취해 있었으며, 생장의 집이 교세를 확장하던 시기는 한창 태평양 전쟁이 임박한 시기였다. 이 시기 다니구치 마사하루는 "예수 그리스도도 천황에게서 비롯된 것이다."라는 식의 '천황 신앙'을 설파했으며, 이는 태평양 전쟁 발발 후에는 "대일본제국은 신국이며, 천황은 절대적인 신이다."라는 식의 극단적인 교리로 발전하게 된다.

이러한 '천황 신앙' 중심의 교리와 전쟁 당시의 광기를 발판으로 생장의 집의 교세는 어마어마하게 불어났으며, 그 교세는 육군과 해군에 전투기를 헌납할 정도에 이르렀다. 결국 종전 후 다니구치 마사하루는 GHQ에 의해 집필이 금지당했

으나, GHQ 체제가 종결된 후 생장의 집은 다시 활동을 시작, 전후 헌법을 '점령 헌법'으로 규정해 부정하고, 모든 주권을 천황에 봉헌해야 한다는 등의 극우적 발언을 담은 저작을 연이어 출간하면서 우파 사이에서 두각을 드러내었다.

이렇듯 전후 체제에서 두각을 드러낸 생장의 집은 1964년에 자신들의 교리를 정치에 반영하기 위해 정치결사인 생장의 집 정치연합_{이하 생정련}을 결성하였으며, 당시 전공투_{全共鬪}*가 맹위를 떨치던 안보투쟁 국면의 학생 사회에 영향을 끼치기 위해 생장의 집 학생회전국총연합_{이하 생학련}, 생장의 집 고교생연맹_{생고련}을 결성하였다. 생정련과 생학련 소속 인사들은 종교계 출신 인사가 대부분 그렇듯이 대다수가 다니구치 마사하루의 '천황 신앙'과 극우적 논조가 가득한 교리를 절대적인 진리로 체화하고 있었으며, 이러한 '진리'를 실현하기 위해 정력적으로 활동하면서 일본 우파 내에서 촉망받는 인사들로 성장하였다.

생정련은 적극적인 로비 및 지원을 통해 정계 인사들 사이에 영향력을 뿌리내리고, 자신들이 지지하는 국회의원 후보 17명 중 13명을 당선시키는 등 활발한 활동을 이어갔으며, 이 중 대표적인 사례가 전 참의원이며 노동성 장관이었던 무라카미 마사쿠니_{村上正邦}다. 이렇게 생정련의 지원을 받아 당선된 의원들은 교조인 다니구치 마사하루로부터 직접 지령을 받아 활동하며 생정련의 핵심 정책 목표 중 하나인 우생보호법 개정에 힘썼다.

생학련은 각 대학에서 전공투에 맞서 활발한 활동을 전개하였으며, 몇몇 대학

* 전학공투회의(全学共鬪会議)는 전국학생공동투쟁회의의 약자로, 1960년대 일본 학생운동 시기에, 1968년에서 1969년에 걸쳐 각 대학에 결성된 주요 각파의 전학련이나 학생이 공동 투쟁한 조직이나 운동체를 말한다. 약칭인 전공투(全共鬪)로도 불린다.

에서 우파계 학생조직이 학생회 선거에 승리하는 결과를 만들어냈고 이러한 성과를 바탕으로 우파계 학생회 전국 조직인 전국학생자치회연락협의회전국학협의 결성을 이루어냈다. 이렇게 성장한 우파 학생회 조직은 안보투쟁의 국면을 뒤집는 데 중요한 역할을 했고, 이후 일본 내 좌파 운동권 세력의 소멸이라는 전환을 이루어내는 데 크게 기여하였다. 이런 과정을 거쳐 성장한 생장의 집 계열 우파 활동가들은 이후 '일본청년협의회'를 조직하였으며, 이들은 '일본을 지키는 모임'과 '일본을 지키는 국민회의' 양쪽 모두에서 핵심 사무를 맡으며 우파 조직 실무진의 인적 구성의 핵심을 차지하게 된다.

그러나 이후, 교조인 다니구치 마사하루가 죽고 새로운 교조가 들어선 생장의 집은, 얼마 지나지 않아 생정련과 생학련 등 일체의 정치결사를 해산하고 정치활동의 중지와 특정 후보의 선거운동 지원 중지를 발표하며 정계와 스스로 단절하였다. 여기서 더 나아가, 최근에는 초대 교조의 극우적 사상을 비판하고 이런 교리에 따라 행동하고 있는 극우 인사들의 행적, 즉 일본회의의 활동과 아베 총리의 행동을 비판하는 성명을 내면서 교단의 성격이 완전히 바뀌었다.

따라서 현재 생장의 집은 일본회의 및 일본 내 우익과는 연관이 없으나, 이 종교 출신 인사들이 여전히 그 당시의 교리를 믿으며 그에 따라 행동하고 있고, 그러한 행동들이 일본회의의 운영과 행적에 큰 영향을 끼치고 있다고 보면 될 것이다. 아베 신조의 싱크탱크이자, 일본회의와의 연관성이 강하게 의심되는 일본정책연구센터의 장이자 아베 신조의 브레인으로 꼽히는 이토 데쓰오伊藤哲夫와 현 총리보좌관인 에토 세이이치衛藤晟一가 생학련 출신이다. 또한 일본회의의 성립에 결정적인 공헌을 하였으며, 1970년경 원호법제화 운동부터 지금에 이르기까지 일본회의의 모든 '국민운동'을 설계하고 실무를 책임져온, 현 일본회의 사무총장 가바시마 유조 역시 생학련 출신이다.

생장의 집 출신 3인방 : 가바시마 유조 일본회의 사무총장, 에토 세이이치 아베 보좌관, 이토 데쓰오 일본정책연구센터 소장

두 조직의 결합 ♟♟

이 두 조직이 결합한 데에는 당시 두 조직의 사무국이 하나였다는 점에서부터 시작된다. 이 두 단체는 당시만 해도 공식적인 간판을 달고 활동하는 단체가 아닌 어디까지나 우익 계열 유명인사들의 사모임에 가까웠고, 이 때문에 양 단체 모두에서 활동하는 이들이 사무국장 역할을 형식적으로 맡고 있었다. 당시 양 단체의 사무국장을 겸임하고 있었던 인물은 메이지신궁의 전 신관 도야마 가쓰시와 생장의 집 학생조직 출신이었던 가바시마 유조였는데, 원호법제화 운동이 성공적으로 마무리된 이후 이들은 서로 협력하여 양 조직의 임원회에 조직의 통합을 설득하였고, 이를 각 단체의 대표가 받아들이면서 1997년 일본회의가 탄

생하게 된다.

일본회의의 설립대회는 1997년 5월 30일 도쿄 기오이초紀尾井町에 있는 호텔 뉴오타니에서 이루어졌다. 당시 일본회의의 기록에 따르면 설립대회에는 약 1,000여 명의 우익 인사들이 집결하였는데, 신사본청 총장에서부터 당시 메이지대학의 총장, 유력기업가와 예술계 인사들에 이르기까지 분야를 막론하고 상당히 다양한 인사들이 참여했다고 기록되어 있다.

여기서 흥미로운 사실은 설립대회가 열리기 바로 전날인 29일 뉴오타니에서는 일본회의 국회의원간담회의 설립총회가 열렸었다는 점이다. 이전까지는 개별 의원들이 우익계 단체와 연동하여 활동하거나 소규모 단위의 파벌에서 함께하는 경우는 많았지만, 100여 명이 넘는 국회의원들이 이 총회에 참여했다는 기록을 통해 이 시점부터 본격적으로 우익계열 의원들의 대규모 결집이 시작되었다는 것을 알 수 있다. 실제로 일본회의 측 자료에 따르면 대리출석을 포함하여 설립총회에서는 115명이 참가하였고, 총회 이후 보름이 지나자 입회자 수가 2배가량 증가하여 중의원 133명, 참의원 71명이 이 모임에 이름을 올렸다.

일본회의 설립대회

자료 : news.kbs.co.kr

일본회의의 정체

주장과 활동

　"우리나라는 자연과 공생하면서 전통을 존중하고, 해외 문명을 받아들여 우리 것으로 승화하면서 국가건설에 최선을 다해 힘써왔다. 메이지유신으로 시작된 최초의 근대국가 건설은 이러한 국풍의 눈부신 정수였다. 또한 유사 이래 전대미문의 패전을 경험하면서도 천황을 국민통치의 중심으로 생각하는 국가의 특색은 전혀 변함없이 이어져 왔으며, 황폐해진 국토와 정신적인 허탈감 속에서도 국민의 충실한 노력을 토대로 나라를 경제대국으로까지 발전시켰다. 그러나 이런 놀랄 만한 경제적 번영의 그늘에서 일찍이 우리 선조가 키우고 계승한 전통문화는 경시되었고, 빛나는 역사는 잊히고 오욕되었으며, 국가를 지키고 사회공공에 힘쓰던 기개는 사라졌다. 그 결과 오직 개인의 보신과 쾌락만을 추구하는 풍조가 사회 곳곳에 만연하여 바야흐로 국가를 무너뜨리고 있다.

아울러 냉전구조가 붕괴하면서 마르크스주의 오류는 철저히 폭로되었지만, 다른 한편으로는 세계는 각국이 노골적으로 자국의 이익만을 추구하는 새로운 혼돈의 시대로 들어서고 있다. 그럼에도 불구하고, 지금 일본에는 이 격동의 국제사회 속에서 살아남기 위한 확고한 이념과 국가목표가 없다. 이대로 무위도식한다면 망국의 위기가 소리 없이 닥쳐오는 것을 피할 길이 없다.

우리는 이러한 시대를 살아가는 일본인으로서 혹독한 자각에 근거하여, 국가 발전과 세계 공영에 공헌할 수 있는 활기찬 국가건설과 인재육성을 추진하고자 본회를 설립한다."[*1] 다나카 아스히로, 메이지신궁 신관, 초대 일본회의 이사장, 일본회의 설립대회 연설 중 일부

1. 아름다운 전통의 국민성을 내일의 일본에

- 국민통합의 중심인 황실을 존경하고, 동포애를 함양한다.

2. 새로운 시대에 맞는 새로운 헌법

- 우리나라 본래 특색에 바탕을 둔 '신헌법' 제정을 추진한다.

3. 국가의 명예와 국민의 생명을 지키는 정치를

- 독립국의 주권과 명예를 지키고, 국민의 안녕을 도모하는 정치실현에 이
바지한다.

4. 일본의 감성을 키우는 교육의 창조를

- 교육에 일본의 전통적 감성을 되찾아 조국에 대한 자부심과 애정을 지닌
청소년을 육성한다.

5. 국가의 안전을 높이고 세계 평화에 기여를

6. 공생공영의 마음으로 이은 세계화의 우호를[*2]

[*1] 아오키 오사무 지음, 이민영 옮김, 일본회의 정체, 2017, pp.29~30.
[*2] 일본회의 홈페이지 내 '설립목적' 페이지, 이는 설립 당시 선언한 '기본운동방침'이기도 하다.

얼핏 보면 번듯한 목표이나, 상세설명을 보면 전통의 국민성을 수호하기 위해 부부별성제도나 새로운 가족관 등의 도입을 반대한다거나, 국가의 명예를 지키기 위해 야스쿠니 신사 참배 운동을 전개해야 하며, 세계 평화에 기여하기 위해 자위대의 역할 확대를 추진해야 한다든지, 자학사관과 반일사관으로 찌들은 교육을 혁파해야 한다는 전형적인 우익 논조를 담아내고 있다.

이렇게 공식적으로 표방한 목표 외에도, 이들이 설립 이전 내지는 이후에 꾸준히 추진해온 이른바 '국민운동'에서 내건 '아름다운 일본의 재건과 자부심 있는 나라 만들기'라는 슬로건과 하위 조직 및 연관 단체 등의 구성을 미루어보면, 일본회의는 대체로 다음과 같은 목적을 이룩하기 위해 활동을 이어나가고 있다.

덴노天皇
• 남계男系에 의한 황위의 안정적인 상속을 목적으로 한 황실 전범 개정

헌법
• 역사와 전통을 기반으로 새로운 시대에 맞는 새로운 헌법의 제정
• 일본 헌법 제9조 통칭 '평화헌법' 폐기 및 자위대의 존재를 헌법에 명기함으로써 확실하게 전쟁이 가능한 국가로 전환할 법적 근본 확보

사회
• 반일 발언하는 외국인 추방
• 외국계 이민자귀화인의 사후 활동 감시
• 외국인 지방 참정권 반대
• 인권 기관 설치법 반대
• 자치 기본 조례 제정 반대

교육

- 학교 교과서에 있어서 '반국가적' 서술의 시정
- 일본의 역사를 모욕적으로 단죄하려는 자학사관 교육의 시정
- 학교에서 국기 게양·국가 제창 추진
- 애국심, 공공예절 교육 등을 담은 '신교육 기본법'의 제정
- 국기국가법의 제정

역사

- 대동아전쟁은 미국과 영국 등에 의한 경제 봉쇄에 저항한 자위적 전쟁임을 명시
- 총리의 야스쿠니 신사 참배 실현
- 야스쿠니 신사를 대체할 '국립 추도 시설'의 건설 반대

일본식 성풍속 복고

- 덴노天皇 중심의 전통적 남성 중심 사회 건설
  - 부부별성 법안에 반대
  - 페미니즘 운동 저지
- 소수자 혐오 성향
- 젠더 프리 교육의 시정

종합하면 사회 뿌리부터 전부 과거 제국주의에 미쳐 날뛰던 일본으로 돌리자는 실현 불가능한 주장을 하고 있다.

일본회의의 정체

사건 사고

- 아베 신조 내각의 지지율 하락을 불렀던 모리토모森友 학교 비리 사건도 일본회의와 깊숙한 연관이 있다. 해당 사건 모리토모 학교 법인의 이사장은 일본회의 임원, 학교의 명예 교장은 일본회의 회원 아베 신조의 부인 아베 아키에安倍昭惠다.

- 모리토모 학교 법인에서 운영하는 쓰카모토塚本 유치원은 2016년 12월 혐한, 혐중 통신문을 학부모들에게 보내 한국 언론에 보도된 바 있다. 해당 유치원은 원생들에게 중대 사태가 발생하면 덴노天皇를 위해 목숨을 바치라는 등의 내용을 담고 있는 교육에 관한 칙어를 낭독시킨다. 당연히 타 유치원과 다르게 원생들을 군대식으로 굉장히 혹독하게 교육시키며, 이로 인한 아동학대 문제도 뉴스로 폭로된 바 있다.

아베 정권의 목표

저변에 깔린 '종교심'

'일본회의'는 현재 가장 강력한 로비 단체로, 그들의 목표를 정의하자면 국수주의적이고 역사수정주의적이라고 할 수 있다. 이들이 가장 중시하여 열성을 다해온 주제는 ① 천황, 황실, 천황제의 수호와 그 숭배, ② 현행 헌법과 그로 상징되는 전후체제의 타파, ③ 애국적인 교육의 추진, ④ 전통적인 가족관의 고집, ⑤ 자학적인 역사관의 부정 등 다섯 가지다.

이 주제는 일본회의 인사들에게 너무도 중요한 것이므로, 이를 침해하거나 경시하는 정책과 언동은 때때로 과민할 정도의 반응을 일으킨다. 이들의 뿌리에서

《일본회의의 정체》의 저자가 주목한 것은 '종교심'이다.

이 책에서 언급하고 있듯이 일본회의의 뿌리는 신흥종교단체인 생장의 집이라고 할 수 있다. 다시 말하면 생장의 집 출신자들에 의한 정치활동이 일본회의로 이어지면서 전후 일본 우파운동의 원류가 되었다고 할 수 있겠다.

일본회의라는 거대한 유파조직을 만들어 키워온 이들의 핵심과 주변에는 전공투전국학생공동투쟁회의 운동이 한창이던 시절에 우파 학생운동을 조직한 생장의 집 신자들이 있는 것이다.

이들의 뿌리에는 무엇보다 '종교심'이 있다. 보통 사람들의 감각으로는 좀처럼 이해하기 어렵지만, 어릴 적부터 세뇌된 '종교심'은 쉽사리 흔들리지 않고 쉽게 바뀌지 않고 또 바꿀 수조차 없다. 다른 사람이 어떻게 생각하든지 신경 쓰지 않고, 포기하지 않고, 본인이 믿는 바를 향해 오직 앞으로 나아갈 뿐이다.

그렇기 때문에 그들은 강하다. 그래서 그들은 쉽게 굽히지 않는다. 그래서 또 끈질기다. 그것은 틀림없이 끈기 있고 인내력 강한 활동의 밑바탕이 되었고, 일본회의와 같은 조직을 키우는 데 위력을 떨쳤다고도 할 수 있다. 하지만 동시에 그 운동의 바닥에는 근절하기 어려운 컬트성*이 내포되어 있다고 생각하지 않을 수가 없다.

* 컬트(cult)는 사회적으로 문제가 있는 종교단체를 가리킨다.

전쟁 전 체제로의 회귀

헌법 개정, 역사교과서 수정, 야스쿠니 신사 참배 등을 그들이 결코 포기할 수 없는 이유가 여기에 있다.

영어권에서 현대 천황제 연구의 일인자로 알려진 케네스 루오프Kenneth Ruoff*의 분석에 따르면, 이들의 목표는 '메이지의 정치체제와 이념의 부활'로 귀결된다. 즉, 전쟁 전 체제로의 회귀가 핵심이다.

* 포틀랜드 주립대학 교수.

이를 이해하기 위해서는 일본회의의 원류라 할 수 있는 신흥종교단체 '생장의 집'을 주목해야 한다. 생장의 집 창건자 다니구치 마사하루가 주창한 국민주권의 철폐와 천황주권 수호, 현행 헌법의 파기와 메이지 헌법 체제로의 회귀를 열렬히 신봉하면서 정치운동과 조직구축에 전력을 다해 왔다. 섬뜩할 정도로 복고적

인 이러한 사상과 가르침은 전후 일본 우파에 면면히 계승되었고 우파계 문화인뿐만 아니라 정계 주류의 여당 간부, 재계 인사들도 폭넓게 신봉해 왔다. 여기에 신사본청과 메이지신궁, 야스쿠니 같은 신사 외에도 신도계와 불교계 등 다수의 신흥종교단체 역시 중요한 또 다른 축인데, 이들은 특히 자금 동원과 지원 부분에서 막강한 역할을 담당하고 있다.

일본회의는 겉모습으로 우파계의 유명한 문화인, 경제인, 학자를 내세우고 있지만, 실제 모습은 '종교 우파 단체'에 가까운 정치집단이라고 할 수 있다. 거기에 배경음악처럼 깔린

조국이 주목한 '일본회의', 아베의 '종교적' 군국주의 의지
자료 : the300.mt.co.kr

것이 바로 종전 체제, 즉 천황 중심 국가체제로의 회귀에 대한 욕구다.

　그렇다고 한다면 일본회의의 활동은 과거 일본을 파멸로 이끌었던 복고체제와 같은 것을 다시금 초래할 위험성이 있다. 그와 동시에 '정교분리'라는 근대 민주주의의 대원칙을 뿌리째 흔들 위험성까지 내포한 정치운동이라고도 할 수 있다. 그런데 그 '종교 우파집단'이 이끄는 정치활동이 지금 확실하게 기세가 등등하며 현실정치에 영향력을 키우고 있다.

메이지 시대, 러일전쟁(1905)

자료 : ko.wikipedia.org

풀뿌리 운동의 궤적 ♟♟

학생운동을 통해 조직의 확대, 유지, 충실에 필요한 실무적 노하우를 갖추게 된 이들은 '지방에서 도시로'라는 마오쩌둥의 전략*을 활용해 광범위한 '풀뿌리 운동'을 전개한다. 2016년 1월 기준, 일본회의는 전국에 243개의 지부를 갖췄고 앞으로 300지부 설치를 목표로 하고 있다. 또한 중앙정계에는 이들의 이념과 정책에 호응하는 국회의원으로 구성된 '일본회의 국회의원간담회'를, 지방의회에는 전국 도도부현·시구읍면의회 의원으로 구성된 '일본회의 지방의원연맹'이 존재한다. 이들이 전개하는 다양한 복고정책, 그에 대한 지지의 호소는 아베 정권을 자극하고 아베의 정치 목표를 지지하는 힘의 원천이 된다.

* '농촌에서부터 도시를 포위한다.'는 전략.

규모가 큰 운동의 경우에는 신사본청이나 신사계, 신흥종교단체 등과 같은 동원력, 자금력을 보유한 조직의 후원을 받는다. 그러면서 전국 각지에 '캐러밴대'라는 명칭의 회원부대를 파견하여 '풀뿌리 운동'으로 대량의 서명 모집과 지방조직 구축, 또는 지방의회에서의 결의와 의견서 채택을 추진함으로써 여론을 형성한다.

그와 동시에 중앙에서도 일본회의와 그 관련 단체, 종교단체 등이 연계하여 '국민회의'라는 명칭의 조직을 설립한다. 그리고 대규모 집회 등을 파상적으로 개최하여 시선을 끌면서 전국에서 모은 서명과 지방의회의 결의, 의견서를 갖고 중앙정계를 압박한다.

한편, 뜻을 같이하는 국회의원들도 이에 호응하여 의원 연맹이나 의원 모임을 결성한다. 또한 여당과 정책결정자를 움직여 운동 목표를 실현하기 위해 노력한다. 이를 위한 기틀로 일본회의는 지금까지 국회의원간담회나 지방의원연맹의 내실을 다지면서 가맹의원 수를 착실히 늘려왔다.

마오쩌둥의 전략, 도시를 내주고 농민의 마음을 얻다

　이러한 전방위적 조직을 활용한 압박으로 이들이 지향하는 국가·사회상을 실현하기 위한 집요한 노력은 실제로도 상당한 성과를 이끌어냈는데, 원호법제화운동이나 건국기념일의 공휴일 지정, 애국적인 역사교과서 편찬, 국기국가법의 제정, 황실숭배 의식의 함양, 헌법 개정의 전초전으로서의 교육기본법 개정 등이 그 사례들이다.

　현재 일본의 상황은 '아래로부터'의 운동과 '위로부터'의 정치력이 훌륭하게 연계된, 우파가 염원하는 정책 실현 환경이 갖추어졌다고 할 수 있다. 특히 아베 정권의 탄생으로 주어진 천재일우의 기회를 어떻게 해서든 붙잡아 오랜 비원인 개헌 실현으로 승화시켜야 한다는 염원이 하늘을 찌르고 있다.

　일본회의가 어떻게 탄생했고, 그들이 무슨 생각으로 어떤 활동을 해왔는지를 파악하는 것은 앞으로의 일본의 행방을 가늠하는 중요한 키워드일 것이다. 이 책《일본회의의 정체》의 4장은 현재까지 이들의 활동 면면을 개괄하고 있는데,

그 내용을 보면 역사적 증거를 들이밀어도 꿈쩍 않는 뻔뻔함이 어디서 비롯된 것인지, 앞으로 이들을 설득해 우리가 원하는 사과와 보상을 받아낼 수 있을지, 요원하게 느껴진다.

이들이 최초의 성공을 맛본 것은 '원호법제화' 운동이 그 시작이다. 패전 후 천황제의 상징인 원호제를 잊어가던 일본에, 운동 제창 2년 만에 원호법 입법이라는 쾌거를 거둔 사건이다.

그리고 현재 일본의회가 40년 넘게 공들여온 개헌 운동, 더 정확히는 일본의 군대 보유를 금지하는 헌법 제9조_{평화헌법}를 무력화하자는 논의가 진행 중이다.

일본의 질주에 우리는 어떻게 대응할 것인가. 일본회의의 정체를 "전후 일본 민주주의 체제를 사멸의 길로 몰아넣을 수도 있는 악성 바이러스와 같은 것으로 생각한다."는 결론을 이끌어낸 이 책이 그 대응을 고민하는 데 도움이 되어줄 것이다.

아베 정권과의 공명 ♟️

일본회의 사무국 역할을 하고 있는 일본협의회·일본청년협의회의 기관지 《조국과 청년》에서 가바시마 유조는 다음과 같이 말한다.

> "만약 국회에서 헌법개정안이 발의된다고 해도 국민투표에서 'No' 하면 아베 총리는 궁지에 몰릴 것입니다. 전후 70년 이래 처음으로 맞는 헌법개정의 기회라는 점을 알고, 역사적 사건이 일어나고 있음을 자각해야 합니다. 중략 기회는 한 번뿐이라고 생각하고 주어진 기회를 확실히 잡도록 투쟁을 전개해야 합니다." 2015년 5월호

결론적으로 일본회의가 아베 정권을 좌지우지한다거나 지배한다기보다는 오히려 양자가 서로 공감대를 형성하고 공명共鳴하면서 '전후체제의 타파'라고 하는 공통의 목표를 행하여 앞으로 나아가 결과적으로 일본회의라고 하는 존재가 더 거대해졌다고 생각하는 편이 적절할 것이다.

사실 일본회의는 최근에 갑자기 태어난 괴물과 같은 조직이 아니다. 그 뿌리를 거슬러 올라가보면 다니구치 마사하루谷口雅春가 창시한 '생장의 집'과 1960년대 전국학생공동투쟁회의 운동에 대항하는 학생조직으로 결성된 생학련, 생장의 집 학생회전국총연합회에 이른다고 볼 수 있다. 생학련 등에 모인 활동가들이 그 운동방식과 수법을 단계적으로 발전시키고 진화시킴으로써 신사본청과 다른 신흥종교단체의 원조를 받으며 운동조직을 거대하게 키워왔다는 것이 확실하다.

일본을 움직이는 것은 아베 정권인가 '일본회의'인가. 아베 총리를 비롯한 아베 정권 각료들 대다수가 일본회의 멤버들이다. 사진은 지난 2019년 8월 3일 개각 뒤 기념촬영을 한 아베 신조(앞줄 중앙) 총리와 각료들

자료 : hani.co.kr

망령의 포로
문재인과 아베 신조

군국주의
망령의 포로

군국주의 망령의 포로

기시 노부스케

개요 ♟♟

　기시 노부스케岸信介, 1896년 11월 13일 ~ 1987년 8월 7일는 일본의 정치인이다. 1936년에 만주국 정부의 산업부 차관이 되어 산업계를 지배하다가 1940년 귀국하여 1941년 도조 히데키東條英機 내각의 상공대신에 취임했다. 그러나 군수성 차관으로서 전쟁 강행을 주장하는 도조 총리와 대립하여 1944년 도조 내각이 무너지는 데 한몫을 했다.

　1957년에 일본 총리가 되었으나 1960년 미일안보조약 비준을 강행하면서 대규모 군중시위 등 혼란이 일어나자 책임을 지고 사퇴했다. 제56·57대 내각총리대신을 역임했으며, 일본의 정2위국화장을 받았다. 본래 성씨는 사토佐藤였다. 야마구치현구 조슈번, 나가토국 야마구치시 출생으로 친동생은 비핵 3원칙으로 유명한 61·62·63대 총리 사토 에이사쿠이다.

동생인 사토 에이사쿠佐藤栄作는 외조부 성인 사토를 이어받아서 형제끼리 성이 다르다. 외손자는 제90·96·97·98대 내각총리대신이 되는 아베 신조다. 기시 노부스케 딸 이름은 기시 요코아베 신타로와 결혼한 뒤부터는 아베 요코로 이름이 바뀜, 아베 신조에게는 친어머니가 된다.

태평양 전쟁 이후 극동국제군사재판도쿄재판에서 A급 전쟁 범죄 용의자평화에 관한 죄로 구속수사를 받았으나, 증거 불충분으로 불기소 처분을 받았다. 이후 일본 총리 등을 역임하며 전후 일본 체제에 막대한 영향을 끼쳤다. 이를 나타내주는 별명이 쇼와의 요괴昭和の妖怪다.

기시 노부스케와 사토 에이사쿠

자료 : biz.heraldcorp.com, ko.wikipedia.org

생애

관료 입문에서 전쟁 종료까지

1896년 11월 13일에 야마구치현에서 출생하였고, 1920년 도쿄제국대학 법학부를 졸업한 직후 농상무성에 들어갔는데, 1925년 농상무성이 상공성과 농림성이 분할되면서 상공성에 배속되어 1933년 2월에 상공대신관방 문서 과장, 1935년 4월에는 상공성 공무 국장으로 취임하고 1936년 10월부터는 만주국 정부에서 산업계를 지배하다가 1939년 3월 총무청 차장으로 승진하여 만주국 〈산업개발 5개년 계획〉을 실시하였다. A급 전범 용의자였으나 기소되지 않고 석방되었다.

그는 사업가로 재기하면서 정치활동을 시작하여 1953년 자유당 국회의원으로 당선되어 당내 헌법조사회 회장이 되었는데 1954년에는 하토야마 이치로鳩山一郎 등과 함께 자유당에서 제명되자 일본 민주당을 결성하였고, 민주당이 1955년에 자유당과 통합하여 자유민주당자민당을 결성하는 데 이바지했다.

1955년 자유민주당의 간사장이 되고, 이듬해 총재 선거에서 이시바시 단잔石橋 湛山에게 패하고 이시바시 내각의 외무상으로 취임, 이시바시가 병으로 물러나자 1957년 2월에 총리가 되었다.

1960년 일본의 독자적인 외교권을 되찾기 위해, 미국·한국 등과 더불어 동북아시아 냉전에 일부 가담하는 미일안전보장조약의 개정을 추진, 국회 비준을 강행하여 이에 반대하는 일본 기독교계와 민중들의 대규모 군중시위안보투쟁를 불러 일으키면서 국민의 비난을 받고 총리직을 물러났다. 총리 자리에서 물러난 뒤에도 그는 자민당에서 계속 활발히 활동했다.

기시 노부스케와 박정희

자료 : m.hankookilbo.com

1966년과 1972년 민간 외교 차원에서 한국을 찾은 것을 비롯하여, 그 뒤에도 여러 차례 대한민국과 중화민국을 방문하였다. 그 후 1979년 정계에서 은퇴하고 1981년 곡물소에서 일했으며, 1987년 8월 7일 향년 90세를 일기로 사망했다.

도쿄대 출신이 그러했듯이 중학교 때 매우 우수한 성적을 받았다. 영화에 빠져 도쿄의 구제旧制 제1고등학교 입학시험에 꼴찌에 가까운 성적으로 입학하였으나 맹렬하게 공부하여 공동수석으로 제1고등학교를 졸업하였다. 이때 일본의 극우파로 2·26 사건의 정신적 지주였던 기타 잇키北一輝의 사상에 매료되었다고 한다.

그 후 도쿄대 법학부에서 독일법학을 전공해 우등생으로 졸업한 뒤 정부 관료의 길을 걷게 되는데 묘하게도 당시 일류 엘리트들만 간다는 외무성이나 대장성을 가지 않고 2류 부서로 취급받던 농상무성으로 가서 동향의 정치인인 카미야마 미츠노신에게 넌 왜 2류 부서로 갔느냐라고 질책을 받기도 했다고 한다. 그러나 이후의 행보를 보면 레드오션인 외무성보다 블루오션인 농상무성을 의도적으로 택했을 가능성이 크다.

어쨌든 농상무성으로 들어가 상공관료로서의 길을 걷게 되었는데 일본이 만주를 침략하여 만주국을 세운 뒤에 아마카스 마사히코甘粕正彦 밑에서 중국인 노동자를 만주에 유치하는 사업에 참여함으로써 만주국에 관여했다. '만주 산업개발 5개년 계획'을 작성하면서 만주국 경영의 실질적인 책임자가 된다. 이때 관동군 참모장이었던 도조 히데키東條英機를 만나 절친한 사이가 되었다고 한다. 이후 1939년 상공차관으로 임명되었지만 상공대신에 새로 취임한 코바야시 이치조小林一三와 갈등을 빚었고 그 직후 일어난 소위 기획원 사건의 책임을 지고 물러나게 된다. 그러나 1941년 도조 히데키가 총리가 되면서 도조 내각에 상공대신으로 취임하고, 1942년에는 중의원 선거에 당선되어 국회로도 진출하게 된다.

도조 내각의 한 사람 기시 노부스케

자료 : m.blog.naver.com

그러나 절친했던 도조 히데키와의 관계는 1943년에 틀어지는데, 상공성을 폐지하고 군수성으로 재편한 데다 도조 자신이 군수대신이 되고 기시를 군수차관에 임명해 불만이 생겨났다. 1944년 사이판이 함락된 가운데 도조가 난국의 타개를 위해 내각 개편을 추진하려 하자 기시는 해고하려면 너도 같이 물러나야지, 라고 물귀신 작전을 펴는 바람에 결국 내각 총사퇴로 이어지게 되었다. 그러나 나중에 도조가 사형이 집행되었다는 소식을 듣고 대성통곡을 했다.

전후 전범기소에서 총리 취임까지 ♟

전쟁이 끝난 후 고향 야마구치현에 은둔해 있다가 전쟁범죄 혐의로 체포되었다. 도조가 목이 달아난 것과는 달리 경제통이었던 기시나 코다마 요시오児玉誉士夫를 써먹으려는 GHQ의 의도에 따라 도조가 처형된 다음날에 불기소 처분을 받고 공직추방 조치만을 받게 된다.

이후 한동안 동양 펄프라는 회사에서 회장으로 재임하다가 1952년 공직추방 조치가 풀리면서 정계로 복귀해 자주헌법 제정, 자주군비 확립, 자주외교 전개를 슬로건으로 일본재건연합을 결성했다. 1953년 중의원 선거에 임했지만 일본재건연합이 선거에서 대패하자 일본사회당에 입당하려고 했다. 그러나 거부당하고 자유당에 입당해 자유당 후보로 중의원에 당선되었다. 1954년 요시다 시게루 총리가 기시의 의사에 반하는 〈경무장, 대미협조〉 노선 정책으로 나가자 이에 반발하다 자유당에서 출당되었다.

이후 하토야마 이치로鳩山一郎, 하토야마 유키오 총리의 할아버지와 함께 일본 민주당을 조직했다가 좌우분열이 극심했던 일본사회당이 재통합하자 이에 위기의식을 느끼고 자유당과 보수대연합을 주창해 자유당과 합당하여 자민당자유민주당을 창당하기에 이른다. 창당 직후 자민당의 초대 간사장을 맡았다.

호송되는 A급 전범들

자료 : m.blog.naver.com

    이후 1956년에 열린 자민당 총재 선거에 입후보했지만 이시바시 단잔石橋湛山에게 7표차로 패배해 이시바시 내각에서 외무대신을 맡았다가 2개월 후 이시바시가 뇌연화증encephalomalacia＊으로 총리직 수행이 불가능해지자 내각이 총사퇴했다. 이때 기시는 스가모 형무소에 투옥 중이었던 일본 우익의 행동대장인 고다마 요시오의 자금 및 인맥 지원을 받아 이시바시로 하여금 총리직을 계승하게 한다는 지명을 받아내는 데 성공해 총리로 취임하게 된다.

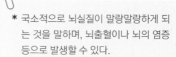

＊ 국소적으로 뇌실질이 말랑말랑하게 되는 것을 말하며, 뇌출혈이나 뇌의 염증 등으로 발생할 수 있다.

1차 기시 노부스케 내각

자료 : m.blog.naver.com

총리 재임 시절 ♟

총리 취임 기자회견에서 부정부패, 가난, 폭력의 삼악을 척결하고 싶다고 밝혀 삼악척결이라는 말이 유행했다. 또한 이시바시 총리의 공약이었던 1천억 엔 감세도 시행했다.

1958년 의회 해산 뒤 열린 중의원 선거에서 자민당이 287석의 절대안정 과반 의석을 확보해 사실상 자민당의 초장기 집권의 서막을 알렸다. 그러나 미일 안보조약 개정 과정에서 주일미군 재판권 포기 밀약사건이 터지면서 자주외교를 부르짖던 기시의 노선과 맞지 않는다는 비판을 받았다. 이에 미국이 공식적으로 재판권 포기를 천명하라고 요구했지만, 기시는 국내 여론 악화를 이유로 이를 거부했다.

1960년 미일 안보조약을 개정한 미일 안보신조약을 체결하고 이를 국회에 비준동의를 받으려 상정했지만 야당인 사회당이 강력 반발해 안보투쟁을 부르게 되었다. 안보폐기를 부르짖던 사회당이 미일 안보신조약 처리를 막으려 하자 1960년 5월 29일, 국회본회의장에 사회당 의원들의 출입을 통제한 채로 미일 안보신조약을 통과시켰다.

이로 인해 반정부 투쟁이 극에 달하자 기시는 드와이트 아이젠하워 미국 대통령을 경호한다는 명분으로 극우 행동대는 물론 야쿠자들까지 모조리 동원해서 반정부 투쟁을 제압하려 했다. 그러나 이런 기시의 정책은 실패하여 1960년 6월 15일, 야쿠자가 시위대를 공격해 다수의 부상자가 발생하는 사태가 일어났는가 하면 국회에서도 폭력사태가 발생했다. 국회에서는 국회로 진입하려는 학생 시위대와 이를 막는 경찰들의 충돌 과정에서 도쿄대 여대생 간바 미치코樺美智子가 압사당하는 불상사가 일어났다.

시위대가 기시 노부스케의 자택을 포위할 정도로 사태가 심각해지자 기시는 "국회 주변은 시끄럽지만, 긴자나 고라쿠엔 구장엔 언제나 그대로이다. 나에게는 소리 없는 소리가 들린다."라는 식으로 물타기를 시도했다. 그러나 전임 총리 세 명 히가시쿠니노미야 나루히코*1, 가타야마 데쓰*2, 이시바시 단잔이 기시에

*1 히가시쿠니노미야 나루히코 왕(東久邇宮稔彦王, 1887년 12월 3일 ~ 1990년 1월 20일)은 일본의 구 황족이자 육군 군인이다. 계급은 육군 대장. 1944년 도조 히데키 후임으로서 일본 제국 부총리 겸 총리 권한대행 직을 이행하며 히로히토의 섭정을 잠시 지냈고 1945년 8월 17일부터 1945년 10월 9일까지 일본 황족으로서는 유일한 일본 제국의 제43대 내각총리대신을 지냈으며 전후 일본의 첫 내각총리대신이다.
*2 가타야마 데쓰(片山哲, 1887년 7월 28일 ~ 1978년 5월 30일)는 일본의 정치가이다. 일본 최초의 사회당 출신 총리이며 기독교 신자이다.

게 그대가 책임지고 사퇴하는 게 좋겠다고 하는 사퇴권고까지 나오고 말았다.

기시는 최후 수단으로 자위대의 치안출동_{사실상의 계엄령}을 명령했지만 방위청 장관 아카기 무네노리_{赤城宗德}가 이를 거부했고 시위대는 수상관저를 포위해 기시와 친동생 사토 에이사쿠가 죽음 직전의 위기로까지 몰리기도 했다. 그러나 이 모든 사태의 발단이 된 미일 안보신조약은 자동으로 성립되었고 국회 비준 뒤에 히로히토 덴노가 서명함으로써 마무리되었다. 이후 기시는 이 모든 사태의 책임을 지고 7월 15일 내각이 총사퇴했다.

총리 퇴임 이후 ♘

총리 퇴진 이후에도 만주 인맥을 활용해 만주군 경력이 있는 한국의 박정희와 교분을 쌓았고 이후 한일기본조약 등의 국교정상화 과정에도 기시를 비롯한 기시 휘하의 소위 '만주국 커넥션'이 중요한 역할을 한 것으로 알려졌다. 이 공로를 인정받아서 기시 노부스케는 대한민국 정부로부터 수교훈장 중에서 1등급인 광화대장을 받은 것으로 알려져 있다. 고다마 요시오는 2등급인 광화장을 받았다.

박정희의 롤모델,
기시 노부스케 (岸信介)

자료 : m.blog.naver.com

박정희가 통일주체국민회의의 선거로 당선되었을 때, 주요 국가에서 다소 격이 떨어지는 관리를 사절로 보내거나 아예 경축 사절을 보내지 않았지만, 기시 노부스케는 일본 사절단의 대표로 참석하였다. 또한 박정희의 국장國葬 때에도 참석하였다. 당시 한국의 주류 언론들은 기시 노부스케를 친한파로 다뤘다.

여기서 말하는 '친한파'는 국제 정세 및 냉전 안보 등의 이유로 한국의 군사독재정권 세력과 밀접한 연관을 한 정치·외교적 의미에서의 '지한파를 의미한다. 70~80년대 한국의 언론매체들은 '친한파' 내지 '지한파'로 표기했었기 때문이다. 물론 한국의 정치권력자들과의 친분으로 언론이 친한으로 분류한 것은 아니고 한국에 도움이 되는 면이 있으니 그리 한 것이다.

자신의 직계인 후쿠다 다케오福田赳夫와 다나카 가쿠에이田中角栄의 소위 자민당 내 권력투쟁이 일어나자 후쿠다의 편을 들었다. 1963년에는 자신의 지역구인 야마구치 제1구를 사위인 아베 신타로에게 넘겨주었다가 낙선되자 야마구치현에서의 영향력 감소라는 평을 받았다. 그러나 기시는 자신의 동생 사토 에이사쿠와 함께 야마구치 1구의 슈토 에이유 의원의 후원 회장이던 후지모토 만타로藤本万太郎를 직접 영입해 아베 신타로의 후원회장을 맡게 하여 1967년 선거에서는 기어코 당선시켰다.

1969년의 중의원 선거에서는 측근의 비서를 맡고 있던 인사가 자민당에서 공천을 받지 못하고 무소속으로 이시카와 1구에 출마했을 때 지원 요청을 받고 지원해 주어서 당선되었다. 이 사람이 바로 후에 총리가 되는 모리 요시로森喜朗였다.

1972년 친 동생인 사토 에이사쿠가 총리에서 물러난 뒤에 헌법개정을 목표로 은밀히 총리 복귀를 노렸다. 그러나 자신의 대리로 내세운 후쿠다 다케오가 다나카 가쿠에이에게 자민당 총재 선거에서 패하자 낙담하고 만다. 결국 1979년 중의원 해산을 계기로 정계를 은퇴하고 보수 논객으로 활동하다가 1987년에 사망했다.

평가와 여담 ♟♟

　그의 별명은 '쇼와의 요괴'였는데 본인도 이 별명을 웃으면서 인정했을 정도였다. 그의 별명답게 전후 일본 정치체제의 틀을 만든 사람이라는 것은 부정할 수 없다. 55년 체제를 확립하고 자민당의 초장기 집권의 서막을 열었기 때문이다. 그러나 그렇게 됐기 때문에 생긴 문제가 많은데 그 문제들은 일본 정치의 흑막, 밀실정치 등의 원조라고 할 수 있다. 물론 기시 혼자만이 흑막, 밀실정치를 한 건 아니지만 말이다. 사실 이런 정치의 진짜 원조는 막부 시대 덴노 뒤의 쇼군이다. 좋은 의미로나 나쁜 의미로나 현대 일본 정치의 기틀을 세운 정치인인 셈이다.

1961년 박정희가 일본을 방문했을 때의 모습. 왼쪽부터 기시, 박정희, 당시 수상이었던 이케다 하야토(池田勇人)

자료 : m.blog.naver.com

한국의 입장에선 혐오하게 되는 사람인데 일본 우익의 평화헌법 개정과 정상
국가 구현, 일본에 종속되는 한국의 경제구조 등의 일관된 흐름의 원조가 바로
기시라고 볼 수 있다. 기시의 영향은 사위인 아베 신타로와 외손자 아베 신조로
이어졌다. 아베 신조가 밀고 있는 극우의
원조는 기시라고 할 수 있는 셈이다.

박정희가 롤모델로 삼았던 인물이라고 한
다. 기시 본인도 박정희를 매우 좋게 평가
했다고 한다. 한일수교 5년이 지난 1970년
6월 18일, 박정희 대통령은 기시 노부스케
등 70여 명에게 한일 수교의 공로로 '수교훈
장 광화장'을 수여했다.

기시 노부스케에게 '수교훈장 광화장'을 수여하는 박정희 대통령

재일교포 학자인 강상중 교수와 현무암 두 사람이 같이 저술한 《기시 노부스
케와 박정희》라는 책도 유명하다. '귀태' 발언이 바로 이 책에서 나온 것이다.

의외로 알려지지 않은 사실이지만 1958년에 한국에 야츠기 가즈오 특사를 파
견한 적이 있다. 이때 야츠기 특사는 기자회견에서 기시 총리는 일본 군국주의
자들이 한국에 범했던 과오를 유감으로 생각하고 있다, 총리는 한일관계 개선을
위해 진정으로 노력해 왔다, 이런 노력을 앞으로도 계속하겠다는 기시 총리의 결
심을 이승만 대통령에게 전달했다.

기시는 이토 히로부미伊藤博文와 우연히도 동향인 까닭에 그는 "이토 선배가 저지
른 과오를 씻기 위해 노력해야겠다고 마음먹고 있다."고 밝힌 바 있다. 물론 일본
극우의 선조격인 그가 진심으로 이런 생각을 가졌는지는 의문이기는 하지만, 수
십 년 뒤에 그의 외손자인 아베 신조가 침략사실을 부정하고 일본을 우경화의
바다로 이끌고 있는 가운데서 수십 년 전에 외할아버지가 어떻게든 입에 발린

말로나마 침략사실을 사죄했다는 점은 의미가 있다고 할 수 있겠다.

아베 내각의 우경화 이후 한국 언론기관에 그의 외할아버지로서 기시가 종종 언급된다. 물론 'A급 전범'이라는 수식어는 꼭 붙는다. 그리고 순국칠사묘의 비문碑文을 작성한 장본인이다. PD수첩에서는 아베 신조가 지금처럼 극우의 끝을 보여주고 있는 데에는 외할아버지인 기시 노부스케와 함께 제국주의의 시작을 알린 요시다 쇼인吉田松陰의 영향을 많이 받았다고 방영했다.

일본 우익의 성지 '순국칠사묘'

자료 : blog.daum.net

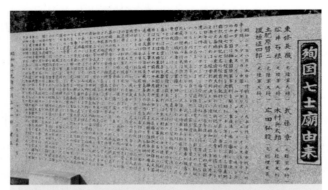

묘비 인근 안내 표석에는 이곳에 묻혀 있는 A급 전범 7명의 유골이 어떤 경위로 이곳에 묻히게 되었는지를 자세히 설명하고 있다.

자료 : news.joins.com

군국주의 망령의 포로

아베의 정신적 지주, 요시다 쇼인

개요

요시다 쇼인吉田松陰, 1830년 8월 4일 ~ 1859년 10월 27일은 에도막부 시대 말기의 교육자, 사상가, 혁명가다. 본명은 노리카타矩方. 쇼인은 아호이며 통칭은 토라지로寅次郎다.

요시다 쇼인

자료 : ko.wikipedia.org

생애 ♟♟

쇼인은 분세이文政 13년 음력 8월 4일 조슈 번사 스기 유리노스케杉百合之助의 차남으로 태어났다. 5살 때 야마가류 병학사범인 숙부의 양자가 되었다. 숙부 다마키 분노신玉木文之進, 후의 쇼인의 양부에 의해 병법을 배우고 1850년 병학연구를 위하여 규슈에 유학하였다. 이듬해 에도에 가서 사상가 사쿠마 쇼잔佐久間象山에게 서양 학문을 배우고, 매슈 C. 페리의 흑선 외교를 계기로 도쿠가와막부에 대해 분노를 느끼며 존왕양이에 관심을 갖게 되었다. 외국 유학을 결심, 1854년 제자인 가네코 시게노스케金子重之助와 해외 밀항을 시도하다가 실패하여 투옥되었다. 숙부 분노신이 설립한 쇼카손주쿠를 인수하여 1857년 자택에서 쇼카손주쿠의 숙장으로 취임하였다.

학숙學塾의 숙장塾長이면서도 쇼인은 교수 중의 한 사람으로 직접 학생들을 가르치기도 했다.

조슈 번야마구치 현 하기萩에서 태어났으며, 근현대 일본 우익사상에서 빼놓을 수 없는 핵심이자, 현대 일본의 정치경제계를 장악하고 있는 조슈벌長州閥의 사상적 아버지로 여겨진다.

사상 ♟♟

막부 말기 들어 변혁기에 접어들자 조슈長州의 반막부 감정이 부글부글 끓다가 일순간에 폭발하면서 메이지유신의 핵심동력 역할을 했다. 이때 타도 막부의 정신적 지주 역할을 한 사람이 아베 신조가 가장 존경하는 사상가이자 정치가인 요시다 쇼인吉田松陰이다. 요시다 쇼인1830~1859은 일본인에겐 메이지유신 설계도의 밑그림을 그린 선각자로 추앙받는 인물이다. 요시다 쇼인에 대한 아베 신조의 존경심도 대단하다. 아베는 고향사람인 요시다 쇼인의 묘를 매년 중요한 순간마다 참배하며 새로운 각오를 다지는 등 자신의 정치사상의 준거로 삼는 듯하다. 요시다 쇼인은 다음과 같이 말하며 존왕양이尊王攘夷 운동의 사상적 기반을 마련했다.

"천하는 천황이 지배하고, 그 아래 만민은 평등하다."

특히 정한론과 대동아공영론을 주장해 일본이 대륙으로 진출하는 제국주의에 큰 영향을 끼쳤는데 쇼카손주쿠松下村塾를 세워 초대 조선 통감 이토 히로부미, 초대 조선 총독 데라우치 마사타케 등 조선 침탈 주역들을 길러냈다. 한국인에게 요시다 쇼인은 일본 우익 세력의 원조로 여겨지는 인물이기도 하다.

요시다 쇼인은 1830년 조슈 번 하급 무사 집안의 둘째 아들로 태어났다. 그는 다섯 살 때 군사학자이자 당주*인 숙부의 양자로 입적되었다. 어린 시절 숙부에게 병법을 배웠고, 11세 때에는 번주에게 병법을 강의할 정도로 탁월한 재능을 보였다. 1850년 규슈에 가서 병법을 연구했고, 이듬해에는 에도에서 사쿠마 쇼잔佐久間象山으로부터 서양 학문과 군사학을 배웠다. 1853년 7월 에도만도쿄만 우라가항橫須賀港에 미국 동인도 함대 소속 사령관 페리 제독이 이끄는 4척의 흑선이 나타났다. 페리 제독은 일본에 개항을 요구하는 국서를 전달한 후 떠났고, 다음 해 다시 요코하마에 상륙했다. 그때까지 나무로 건조한 선박이나 유럽의 상선만 보아 왔던 일본인에게 초대형 대포를 장착한 어마어마한 크기의 증기선은 엄청난 충격을 안

* 현 세대(代)의 가문의 장, 혹은 호주를 맡고 있는 사람. 일본식 한자로는 쓸 主라고 쓰고 とうしゅ(토슈)라고 읽는다. 개항 전의 문헌에서는 발견되지 않고, 1870년대 개항 이후의 문헌에서 간간이 보이는 것으로 보아 일본에서 들어온 외래어일 가능성이 높다.

겨 주었다. 페리의 내항 이후 일본은 서양 문물이 급격히 유입되면서 근대 국가의 틀을 갖춰 나갔다.

쇼인은 1854년 페리 함대의 압박으로 미일 화친 조약이 체결되자 현 시즈오카 현 시모다 항에 정박 중이던 미군 함선에 승선하여 밀항을 시도했다. 시도가 실패하자 그는 국법을 어긴 죄로 노야마 감옥野山獄에 수감되었다.

14개월간 감옥에서 생활하면서 쇼인은 《유수록》을 집필했다. 이 책에는 그가 밀항하려던 이유와 그 배경이 된 사상이 담겨 있다. 특히 무력을 갖추어

사쿠마 쇼잔
자료 : ko.wikipedia.org

주변국을 공략해야 한다는 쇼인의 주장은 훗날 정한론과 대동아공영권 사상의 기반이 되었다. 그는 일본을 위기에서 구하려면 막번 체제에 기대서는 안 되며, 민중이 단결하고, 조속히 무력 준비를 갖추어 홋카이도를 개간하여 제후로 봉하고, 류큐오키나와를 다른 번과 동등하게 취급하며, 조선을 공격하여 인질과 공물을 바치게 한 후 만주와 대만, 루손 등까지 정복해야 한다고 주장했다. 러시아와 미국의 강화가 이루어진 상황에서 구미 열강과의 마찰을 피하고, 서구식 무기를 도입하여 그들과의 교역에서 입은 손실을 인근 만주나 조선 등을 침략해 되찾자는 것이었다. 이것은 그 후 일본이 그대로 실현했으니, 그가 얼마나 우리나라에 패악을 끼쳤는지 짐작된다.

쇼인은 학문을 닦고, 지인들과 편지를 주고받으며 정세에 관한 정보를 수집하고, 일본을 위기에서 구할 방법을 강구했다. 감옥에서도 죄수들을 모아 일본의 위기와 자신의 사상을 전파했던 그는 출옥 후 고향집에 쇼카손주쿠松下村塾를 세워 젊은 개화 지도자들을 길러냈다.

쇼카손주쿠 내부

    1858년 막부는 천황의 칙허 없이 미일 수호통상조약을 체결했다. 이에 각지에서 반막부운동이 일어났다. 막부는 이들 세력을 대대적으로 탄압하는 안세이 대옥安政大獄을 일으켜 100여 명 이상의 인물들을 감옥에 가두고 사형시켰는데, 이때 쇼인도 체포되었다. 쇼인은 서양 오랑캐에게 일본이 굴복한 것은 국체가 바로 서지 않았기 때문으로, 천황의 친정이 이루어지던 고대에는 국체가 온전하였으나 무인정권이 들어선 이후에는 명나라 조공무역을 하는 등 국체가 파괴되었다고 주장했다.

    이런 사상 때문에 쇼인의 쇼카손주쿠는 존왕양이 운동의 거점이 되었고, 막부의 주목을 받게 된 것이었다. 결국 쇼인은 에도로 압송되어 처형되었다. 29세 젊은 나이였다. 그는 짧은 생을 살았지만 그의 문하에서 이토 히로부미, 다카스

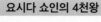

다카스기 신사쿠

구사카 겐즈이

마에바라 잇세이

기도 다카요시

요시다 쇼인의 차석 제자

이토 히로부미

야마가타 아리모토

가쓰라 타로

요시다 쇼인의 제자들

자료 : m.blog.naver.com

기 신사쿠高杉晉作, 구사카 겐즈이久坂玄瑞 등 세 명의 총리와 여섯 명의 장관이 배출되는 등 메이지유신의 지도자들이 탄생되었다. 그중에서 이토 히로부미는 1907년 정미7조약을 체결한 후 쇼인의 무덤에 이를 고했으며, 아베 신조 총리도 수차례 가장 존경하는 인물로 쇼인을 꼽을 정도로 근대 이후 일본의 정치계에 그가 끼친 영향력은 그 누구보다 크다. 그의 위패는 현재 야스쿠니 신사에 신위 제1호로 모셔져 있다.

사후 ♟♟

　유신삼걸 중 하나인 기도 다카요시, 과격파 유신지사의 대표격이자 기병대의 수장인 다카스기 신사쿠, 이토 히로부미, 그와 함께 권세를 누린 이노우에 가오루 등 유신의 주요 인사들이 쇼인의 죽음으로 분기했다.

　한편 존왕양이를 주창한 요시다 쇼인의 제자들이 훗날 커다란 정치가로 거듭날 수 있었던 것은 역설적으로 요시다 쇼인을 버렸기 때문이라는 견해도 있다.

　2006년 9월 아베 신조安倍晋三 총리가 그를 가장 존경한다고 밝히기도 했다. 일본의 우익단체 중에는 그의 이름과 그가 활약하던 학당인 '쇼松'라는 글자를 따서 그의 정신을 기리는 쇼콘주쿠松魂塾라는 학당이 있어 그의 학맥이 계승될 만큼 영향력을 미치고 있다. 쇼카손주쿠 내에 쇼인을 모신 신사神社가 세워져 성역화되기도 하였다.

요시다 쇼인을 모시는 하기 시의 신사

자료 : tripadvisor.co.kr

군국주의 망령의 포로

아베의 신군국주의

아베의 가계도

아베 신조의 가계도를 보면, 그야말로 메이지유신에서 2차 세계대전 패전까지의 일본 정치를 풍미한 인물들로 가득 채워져 있다.

일본인의 입장에서는 근대 일본을 세우고 발전시킨 정치명문가라고 해도 결코 과언이 아니다. 그러나 현재 아베 신조의 신군국주의를 보면 그 생각마저도 메이지유신 시절의 사고와 세계관에서 한 발짝도 발전하지 않은 것으로 보인다. 현대사에 있어서 메이지유신이 높이 평가를 받는 것은 세상에 눈을 뜨고 적극적으로 변화를 지향했기 때문이다.

아베 신조의 꿈

　구한말 조선이 쇄국정책을 펴고 세계의 변화와 서구의 우수성에 눈을 돌린 것
과는 달리, 일본은 존왕양이와 개항의 내부 갈등을 통해, 그때까지의 정치형태
인 막부제를 폐지하고 입헌군주국으로 변신하는 메이지유신을 단행하며, 근대
국가에 맞도록 일본을 변화시켜 나갔다.

　우물 안 개구리처럼, 세계정세에 눈을 감고 자신이 보고 싶은 것만 보며 변화
를 받아들이지 않았던 구한말 조선의 모습이 오늘날 문재인 정권 하에서 다시
재현되고 있는 것 같아 걱정이 아닐 수 없다.

　서구의 우수성을 인정하고 변화에 맞도록 자신을 바꿔나갔던 일본. 19세기 말
에 가지고 있던 이러한 사고와 가치관의 차이가 현재의 한국과 일본의 차이를

만들었다.

그렇지만 현재 일본의 신군국주의를 보면, '우물 안 개구리처럼, 세계정세에 눈 감고 자신이 보고 싶은 것만을 보는 모습'이 보인다.

아베 신조는 야마구치현에 뿌리를 두고 있다.

아버지와 할아버지, 고조할아버지 모두 야마구치현 출신의 정치인이며, 총리를 지낸 외할아버지와 작은 외할아버지도 역시 야마구치현 출신이다.

야마구치현구 쵸슈번은 메이지유신을 주도한 가장 중요한 두 번쵸슈번, 사츠마번(현 가고시마현) 중 하나로, 메이지유신을 주도하고 이후 일본의 근대사를 좌지우지한 현이다.

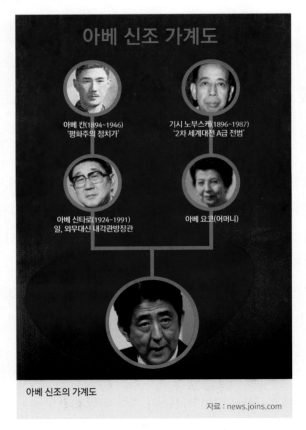

아베 신조의 가계도

메이지유신의 정신 ♟♟

쵸슈번 출신으로 메이지 시대 정치를 좌지우지한 인물 중 한국인에게 가장 유명한 인물이 바로 이토 히로부미로, 아베 신조의 고조부 오오시마 요시마사大島義를는 이토 히로부미와 같은 스승 밑에서 공부를 했다.

이들이 배운 스승이 바로 요시다 쇼인吉田松陰, 1830~1859으로, 쵸슈번 출신 사무라이들의 정신적인 지주이며, 근현대적 의미의 일본 우익사상의 창시자이다.

이 사람이 그 당시 가지고 있었던 사상을 쵸슈번 출신 사무라이들이 계승하여 이어나갔고, 이들이 메이지 시대를 이끌었으며, 전쟁을 일으켰다.

그리고 그 사상은 현재의 정치인 아베 신조에게까지 이어져 아베 신조가 가장 존경하는 인물이 바로 요시다 쇼인이다.

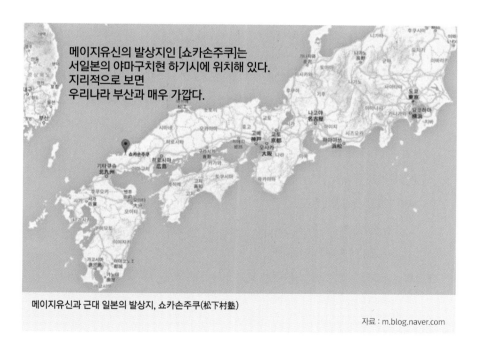

메이지유신의 발상지인 [쇼카손주쿠]는 서일본의 야마구치현 하기시에 위치해 있다. 지리적으로 보면 우리나라 부산과 매우 가깝다.

메이지유신과 근대 일본의 발상지, 쇼카손주쿠(松下村塾)

자료 : m.blog.naver.com

시대에 따라 세상은 변하고, 근대에는 그때에 맞는 가치관이, 현대에는 오늘날에 맞는 가치관이 있다. 근대에는 세계 모든 강대국들이 식민지를 운영했고, 힘의 논리로 주변국을 위협했다.

지금의 시각으로 보면 매우 야만스럽고 무지한 가치관이지만, 그 당시 사람들에게는 최신 경향의 당연한 가치관이었을 것이다.

그러나 일본 역사상 가장 자랑스러웠던 시대의 가치관에 사로잡힌 채, 그 시대의 영광을 오늘날 재현하고자 한다는 것은 시대착오적인 발상이다. 그 당시 서구 강대국의 틈에서 살아남기 위해 시대의 변화에 발맞추어 유연하게 대처해 나갔던 선조들의 정신마저도 욕보이는 것은 아니겠는가.

아베의 신군국주의

2013년 초반, 아베는 한국의 월간지인 월간조선의 조갑제 편집장과 대담한 자리에서 한일관계와 과거사 문제, 헌법개정 등의 문제에 대해 말했다.

> 〈전략〉
>
> **조갑제** : 한일관계에 대한 생각은 어떻습니까?
>
> **아　베** : 한국은 보편적 가치관을 공유하는 가장 중요한 이웃 국가입니다. 이 보편적 가치 중에는 법치주의도 있습니다. 비유적으로 설명하면 바다는 자유로운 바다가 되어야 한다는 것입니다.
>
> **조갑제** : 직접적인 표현으로 질문하면, 독도 문제를 해결하는 데 있어 일본은 무력을 사용하지 않는다는 것입니까?
>
> **아　베** : 일본이 그런 수단을 취할 수는 없다는 점을 명확히 말씀드립니다. 이 문제에 대

해 법에 따라 냉정하게 평화적으로 분쟁을 해결해 나간다는 생각에 따라 검토를 준비하고 있습니다.

〈중략〉

아　베 : 저는 일본이 한국인에게 차마 말로 다할 수 없는 아픈 과거를 만들어 버린 일 등 그런 분들의 마음을 생각하면 마음이 아픕니다. 그러나 동시에 역사 인식에 관해 말씀드리자면 역사 문제를 정치 문제화, 외교 문제화시켜서는 안 된다고 생각합니다. 역사 문제는 역사학자에게 맡겨야 한다고 생각합니다.

조갑제 : 자민당이 참의원 선거에서 이긴다면 자위대의 명칭 변경과 집단적 자위권 행사를 위해 헌법을 개정하는 것입니까?

아　베 : 제 정책이 극우적이라고 한국 언론으로부터 자주 비판을 받아왔습니다. 과거 서울대에서 강연할 때도 같은 지적을 받았는데 저는 이렇게 답했습니다. "그럼 한국은 집단적 자위권을 행사하지 않나요? 한국의 방위 담당 기관은 다른 부서보다 격이 낮은가요?"라고 말이죠. 이것은 한국을 포함한 대다수 국가가 하고 있는 바와 같이 국가 안보를 위한 행위일 뿐입니다. 제 주장이 극우적이라면 세계의 모든 나라는 다 극우 국가입니다.

〈후략〉

《월간조선》의 2013년 4월호에 실린
조갑제 월간조선 편집장과 아베 신조 총리 간의 대담 내용 중 일부

요시다 쇼인은 막부 말기의 급진 사상가이자 교육자다. 존왕양이[*1]를 위해 극단적인 행동도 서슴지 않는 행동파였다. 일생 동안 21번 맹렬한 행위를 감행할 것이라는 의미에서 자신의 호를 '21회 맹사猛士'로 지었다.[*2]

[*1] 왕을 받들어 오랑캐를 물리침
[*2] 조한필, 쇼카손주쿠와 아베 총리 조한필의 세상훑기(37), 2015.05.27.

1854년 미국 페리 제독이 군함으로 일본을 압박해 조약을 체결하자 그는 정박 중인 미 군함에 몰래 승선해 밀항하려다 투옥됐다. 그는 감옥에서 쓴 책에서 "무력 준비를 서둘러 군함과 포대를 갖추고 … 오키나와와 조선을 정벌해 북으로는 만주를 점령하고, 남으로는 타이완과 필리핀, 루손 일대의 섬들을 노획해 진취적 기세를 드러내야 한다."고 야망을 펼쳤다. 이른바 원조 정한론征韓論을 주장한 사람이다.

그러나 결말은 그의 나이 30세에 참수당했다. 왕의 허락 없이 막부가 미일통상조약을 체결한 것에 격분해서 막부 고관 암살을 꾸미던 게 사전에 발각되어 사형에 처해졌다. 그는 일찍 죽었지만 이토 히로부미·야마가타 아리모토 등 그의 제자들은 조선 식민지화에 직·간접적으로 영향을 끼쳤다.

일본이 메이지유신의 태동지인 쇼카손주쿠를 유네스코 세계문화유산에 등재하려 한다. 메이지유신은 산업화 및 근대화의 길을 열어 일본을 20세기 전후 동북아의 최강자로 만들었다. 또 제국주의 침략의 길도 열어 우리를 비롯해 중국·동남아시아 등 주변국에 씻을 수 없는 과오를 저지르게 했다. 그 모태가 된 곳이 50㎡의 작은 목조건물 쇼카손주쿠라고 말할 수 있다.

유네스코 국제기념물유적협의회ICOMOS는 일본이 제출한 쇼카손주쿠 등 근대시설 유적등재 신청에 대해 "부정적 역사까지 담으라."고 권고했다고 한다. 이 권고가 의미하는 바를 현재의 일본인은 깊이 새겨들어야 할 것이다.

아베 신조 일본 총리도 야마구치 출신으로 하기시萩市와 가까운 나가토長門에서 태어났다. 그는 오래 전부터 요시다 쇼인을 존경한다고 밝혀왔다. 그는 2013년 8월 요시다 쇼인의 신사에 참배하기도 했다.

그의 할아버지인 아베 칸 때부터 지역구는 야마구치현의 최대 도시 시모노세키下関다. 이곳은 또한 이토 히로부미의 정치적 고향이기도 하다. 이토는 1895년 시

아베 신조 일본 총리가 2013년 8월 13일 야마구치현의 요시다 쇼인 신사에서 참배하고 있다.

자료 : brunch.co.kr

모노세키에서 청나라 리훙장李鴻章을 불러들여 이른바 시모노세키 조약*을 맺었다.

아베 총리에겐 조슈번長州藩의 피가 흐르고 있다. 그의 외할아버지 기시 노부스케도 역시 야마구치 출신이다. 만주국 정부의 산업부 차관이 되어 산업계를 지배하다가 1940년 귀국하여 다음해 도조 히데키 내각의 상공대신에 취임했다. 그러나 군수성 차관으로서 전쟁 강행을 주장하는 도조 총리와 대립하여 1944년 도조 내각이 무너지는 데 한몫을 했다. A급 전범 용의자였으나 기소되지 않고 석방되어 제56·57대 총리까지 역임했다. 오죽하면 쇼와의 요괴昭和の妖怪라는 별명이 붙었겠는가.

* 1895년 3월 20일부터 야마구치현 시모노세키 시에서 열린 청일전쟁의 강화회의로 체결된 조약으로서 정식명칭은 일청강화조약(日淸講和条約)이다. 4월 17일 일본제국의 이토 히로부미와 청나라의 리훙장 사이에서 체결되었다. 이 조약은 5개 항목으로 청나라의 조선에 대한 간섭을 물리치고 일본이 조선과 만주까지 지배력을 뻗칠 수 있게 하였다. 그러나 몇 년 뒤 조선에서 청나라가 물러나고 명성황후의 요청에 지원받는 러시아가 새로 들어와 일본의 조선 지배욕을 방해하게 된다.

부국강병을 외치며 대외침략까지 주장했던 요시다 쇼인 등이 그들에겐 자랑스러운 선조인지 모르겠지만, 주변국들에게는 혐오스럽기 짝이 없는 존재임을 잊지 말아야 한다.

아베 역사관의 뿌리 조슈(長州)*

자료 : news.chosun.com

* ①② 메이지유신의 문부를 장악한 이토
(위)와 야마가타 상(像). 하기시의 이토 옛집과 중앙공원에 각각 있다. ③ '쇼인 신사'에 참배하는 아베 신조 총리. ④ 쇼카손주쿠(松下村塾)에 걸려 있는 문하생 사진들. 메이지유신의 주역들로 차 있다. 맨 윗 줄 가운데가 요시다 쇼인, 둘째 줄 오른쪽에 이토 히로부미와 야마가타 아리토모. 맨 위 오른쪽이 기도 다카요시(유신 삼걸 중 한 명).

망령의 포로
문재인과 아베 신조

아베의
심복

아베의 심복

스가 요시히데

개요

스가 요시히데(菅義偉, 1948년 12월 6일 -)는 일본의 정치인이다. 8선 중의원 의원이다. 2006년 들어선 제1차 아베 신조 내각에서 총무대신을 맡았으며, 2012년 제2차 아베 신조 내각서부터내각 관방장관으로 중용됐다. 자타가 공인하는 아베 신조의 최측근이자 내각의 2인자로 평가받으며, 자민당 내에서 보수강경파로 손꼽힌다.

스가 요시히데 (2013)

자료 : ko.wikipedia.org

생애 ♟♟

성장 과정 ♟

1948년 12월 6일 빈농의 아들로 아키타현秋田県 오가치군 오가치정현재 유자와시에서 태어났다. 가족은 아버지, 어머니, 누나 2명, 남동생 1명이다. 아버지 스가 와사부로菅和三郎는 남만주철도의 직원으로서, 당시 만주국의 수도였던 통화通化에서 일본의 패전을 맞이하였다. 고국으로 돌아온 뒤 고향 아키노미야秋の宮에서 농업에 종사하였다. 아버지는 '아키노미야 딸기秋の宮いちご'를 브랜드화하는 데 성공하여 아키노미야 딸기 생산출하조합의 조합장과 오가치정의회 의원, 유자와시 딸기 생산집출하조합 조합장 등을 역임하였고, 2010년에 93세로 사망하였다. 어머니와 숙부·숙모는 전 교사이며, 두 누나도 고등학교 교사가 되었다.

고등학교를 졸업한 후 곧바로 상경하여 골판지 공장에 취직하였고, 상경 2년 후 고학으로 당시 사립대학 중 가장 학비가 저렴하다는 이유로 호세이 대학法政大学 법학부 정치학과에 진학하였다. 1973년 대학을 졸업하고, 겐덴세비建電設備 주식회사에 입사하였다.

정치 입문과 시의원 활동 ♟

1975년에는 정치인을 지망하여 호세이 대학 취업과와 상담을 하였고, OB회 사무국장으로부터 호세이 대학 출신인 제57대 중의원 의장 나카무라 우메키치中村梅吉의 비서를 소개받아 같은 파벌이었던 중의원 오코노기 히코사부로小此木彦三郎의 비서가 되었다. 이후 11년에 걸쳐 비서를 맡았다. 1983년에는 오코노기 중의원이 통상산업대신에 취임함에 따라 대신 비서관을 맡게 되었다.

1987년에는 요코하마시横浜市 니시구西区 선거구에 출마하여 시의원으로 당선되었다. 그 이후 시의원으로 재선까지 성공한다. 시정에 큰 영향력을 가졌던 오코노기 중의원이 사망한 후에는 정치 신인임에도 불구하고 오코노기 의원의 사실상 대리인으로서 활동하였다. 중의원 비서 시절에 맺은 정·재계의 인맥을 활용하여 실력을 발휘하였다. 다카히데 히데노부高秀秀信 시장으로부터 인사 등에 대해 상담을 자주 받는 등 '요코하마의 그림자 시장'으로 불리기도 하였다.

중의원 ♞

1996년의 제41회 중의원 총선거에는 가나가와현神奈川県 제2구에서 자민당의 공천을 받아 출마하였고, 신진당의 공천을 받은 우에다 아키히로上田晃弘와, 구 민주당의 공천을 받아 출마한 오이데 아키라大出彰를 누르고 당선되었다.

1998년의 자유민주당 총재 선거에서는 소속되어 있던 헤이세이연구회平成研究会의 회장 오부치 게이조小渕恵三를 지지하지 않고 스승으로 받드는 가지야마 세이로쿠梶山静六를 지지하였고, 헤이세이연구회를 탈퇴하였다. 이후에는 고치카이宏池会에 가입하였다. 2000년 제2차 모리 요시로森喜朗 내각의 불신임 결정을 둘러싼 소위 '가토의 난'에서는 가토 고이치加藤紘一 등에 동조하여 불신임안 투표에는 결석하였지만, 이후 가토파가 분열되었을 때에는 친 가토 그룹인 오자토파가 아니라 반 가토 그룹인 호리우치파에 가담하였다.

2005년 11월 2일에는 제3차 고이즈미 준이치로小泉純一郎 개조내각에서 야마자키 쓰토무山崎努와 함께 총무부대신副大臣에 임명되었고, 이듬해 9월 26일까지 총무부대신을 지낸다. 다케나카 헤이조竹中平蔵 총무대신 아래에서 일하면서, 총무성 내부 통제의 수장으로 임명되어 사실상 인사권을 행사한다고 평가받기도 한다. 2006년에는 재도전지원의원연맹의 설립에 참가하였다. 이 의원연맹은 실질적으로 고이즈미 준이치로의 후임자를 선출하는 2006년 자유민주당 총재 선거에서,

아베 신조를 지원하는 모임이라는 평가를 받기도 하였다. 이후 총재 선거에서 아베 신조가 승리하였고, 아베 신조가 총리로 취임하며 총무대신으로 입각한다.

2007년 제21회 참의원 통상선거 패배의 책임을 묻는 형식으로 내각 개편이 이루어졌고, 2007년 8월에는 총무대신과 내각부 특명담당대신의 자리에서 물러나면서 자민당 선거대책 총국장에 취임하였다.

2007년 9월에는 아베 신조 총리의 퇴진과 함께 치러진 자유민주당 총재 선거에서 후쿠다 야스오福田康夫를 지지한다는 고치카이宏池会의 방침에도 불구하고 아소 다로麻生太郎를 지지하였고, 아소 다로의 추천인 명부에 이름을 올렸다. 후쿠다 야스오 내각 하에서는 선거대책 총국장이 격상된 선거대책 위원장에 고가 마코토古賀誠가 취임하였고, 스가 요시히데는 선거대책 부위원장으로서 선거대책 업무를 계속하여 맡았다.

아베와 스가

자료 : premium.chosun.com

2008년 9월 24일 아소 다로 내각 출범 후에는 아소의 측근으로서 낮은 지지율을 기록하던 아소 정권을 지지하였으며, 적극적으로 정책을 제안하여 정부지폐의 발행과 무이자 국채의 발행, 정치인 세습 제한 등을 주장하였다.

2009년 7월에는 고가 마코토가 도쿄 도의회 의원 패배의 책임을 지는 형태로 자민당 선거대책 위원장을 사임하였으나, 스가 요시히데는 자민당 선거대책 부위원장 직을 사임하지 않고 위원장 대리로서 직후의 제45회 중의원 총선거를 지휘하였다. 그리고 2009년 8월의 제45회 중의원 총선거에서는, 가나가와현 제2선거구에서 민주당의 미무라 카즈야三村和也의 맹추격을 548표의 근소한 차이로 따돌리고 5선에 성공하였다. 상대 미무라는 비례대표 병립제를 통해 첫 당선에 성공하였다이른바 부활당선. 이후 2009년 9월 28일에 치러진 자유민주당 총재 선거에서는 1996년 당선 동기인 오무라 히데아키·신도 요시타카·마츠모토 준 등과 함께 고노 다로를 총재 후보로 추천하였고, 이와 함께 고치카이를 탈퇴하였다. 하지만 자유민주당 총재에는 다니가키 사다카즈谷垣禎―가 당선되었다.

2010년에는 자민당 국회대책 부위원장 및 홍보본부장 대리에 취임하였고, 2011년에는 자민당 조직운동본부장에 취임하였다. 2012년 4월에는 우정민영화법 개정안 표결에서 자민당의 찬성 당론에도 불구하고 반대에 투표하였다.

아베 신조 내각 ♟

총무대신2006~2007년

2006년 자유민주당 총재 선거에서 아베 신조를 적극 지원하였고, 2006년 9월에 출범한 제1차 아베 신조 내각에서는 당시 4선에 불과했던 스가 요시히데를 총무대신우정민영화 담당대신 겸직으로 임명하였으며, 이로써 첫 입각을 이룬다.

2006년 10월 NHK 단파 라디오 국제방송에 대한 방송 명령에 정의된 방송사항에 북조선북한에 의한 납치문제를 추가하려는 방침을 밝혔다. 당시 일본 방송법 제33조에는 '국제방송 등의 시행 명령 등国際放送等の実施の命令等'이라는 항목이 있었으며, 거기에 "총무대신은 협회에 대하여 방송구역·방송사항 그 밖에 필요한 사항을 지정하여 국제방송을 해야 할 사항을 명할 수 있다."라고 되어 있었다2007년 12월에 방송법이 개정되면서 '명령'에서 '요청'으로 표현이 바뀌었다.

2006년 11월 10일에는 방송사항에 "북조선북한에 의한 일본인 납치 문제에 특히 유의할 것"을 추가하라는 명령을 NHK에 보냈다. 한편 "보도의 자유는 반드시 지켜야 한다. 방송 내용이나 방송 횟수를 지시하는 것이 아니다."라고 하여 NHK의 편집권에 대한 존중 입장을 나타내기도 하였다.

방송법 제44조에는 '편집권'에 관하여 '방송 프로그램의 편집 등'이라는 항목이

총무대신 스가 요시히데

자료 : premium.chosun.com

있고, 거기에는 "NHK는 국제방송의 방송 프로그램 편집에 대해 해외 동포의 적절한 위안을 줄 수 있도록 해야 한다."라고 되어 있다. 또한, 당시 해외에서 방송되던 단파방송 '바닷바람_{しおかぜ}'에 대해, 무선국 허가장을 교부하여 일본 국내 방송에 길을 터주었다.

2006년 12월에는 내각부 특명담당대신_{지방분권개혁} 보직도 받았다. 2007년에 발각된 연금기록 문제에 관해서는, 후생노동대신 야나기사와 하쿠오_{柳澤伯夫}가 아니라 총무대신이었던 스가 요시히데가 검증을 담당하였다.

일본 우정공사 총재 이쿠타 마사하루_{生田正治}와 회담을 가진 후에는 "이쿠타가 '총재를 사임하겠다'는 취지의 발언을 했다."고 발표하였다. 이후 후임 일본 우정공사 총재에는 미쓰이 스미토모 은행 출신 니시카와 요시후미_{西川善文}가 취임한다는 발표가 있었는데, 이쿠타 마사하루는 "나는 사의를 표명한 적이 없다."는 반박 기자회견을 하기도 하였다.

이름	스가 요시히데	세코 히로시게	이마이 다카야
직함	관방장관	경제산업상	정무비서관(비서실장에 해당)
출생 연도(나이)	1948년(70)	1962년(56)	1958년(61)
주요 경력	중의원 8선	NTT 근무(홍보)	경산성 관료
특징	대북 강경 대응 주장	홍보 전문가	아베 정권 브레인
아베총 리와 인연	집권·재집권 때 공헌	절대 충성파·집안 인연	
경제보복 방침	막판까지 대화 강조	경제보복 주무장관	경제보복 기획
특이사항	막후 조정 탁월·흙수저·레이와 연호 발표	사학재단 소유	숙부 일본제철 명예회장

아베의 핵심 3인방

자료 : m.raythep.com

내각관방장관 2012년 ~

2012년 9월 아베 신조가 자유민주당 총재에 취임하면서 자유민주당 간사장 대행으로 기용되었다. 2012년 12월 중의원 총선거에서는 미무라 카즈야三村和也의 부활당선 여지도 차단하면서 압승하고 6선에 성공하였다. 2012년 12월 26일에는 제2차 아베 신조 내각이 출범하면서 내각관방장관에 임명되었다. 2013년에는 우정민영화에 맞지 않는다는 이유로 일본우정사장 사카 아츠오坂篤郎를 취임 6개월 만에 퇴임시키고, 고문직에서도 해임하였다. 2013년 발생한 알제리 인질사건 때에는, 방위성의 반대에도 불구하고 전례 없이 일본 정부의 전용기를 보내기도 하였다.

2014년 5월에는 내각인사국의 국장 인사를 주도하여, 국장에 내정되었던 스기타 가즈히로杉田和博 대신에 가토 가쓰노부加藤勝信를 임명했다는 설도 있다. 전 내각참사관 다카하시 요이치高橋 洋一에 의하면, 국장 인사를 통해 관료를 통제 하에 두

관방장관 스가

자료 : asiae.co.kr

어 역대 관방장관 중에서도 굴지의 정보수집능력을 가지게 되었다고 한다. 2014년 7월에 출연한 NHK '클로즈업 현대'의 방송내용에 대해, 방송 후 "NHK에 관저를 통해 간접적으로 압력을 행사했다."고 보도되었으나, 스가 요시히데 본인은 이를 부인하였다. 또한 2014년 11월에는 중의원 해산을 통해 총선거를 집행할 것을 아베 신조 총리에게 진언하였다고 한다. 관방장관이 된 이래로 2번의 중의원 총선거에서 연승하여 현재는 8선 의원이다.

여담 ♟♟

- 역대 최장수 관방장관이다. 종래 1,289일 간 관방장관을 지낸 후쿠다 야스오 전 총리가 최장수 관방장관 기록을 갖고 있었지만, 2016년 7월 7일에 스가 요시히데 관방장관이 이 기록을 깼으며, 지금까지 현직으로 있다.
- 철저한 표정관리로 속마음을 좀처럼 드러내지 않으며 위기관리능력을 인정받아 롱런한다는 평이다. 민감한 질문을 받아도 동요하는 법 없이 "논평을 삼가겠다.", "말하는 것을 삼가고 싶다." 하고 일축하거나, 기자들의 질문 공세에도 질문의 핵심과 거리가 있는 답변으로 대신하면서 기자들의 진을 빼는 등, 정부 대변인으로서는 노회한 인물이라는 평을 받았다.
- 현재는 어느 파벌에도 소속하지 않았다. 정치생활을 오래도록 하였음에도 자신만의 파벌도 만들지 않은 관료형 정치인을 고수하고 있다. 성격이 진중하고 침착할 뿐만 아니라 술·담배나 유흥 따위도 일절 하지 않으며 빈농의 아들로 태어나 관방장관 자리에까지 오른 입지전적인 인물로 일본 정치계에서 평판이 좋다. 이런 처신 덕에 일본 언론에서 비판을 받지 않는 거의 유일

한 정치인이다.

- 그러나 한일 간에 일상적인 갈등 탓에 한국에 대한 감정이 좋지 않다. 실제 한일관계에 대한 논평을 보더라도 지극히 냉랭한 편이다. 생전에 김종필도 스가 요시히데에 대해서 "이 사람이 한국에 대한 인식이 좋지 못하다. 한국을 내려다보고 있는 것 같다."라고 지적한 바 있다.

- 이병기 전 국정원장과는 주일대사로 부임할 때부터 인연을 맺었고, 그 즈음 한일 위안부 합의를 위해 긴밀히 협조한 것으로 알려진다.

- 한국에서의 '친일'과 일본에서의 '친일'의 의미 차이에 대해 잘 알고 있는 듯하다. 2019년 2월 문재인 대통령의 '친일 청산' 언급에 대해서 "3·1 독립운동 100주년을 맞아 한국독립운동사의 기억과 독립운동가의 역할에 대해 강조하는 맥락에서 이뤄진 것으로 알고 있다."고 설명했다. "이런 문맥에서의 친일은 전쟁_{태평양전쟁} 전이나 전쟁 중 일본 당국에 협력한 관계자를 반민족주의자로 비판하는 용어"라며 "일본어로 말할 때의 친일과는 의미가 다른 것으로 이해하고 있다."고 덧붙였다.

- 2019년 4월 1일 신 연호를 발표하기로 결정되자 누가 신 연호를 발표할지를 두고, 즉 아베 총리가 할지, 아니면 전례처럼 스가 관방장관이 할지를 놓고 말이 많았다. 2019년 3월 27일에는 쇼와에서 헤이세이로 넘어갔을 때처럼 신 연호 발표는 스가 관방장관이 발표하고, 그 뒤에 아베 총리가 신 연호에 관한 담화를 하기로 결정했다. 동년 4월 1일 11시 40분 레

새 연호 '레이와(令和)'

자료 : mk.co.kr

이와令和 시대 시작을 발표했다. 따라서 향후 스가 장관도 일명 헤이세이 아저씨라는 별명으로 불렸던 오부치 게이조 당시 관방장관처럼 레이와 아저씨가 될 것 같다. 실제로도 4월 1일 신 연호 발표 이후 스가 장관도 '레이와 아저씨'라는 이미지가 조금씩 나왔다.

'아베의 괴벨스' 스가 요시히데 ♞♟

스가 요시히데는 일본의 대표적인 장수 관료로서 우리에게도 잘 알려져 있는 인물이다. 그는 한국에 대해서 자주 망언을 입에 담아 구설수에 오르기도 한다. "안중근은 일본의 초대 총리를 살해해 사형 판결을 받은 테러리스트다." 이 정도는 약과다.

관방장관이라는 직책은 우리나라에 똑같은 부처가 없어 다소 낯설게 느껴지지만, 스가는 아베 정부의 '입'과 '머리'를 겸하는 인물이라고 할 수 있다. 우리나라는 임명직인 청와대 대변인이 정부의 입장을 전하지만, 일본은 내각의 일원인 관방장관이 직접 정부를 대표해 브리핑에 나선다.*

* 양지혜, '아베의 괴벨스' 스가 요시히데는 누구?. 프리미엄조선, 2015.03.31.

관방장관은 총리와 내각의 의견을 수렴해서 최종 전달자 역할을 한다. 그리고 매일 국민에게 얼굴을 비추기 때문에 흔히 '실세 2인자'이자 '차기 총리 후보 0순위'로 꼽힌다. 실례로 아베 신조 현 총리나 후쿠다 야스오福田康夫 전 총리 등은 고이즈미 준이치로 내각의 관방장관 출신이다. 요즘 일본에서는 "아베 정부의 미래를 알고 싶거든 스가의 입에 주목하라."는 말이 있을 정도로 스가 관방장관의 영향력이 막강하다.

スガ 관방장관 끝없는 '안중근' 망언

자료 : news.joins.com

일본에서는 "정치를 하려면 '삼반ミバン'이 있어야 한다."고 한다. 반バン으로 끝나는 일본어 세 가지 '기반基盤·간판看板·가방カバン'을 뜻한다. 즉, 출신 배경을 뜻하는 기반, 학력과 외모를 뜻하는 간판, 그리고 정치자금을 보관하는 가방이 있어야 한다는 것이다.

특히 일본의 정계는 유독 세습 성향이 강하다. 아베 신조 총리만 보더라도 외할아버지 기시 노부스케, 작은 외할아버지 사토 에이사쿠佐藤榮作가 총리를 역임했으며, 어머니는 기시 노부스케 전 총리의 딸이다. 아버지는 외무대신을 역임했고, 동생은 기시 집안의 양자로 들어가 참의원參議員이 됐다. 이처럼 '금수저'가 주름잡는 일본 정치계에서 스가는 삼반 중 하나도 갖추지 못하고도 철저한 자수성가로 '일본의 No.2'가 됐다.

너무 성장배경이 다른 탓에 결코 접점이 없을 것 같은 스가와 아베 총리는 2000년대 초반 '대북對北 강경론'을 함께 펼치며 가까워졌다. 극우 성향에 서로

스가 관방장관의 선거 포스터

자료 : premium.chosun.com

공감한 탓인지 스가는 아베에게 열등감을 느끼기는커녕 "어렸을 때부터 정치 가문에서 성장한 아베는 특별하다."며 먼저 다가갔고, 아베 총리의 1기 내각이 꾸려졌던 2006년에는 총무대신으로 발탁됐다. 아베 총리는 이듬해 사임해 1기 내각이 끝났지만, 스가는 아베가 2012년 자민당 총재 선거에 다시 출마해 2기 내각을 출범시키도록 적극적으로 밀었다. 스가가 당시 출마를 망설이는 아베 앞에서 "총재 선거에서 져도 좋으니 다시 한 번 정치가

일본 평화헌법을 무력화시키는 안보 관련 11개 법안의 참의원 통과가 임박하자 아베 신조(왼쪽)가 스가 요시히데와 대화하던 중 웃고 있다(2015.09.15.).

자료 : seoul.co.kr

장!"이라고 고함을 쳤다는 일화는 유명하다.

스가는 지금도 아베 정권에서 군기반장 역할을 하고 있다. 2기 내각이 출범한 직후 처음 열린 각료회의에서 스가는 "역사 인식에 대해서 내각 전체가 통일된 목소리를 내야 한다. 역사 관련 발언을 신중하게 하지 않으면 각료직에서 물러날 수도 있다."고 엄포를 놨다. 그러면서 공영방송인 NHK 주요 요직에 아베파派 인물을 앉히고, 아베에게 우호적인 보도가 나오도록 압력을 가하는 등 언론 장악에도 힘을 쓰고 있다. 아베 정부의 행보를 비판하는 반대파들은 '스가는 아베 정부의 괴벨스*'라고 비난한다.

스가의 생각은 저서 《정치의 각오》에서 더 자세히 드러난다. 이 책에서 스가는 "과감한 정치를 강조하는 마키아벨리의 말을 가슴에 묻고 걸어가겠다."고 한다. 평화헌법을 개정해 지금의 자위대를 '국방군'으로 만들려는 그의 야심이 읽히는 대목이다.

스가는 일본군의 위안부 강제연행을 인정한 고노 담화조차 부정하며 "정부 차원에서 일본의 명예를 회복하길 원한다."고 말하는 등 '전범국가 일본'의 과거를 결코 인정하지 않는다.

---

* 파울 요제프 괴벨스(Paul Joseph Goebbels, 1897년 10월 29일 ~ 1945년 5월 1일)는 나치 독일에서 국가대중계몽선전장관의 자리에 앉아 나치 선전 및 미화를 책임졌던 인물이다. 히틀러의 최측근 역할을 했다. 1945년 아돌프 히틀러가 죽은 후 하루 뒤에 포위된 벙커 안에서 아내와 6명의 아이들을 데리고 동반 자살하였다. 나치당의 뇌라고 불릴 만큼 나치당의 지식인이었던 그는 나치당의 제복 대신 양복을 주로 입었고 선전 방법뿐만 아니라 유창한 말솜씨도 가지고 있었으며 그는 사람들을 선전하다 못해 광신적인 사람들로 만들었다. 특히 그는 라디오와 TV를 통해 정치 선전을 했었는데, 정기적인 TV방송으로 선전을 한 것은 세계 최초였다. 그의 선전 방송을 들은 당시 독일 국민들은 패전의 상황에서도 승리를 확신했다고 한다.

왼쪽 위 사진부터 시계방향으로 고노 다로, 세코 히로시게, 스가 요시히데,
모테기 도시미쓰

대(對)한국 강경파 대거 포진, '포스트 아베' 후보들도 전면에

자료 : munhwa.com

아베의 심복

세코 히로시게

개요

일본의 정치인으로, 2016년부터 2019년까지 아베 신조 내각의 경제산업상을 역임했다. 1998년 이래 와카야마현和歌山県 지역구의 참의원 의원이다.

생애와 정치경력

1962년 11월 9일 오사카시 텐노天王지구에서 태어나 본가가 있는 와카야마현

신구시에서 성장했다. 많은 일본의 중진 정치인과 마찬가지로 지역구를 물려받은 세습 정치인으로, 조부인 세코 고이치世耕弘一가 중의원을 8회 역임1932~1965하였고 백부 세코 마사타카世耕政隆가 중의원 1회1967~1969, 참의원 5회1971~1998를 역임하였다. 세코 히로시게는 백부의 사망 이후 치러진 보궐선거에서 지역구를 이어받았다. 한편 세코 고이치가 긴키 대학의 설립자

세코 히로시게

자료 : brunch.co.kr

이기도 하여 백부와 부친에 이어 세코 히로시게도 긴키 대학 이사장직을 맡았다.

배우자는 2013년 결혼한 전직 참의원 하야시 구미코林久美子, 지역구는 시가현이다. 특이한 것은 하야시가 제1야당이었던 민주당 소속으로, 드물기는 하지만 여야 간 성향 차이가 희석된 지금의 일본 정계에서는 그렇게까지 이례적인 것은 아니다. 하야시는 2016년 낙선 후 정계에서는 떠나 있다.

와세다 대학교에서 정치학과 학사로 졸업하고, 석사는 미국 보스턴 대학교에서 커뮤니케이션 학부 대학원을 졸업하였다. 본격적으로 정치인 생활에 뛰어든 때는 1998년으로, 큰아버지의 참의원 재임 중 사망으로 치러진 보궐선거에서 자민당 참의원으로 당선된다. 이후 2003년에 총무대신 정무관을 시작으로 참의원 총무위원장을 지냈다.

자민당 내에서 두각을 드러내기 시작한 건 2005년 총선중의원 선거을 전후로 당 홍보본부장을 맡으면서다. 고이즈미 준이치로 당시 총리가 선보인 이른바 '극장형 정치'가 바로 세코의 작품인 것으로 알려져 있다.

세코는 2009년 자민당의 총선 패배 뒤엔 인터넷 댓글부대 '자민당 넷 서포터즈

클럽'J-NSC 창설을 주도, 온라인 공간의 우군 확보에 공을 들였다. '괴벨스' 별명이 붙은 것도 이 같은 경력 때문이다. 물론 자신은 그 별명을 싫어한다.

아베 신조와의 인연은 2006년에 시작되며, 이때 내각총리대신 보좌관 등을 지낸다. 2012년에 아베 2기 내각에서 관방성 부장관을 거쳐 2016년 8월에 경제산업대신으로 임명되었다. 세코 본인은 경제나 무역 전문가는 아니나, 내각책임제 정권에서 장관직 돌려막기는 흔한 일이다. 2019년 9월에 개각으로 물러났다.

2019년 참의원 선거에서는 73.8%의 압도적 득표율로 5선에 성공했다.

4차원 화법 쓰는 '아베의 괴벨스' 세코 히로시게

자료 : news.mt.co.kr

경제산업상으로서의 행보

2016년부터 경제산업상에 임명되어 2019년까지 3년간 재임했다. 특이한 건 경제 및 무역전문가가 아닌 언론전문가가 경제산업상 자리에 발탁되었다는 점이다. 임기 최후반에 경제산업상으로서 2019년 일본의 대한국 경제 보복을 주도했다.

7월 16일에는 15일 문재인 대통령의 발언과 관련하여 항목별로 반박하며 과거사 및 한일관계가 이번 경제제재와 관련 있는 것이 아니라고 주장하였다. 동시에 이는 경제산업성의 입장이 아니라고 밝혔다. 일본의 입장과 행동에 비춰 봤을 때 상당히 물타기식 발언을 한 셈이다. 그 외에도 문재인 대통령에 대한 비판 및 성윤모 산자부 장관의 반박 및 증거 요구에 무응답하며 자기의 책임이 아니라는 자세를 보여주었다.

이 때문에 고노 다로河野太郎가 장관을 맡고 있는 외무성과 갈등을 빚었다. 외무성 내부적으로는 경제산업성이 무리하게 진행한 화이트리스트 배제 뒷처리를 자기들이 한다는 것에 대한 불만이 커지기도 했다.

2019년 9월 11일, 개각 대상이 되어 경제산업상 자리를 내려놓고 자유민주당 참의원 간사장 직을 새로 맡게 되었다.

세코 히로시게 경제산업상

자료 : m.yna.co.kr

자민당 참의원 간사장 ♟♙

2019년 9월 11일 자민당 참의원 간사장 직에 임명되었다. 지난 참의원 의원 통상선거 결과 개헌 세력이 개헌선2/3을 상실했기 때문에 아베 총리가 직접 측근을 참의원으로 복귀시켜 야당 내 개헌파 등을 설득해 평화헌법 개정 동력을 유지하기 위함으로 분석된다.

아베 정권의 괴벨스 세코 히로시게 ♟♙

한일관계 악화와 관련해 양국의 미디어 여론전도 확산되는 듯한 양상을 띠고 있다. 양측 언론반응이 천지 차이인 것이 다소 흥미롭기도 하고 걱정스럽기도 하다. 양측 언어를 모두 이해하는 사람은 소수에 그치기 때문에, 소위 '확증편향*'은 더 강화될 수밖에 없을 것이다.

> * 원래 가지고 있는 생각이나 신념을 확인하려는 경향성이다. 쉬운 말로 "사람은 보고 싶은 것만 본다."가 바로 확증편향이다.

한국에서 그 역할이 다소 낯선 인물이 있으므로 조금 구체적으로 언급하고자 한다. 한국에 대한 보복 조치를 진두지휘한 것은 일본의 경제산업상経済産業相 세코 히로시게世耕弘成다. 세코 히로시게는 경력 상 경제와는 크게 관련 없는 인물이다. 관료출신도 아니고, 그렇다고 기업에서 경제 관련 역할을 맡은 적도 없다.

세코는 일본의 KT에 해당하는 NTT 홍보부서에서 근무해 왔다. 1986년에 입사해, 90년대는 홍보를 중심으로, 마지막에는 본사 보도담당 과장을 맡았다. 98년 참의원 의원이던 큰 아버지가 갑작스럽게 숨지자 세습의 형식으로 와카야마현和歌山県에 출마해 당선됐다. 현재 20년 넘게 참의원을 하고 있다. 그의 선거 이력은 다음 표와 같다.

세코 히로시게의 선거 이력

연도	선거 종류	소속 정당	득표수(득표율)	당선 여부	비고
1998	제17회 일본 참의원 의원 보궐선거(와카야마)	자유민주당	197,388(50.1%)	당선(1위)	초선
2001	제19회 일본 참의원 의원 통상선거(와카야마)	자유민주당	319,080(67.7%)	당선(1위)	재선
2007	제21회 일본 참의원 의원 통상선거(와카야마)	자유민주당	256,577(52.3%)	당선(1위)	3선
2013	제23회 일본 참의원 의원 통상선거(와카야마)	자유민주당	337,477(77.3%)	당선(1위)	4선
2019	제25회 일본 참의원 의원 통상선거(와카야마)	자유민주당	295,608(73.8%)	당선(1위)	5선

자민당은 집권당이었음에도 불구하고 90년대까지 제대로 된 홍보전략이 거의 전무했다. 중대선거구제에서 모든 유권자에게 어필할 필요가 적었고, 자기 지역 구에서 일정한 정도의 표만 나오면 됐기 때문이다. 이는 현재 참의원 선거에서도 마찬가지인데 도쿄와 같은 중대선거구6명 선출에서는 10% 안팎이라도 당선이 가능 하다.

세코 히로시게의 저서
자료 : sekohiroshige.jp

이와 같은 자민당 내 홍보전략을 바꾸게 된 게 2001년 이후 고이즈미 정권 때다. 고이즈미 정권 의 미디어·홍보전략은 '모든 국민에게 호소하되 알기 쉬운 말을 반복하는 식'으로 짜여졌는데, 이 를 주로 입안한 건 참모로 있는 이이지마 이사 오飯島勲라는 사람이다. 이이지마는 의원은 아니고 주로 배후 역할에 머물러 있으며, 현 아베 정권 에서도 자문역을 맡고 있는 것으로 알려져 있다.

하지만 이이지마도 체계적인 홍보 경험이 있 는 건 아니었다. 여기에 위기관리와 전략성 등

자민당 공약집 표지

자료 : brunch.co.kr

이른바 커뮤니케이션 이론을 최초로 활용한 게 바로 40대 참의원 의원이었던 세코 히로시게였다.

세코의 종합적인 전략이 내각과 자민당 내에서 받아들여지는 과정은 두 권의 책에 상세하게 적혀 있다. 그 한 권은 《프로페셔널 홍보전략プロフェッショナル広報戦略》2005년이고, 다른 한 권은 《자민당 개조 프로젝트 650일自民党改造プロジェクト650日》2006이다.

이 두 권은 세코 히로시게의 전략이 어떻게 자민당 홍보전략을 바꿨는지 상세하게 기술하고 있다.

특히 고이즈미 정권뿐만이 아니라, 후속 정권이었던 아베 내각 때 세코가 왜 중용됐는지를 잘 알 수 있다. NTT 홍보부에서 일한 세코는 매일 새벽부터 신문·잡지 스크랩을 하고 각 신문의 반응을 체크했다고 한다. 논조 분석도 철저히 해 보고했다고 한다.

세코의 기본 전략은 '데이터'에 기반을 두고 있다는 것이다. 그를 위해서 고이즈미 정권 관저 예산의 상당 부분을 홍보전략에 쓰도록 요청했다. 2003년과 2004년 선거에서 생각보다 결과가 신통치 않자 자민당은 당 개혁 프로젝트에 홍보를 담게 되고 그 책임을 세코가 맡게 된다. 뿐만 아니라, 민간 PR 컨설턴트 업체를 고용해서 일반인들에게 어필할 수 있는 안을 가져오게 한다. 이 방법 역시 과거엔 없던 일이다.

심지어는 2000년대 들어서까지 자민당이 만드는 보도자료는 없던 상황이었다. 이 역시 개혁에 포함돼 기자들에게 뿌리는 보도자료를 하나하나 깔끔하게 만들기 시작했다. 실제로 이와 같은 분석전략들은 2005년 총선에서 자민당이 압승을 거둘 수 있는 결정적 근거가 된다.

세코의 증언에 따르면, 2005년 총선 때 TV는 전날 밤부터 아침까지 뉴스부터 와이드쇼를 모두 체크할 수 있게끔 업체에 문자화를 지시했다. 선거 포스터도 철저하게 전략에 기반했다. '알기 쉬운 메시지', '명확한 쟁점화', '비전 제시'가 주요 키워드였다. 그렇게 해서 나온 게 자민당 공약집 표지다.

'우정민영화'라고 하는 명확한 이슈를 제시하고, 그것이 개혁의 핵심임을 강조하고 있다. 오른쪽은 투표당일에 내보낸 신문광고용 포스터다.

이처럼 세코 히로시게의 홍보전략이 세련돼 보이고 실제로 성과도 있자, 내각과 자민당에서 당시 중책을 맡고 있던 아베의 눈에 들었던 것 같다. 세코는 아베와 자주 만나 논의했다. 2006년 아베 정권이 성립하자 총리보좌관으로 발탁되고 국내외 미디어 관련한 일도 적극 지원하게 된다. 아베가 내세운 소위 '아름다운 나라美しい国' 프로젝트에서는

세코 히로시게의 신문광고용 포스터

자료 : brunch.co.kr

총 책임자를 맡기도 한다. 하지만 1차 아베 정권 이후 별다른 활약이 없었고 무엇보다도 민주당으로 정권 교체 때문에 세코가 나설 일도 많지 않았을 것이다.

세코 히로시게는 아베 부류의 '골수 우익'이라기보다 '전략가'에 가까운 스타일이라고 할 수 있다. 아베 부류들과 우익적인 의견은 같이 하고 있지만 그렇다고 실제 성향이 그런지는 알 수 없다. 그는 특히 아베가 노골적으로 반대한 선택적 부부별성제_{현재는 결혼하면 성을 바꿔야 함}에 찬성한 일도 있다.

세코 경제산업상은 화이트국가 리스트에서 한국을 제외한다고 발표하는 자리에서 "앞으로 신뢰하며 대화가 가능한 환경을 만드는 것은 한국의 책임"이라고 말했다. 또 연일 한국을 자극하거나 비난하는 발언을 쏟아내며 일본이 한국을 화이트국가에서 제외한 것은 정당하다는 입장을 고수하고 있다.

그는 스가 요시히데처럼 '아베의 괴벨스'라고도 불린다. 독일 나치 정권의 선전·선동을 담당했던 파울 요제프 괴벨스처럼 행동하는 데 따른 별명이다.

아베의 최측근 중 한 명인 세코는 통신회사 NTT 홍보과장 경험을 살려서 지난 2005년부터 자민당의 선거전략 및 홍보를 담당했다. 그는 아베를 위해서라면 어떤 논리도 만들어 낸다는 평가를 받고 있다. 아베 내각에 불리한 일이 벌어지면 다른 곳으로 국민의 시선을 돌리고, 야당에 불리한 일이 벌어지면 이를 증폭시킨다고 하는 식이다.

그는 2019년 9월 11일, 새로운 개각이 이루어지면서 경제산업상 자리는 내려놓고 자유민주당 참의원 간사장 직을 새로 맡게 되었다. 그러나 아베의 핵심 인물로서 언제든지 중용될 가능성이 열려 있다고 볼 수 있다.

《프로파간다》₁₉₂₈의 저자 에드워드 버네이스_{Edward Bernays, 1891~1995}는 PR의 아버지라고 불린다. 그는 '개인의 관심사를 여론과 일치시키는 조작'의 달인이었다. 오스트리아 출신 미국인 버네이스는 심리학자 지그문트 프로이트의 조카다. 버네이스의 어머니는 프로이트의 여동생이었고, 프로이트의 부인은 버네이스 아버지와 남매였다. 버네이스는 대학을 졸업하고 언론을 상대하는 일을 하면서 언론을

통해 사람들의 마음을 움직이는 방법을 터득
하기 시작했다. 그러던 중 버네이스는 윌슨
정부가 만든 공공정보위원회에 채용됐다.*

* 국방일보, 전선(戰線) 바꾼 선전(宣傳),
　2019.09.29.

　윌슨 대통령이 미국의 제1차 세계대전 참전을 호소했을 때 미국 여론은 그다
지 호의적이지 않았다. 미국의 1차 대전 참전은 미국이 유럽 상황에 간섭하지 않
을 테니 유럽도 미국에 간섭하지 말라는 미국의 전통적인 외교정책인 '먼로 독트
린'과 배치되기 때문이다. 이에 윌슨 정부는 반대 여론을 누르고 미국의 참전에
대한 지지를 이끌어 내기 위해 공공정보위원회를 창설했던 것이다. 공공정보위
원회의 주된 역할은 선전 혹은 프로파간다였다.

　프로파간다는 흔히 허위 정보나 가짜 뉴스를 유포시킴으로써 적이나 아군을
기만하는 부정적인 것으로 이해되지만 1차 대전 당시에는 단순한 기만전술이 아

에드워드 버네이스와《프로파간다》표지

자료: seoul.co.kr, medium.com

1925년 이후 히틀러에게 매료된 괴벨스는 결국 히틀러와 운명을 같이했다.

니었다. 오히려 당시에는 사실적 정보를 전쟁에 유리하도록 조직해 사람들을 설득시키는 것이 프로파간다였다.

공공정보위원회는 미국이 참전한 1917년부터 휴전에 돌입한 1919년까지 2년 동안 운영됐는데, 버네이스는 공공정보위원회에서 사용된 프로파간다 기법들을 정부기관이나 기업들이 널리 활용할 수 있다고 봤다. '전시에 국가를 위해 사용했던 방법을 평화 시에 기관이나 국민을 위해 사용할 수 있다'는 점을 그는 깨닫게 됐다. 버네이스는 본격적으로 프로파간다를 사업화하기 시작했다. 그러면서 자신이 하는 일의 명칭도 공중 관계public relations로 바꿨다.

이와 같이 프로파간다는 기업의 마케팅 전략 수립이나 광고·판매전략 등에 많이 활용되어 왔지만, 정치 분야에서도 그 활용 예를 많이 찾아볼 수 있다.

아베 정부에서 홍보, 커뮤니케이션 전문가인 세코 히로시게를 중용했다는 것은 탁월한 선택이라고 평가할 수 있다. 앞으로 그의 활약상이 기대된다.

나치의 선전 장관 괴벨스는 버네이스의 열렬한 팬이었다. 버네이스가 쓴 책은 모두 괴벨스가 애독하는 교과서가 됐다. 1923년에 출간된 세계 최초의 PR 전문서 《Crystallizing Public Opinion》여론 정제은 괴벨스가 독일 내 반유대주의 여론을 끌어올리는 것에 이론적 바탕이 되었다.

버네이스의 대표작 《프로파간다》역시 괴벨스에게 많은 영향을 미쳤다. 버네이스의 새로운 선전이 자발적으로 제품을 사는 환경을 만드는 것이었다면, 괴벨스의 새로운 선전은 독일인이 자발적으로 나치가 되는 환경을 만드는 것이었다.

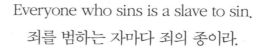

에필로그

Everyone who sins is a slave to sin.
죄를 범하는 자마다 죄의 종이라.

‒ 요한복음 8장 34절

최근에 문재인과 아베 신조의 관계는 한마디로 최악의 상태다. 지난 2017년 5월 11일 문재인의 대통령 당선 축하 통화에서 아베가 '위안부 합의의 착실한 이행'을 강조하자 문재인은 '수용하기 힘든 국민 정서'를 언송言送해서 엇박자를 냈다. 북한의 미사일 발사 직후인 5월 30일 이루어진 두 번째 통화에서도 그들은 파열음을 냈다.

그들 두 사람은 출신 및 성장 배경에서도 분명한 차이를 드러내고 있다. 문재인은 일제 강점기 흥남시청 농업계장을 지내다 월남한 부친을 둔 인권변호사 출신이고, 아베는 정치 명문가 자손으로 화려한 '금수저'를 물고 태어나 승승장구한 아베 가문의 3세 정치인이다.

그런데 신기하게도 두 사람에게는 공통점이 하나 있다. 그들 모두 강렬한 민족주의자라는 점이다. 두 사람은 각각 한 나라의 대통령과 총리로서 자국의 관제민족주의를 총지휘하고 있다. 굳이 다른 점이 있다면, 문재인의 민족주의는 좌파, 아베의 민족주의는 우파라는 점일 것이다. 한국의 민족주의는 친일파 청산에 초점을 맞추어왔기 때문에 좌파의 주도로 진행되었고, 일본의 민족주의는 평화헌법 개정과 전후체제 청산을 목표로 했기에 우익의 주도로 이루어왔다. 현재 한일 관계가 1965년 한일회담 이후 최악의 상태에 이른 이유는 간단명료하다. 사상 최초로 한국의 좌파 민족주의와 일본의 우파 민족주의가 강하게 충돌하고 있기 때문이다.

조선일보가 2019년 6월 28일 문재인과 아베 신조를 각각 망국의 국왕 고종과 일본 근대화를 이끈 이토 히로부미로 비유해 한국이 구한말처럼 망국으로 간다고 하는 칼럼을 실은 적이 있다.

지금까지 양국 관계에서 여러 가지 형태의 갈등과 충돌이 있어왔지만, 이번의 충돌은 그 차원이 다르다. '강대강 충돌'이라는 점 외에, 두 나라 모두 외교적 목표보다 국내 정치적 목표를 더 중시하고 있기 때문이다. 문재인 정권은 소위 '적폐청산에 이은 '친일몰이'로 다음 2020년 총선 그리고 2022년 대선의 승리를 겨냥하고 있고, 아베 정권은 '한국발 대외 위기'를 평화헌법 개정의 쏘시개로 활용하려고 한다. 이 싸움이 두 나라 모두에게 손해를 가져오는 게임이지만, 두 정권은 그러한 국익 손상을 무릅쓰고서라도 각자의 정치적 목표를 달성하고자 한다. 국익보다는 당리당략이 우선이고, 외교는 국내정치의 도구가 되고 만다.

일제 강제징용 대법원 확정판결이 있기 전 2017년 8월, 외교부는 대법원 판결이 한일 관계의 뿌리를 흔들 수 있다는 보고서를 청와대에 올렸다고 한다. 그리고 12월에는 범정부적 차원의 대책 마련이 필요하다고도 보고했다. 그러나 문재인과 청와대는 끄떡도 하지 않았다. 2018년 10월 대법원 판결 직후인 11월, 이낙

연 총리는 공로명 전 외교부 장관 등 20~30명의 전문가를 초대하여 한국 정부
와 기업이 돈을 내고 일본 기업들의 참여도를 이끌어내는 안을 만들어 청와대에
올렸으나 거부되었다. 한국 정부는 일본 정부가 수차례 요청해온 외교적인 협의
도 거부했다. 물론 한국 측 주장은 이와 다르다. 일본 자민당이 대응 팀을 만들
어 보복 조치를 준비하고 있다는 조짐을 알아차렸는데도 불구하고 아무런 대응
도 하지 않았다.

강경화 외교부 장관은 2019년 8월 방콕 아세안회의 참석 뒤 귀국길 기자회견
에서 "어차피 강제징용 판결이라는 어려운 문제를 놓고 일본과 소통하고 있었고, 그
부분도 해법을 찾기 위해서 소통을 이어나가야 할 과제가 있다."라고 말했다. 강
경화는 일본 정부의 보복 조치에 대응하는 차원에서 한일군사정보보호협정GSO-
MIA을 중단하는 방안을 검토하는 것과 관련하여, "저희로서는 엄중한 상황 속에
서 일본이 우리의 안보 문제를 거론하면서 이번에 조치를 취하지 않았나. 우리도
한일 간에 안보의 틀을 검토할 수밖에 없다는 얘기를 했다."고 덧붙였다.

한편 사토 마사히사佐藤正久 일본 외무성 부대신은 BS후지 프로그램에서 한국을
'화이트리스트백색국가'에서 제외한 일본 정부의 결정을 비판한 문 대통령 언급에 대
해 "도둑이 뻔뻔하게 군다적반하장'는 품위 없는 말을 쓰는 것은 정상적인 것은 아니
다."라며 "무례하다."고 주장했다.

아베 정권의 수출규제 조치는 한국 측의 강제징용 조치와 무관하다는 억지 논
리를 폈다. 일본 외무성은 지난 2019년 7월 1일 3개 품목에 대한 수출규제 조치

발표 직전까지 관련 움직임을 모르고 있었다. 여러 일본 매체는 그 같은 조치가 자국 산업에도 부정적인 영향을 미칠 것이라는 우려를 표명하였다. 그러나 아베는 각종 여론조사에서 대응 조치에 대한 많은 국민의 지지를 확보하였고, 7월 21일 참의원 선거에서도 상당한 성과를 거두었다. 선거에서 재미를 본 아베 정권은 한국을 아예 화이트리스트에서 제외시키는 조치를 추진하였다.

이러한 과정에서 미국은 '현상동결 합의standstill agreement'를 제안했다. 한일 양국이 더 이상의 공세를 멈추고 냉각기간을 갖자는 것이었다. 그러나 아베 정권은 이를 거부했고, 8월 2일 일본은 화이트리스트에서 한국을 배제하였다. 그러나 정치적 이득은 아베 혼자만의 것이 아니었다. 일본의 경제 보복 조치는 한국인들의 반일 감정을 크게 자극하여 문재인의 지지율을 상승시켰다. 물론 한국인들의 자발적인 행동이 아니라 문재인의 '친일몰이'가 이를 유도한 것이다. 두 나라 모두 국익은 크게 손상되는데, 집권세력의 재미는 쏠쏠한 현상이 발생한 것이다.

공은 다시 한국 측으로 넘어와서, 정부 여당은 공공연하게 한일군사정보보호협정GSOMIA 파기를 유력한 대응 조치로 거론하기 시작했다. 역사에서 통상으로 확대된 싸움판을 다시 안보까지 확장시키겠다는 것이다. 장고 끝에 한국은 지소미아를 파기하노라고 선포하였다.

아베는 이를 구실로 개헌의 필요성을 더욱 강조할 수 있게 되었다. 만일 아베 정권이 이 기세를 몰아 개헌에 성공한다면, 이에 대한 일등 공훈은 문재인 정권이 세운 셈이 될 것이다.

게다가 문재인은 386 운동권 세력의 포로가 되어 나라를 사회주의화하기 위해서 수단 방법을 가리지 않고 있다. 문재인은 대통령 취임사에서 "제 가슴은 한 번도 경험하지 못한 나라를 만들겠다는 열정으로 뜨겁습니다."라고 했다. 그게 어떤 나라인지 많은 국민들은 두려워하고 있다. 그 속내가 점점 드러나고 있기 때문이다. 그리고 "기회는 평등할 것입니다. 과정은 공정할 것입니다. 결과는 정의로울 것입니다."라고도 했다. 3년 가까이 겪어보면서 완전히 그 말이 공염불이라는 것을 많은 국민들은 알아차렸다.

검찰 개혁을 한답시고 각계각층의 엄청난 반대를 무릅쓰면서 조국曺國을 법무부장관에 임명하여 성난 민심에 불을 질렀다. 조국은 이미 드러난 죄상만 가지고도 충분히 파면감이다.

2019년 9월 과천에서 벌어진 조국 반대 시위 현장, 70대로 보이는 여성이 마이크를 잡았다. "나는 대한민국의 당당한 국민입니다. 거짓투성이인 사람을 장관으로 임명하면 법은 누가 지키느냐. 이래서는 대한민국이 정상적으로 못 간다. 열불이 터져 이 자리에 안 나올 수 없었다. 나는 그를 법무장관으로 인정할 수 없다. 당장 내려와라."고 외쳤다. 그는 또 '문재인 퇴진'을 소리쳤다.

한전소액주주모임 대표라는 사람은 "거짓말쟁이가 정의를 입에 달고 사는 파렴치한 짓을 멈춰라."며 조국 장관의 사퇴를 요구했다.

그 자리에 모인 이들은 청사 앞에서 "국민여론 무시하는 조국 임명 철회하라. 조국의 과천 입성 결단코 반대한다."는 현수막을 들고 "조국을 비호하는 문재인 정권은 각성하라. 조국은 물러나라."면서 법무부 청사를 향해 외쳤다.

조국은 헌정 사상 최대의 파렴치한으로 몰리고 있다.

문재인 정권의 싱크탱크라고 일컬어지는 참여연대의 참모습이 드러나고 있다. 김경율 참여연대 집행위원장은 2019년 9월 29일 본인의 페이스북에 조국을 비판하는 글을 올리면서 참여연대의 일부 민낯을 보여주었다. 조국은 2000년부터 2002년까지 참여연대 사법감시센터 부소장으로, 2002년부터 2005년까지는 소장으로 재직한 바 있다. 참여연대 출신의 경제 전문가들에 의한 '소득주도성장', '혁신성장', '공정경제' 등 3대 경제정책도 그 한계를 보이고 있다. 참여연대 출신 여러 인사들이 정부 요직, 사회 각계각층에서 활동하고 있는데, 앞으로 어떤 불편한 진실이 밝혀질지 매우 염려가 된다.

한편 아베 신조는 군국주의의 꿈을 실현시키기 위해서 평화헌법 개헌에 눈이 어둡다. 아베의 꿈 그 중심에 일본회의가 있다. 일본회의는 전후 일본의 민주주의 체제를 죽음으로 몰아넣을 수 있는 악성 바이러스다. 일본회의가 이 정도의 힘을 갖게 된 것은 일본 사회 전체가 변질됐기 때문이다.

일본회의는 국수주의와 노골적인 역사수정주의를 내세우는 가장 강력한 일본의 로비 단체라고 《이코노미스트》는 평가하고 있다. 일본회의는 아베 내각을 좌지우지하며 역사관을 공유하는 그룹으로, 일본 정치를 새로 만들려는 극우 로비 단체다. 38,000명 회원의 지지를 받아 덴노천황 권위의 복권, 여성의 가정에의 종속, 그리고 재군비를 내세운다.

1995년 종전기념일에 '전후 50주년 결의'가 일본 중의원에서 과반의 반대로 채택되지 않자 무라야마 도미이치村山富市 총리는 역사적인 '무라야마 담화'를 발표했다.

"우리나라는 멀지 않은 과거의 한 시기에 잘못된 국책으로 인해 전쟁의 길로 들어서 국민의 존망을 위기에 빠뜨리고 식민 지배와 침략으로 인해 많은 나라들, 특히 아시아 각국의 국민들에게 커다란 손해와 고통을 주었습니다. 나는 미래를 잘못되지 않고 바른 방향으로 이끌기 위하여 의심할 여지없는 역사의 사실을 겸허히 받아들이며 다시 한 번 통절한 반성의 뜻을 전하고 진심으로 사죄의 마음을 표명합니다."

'일본의 양심' 무라야마 총리

자료 : ytn.co.kr

무라야마 총리의 일련의 움직임에 대하여 아베 신조는 당시 이렇게 생각했다고 전한다.

"반성의 뜻을 표한다는 것에는 별로 이견이 없다. 그러나 나라의 뜻으로서 세계를 향해 사죄를 표할 때에는 누구나가 납득할 수 있는 내용이 아니면 안 된다. 국민이 책임을 맡긴 국회의원의 과반의 반대로 꼴사납게 부결된 결의는 아무리 생각해도 이상하다. 그 여세를 몰아서 발표한 총리 담화라는 것도 납득하기 어렵다. '잘못된 국책은' 구체적으로 무엇을 말하는 것인지조차 모르겠다."

20년 후에 총리의 자리에 오른 아베는 '전후 70년 담화'를 통해서 이 무라야마 담화의 수정을 꾀했다. 일부 수정 부분에서 아베는 진심은 '사죄'하고 싶지 않다는 기분을 에둘러 표현했다.

한 나라의 지도자라면 정책을 통해서 국민에게 공평하게 행복을 나누어줄 수 있도록 해야 한다. 그리고 국민의 생명과 안전을 보장할 책임과 의무가 있는 것이다. 그러기 위해서는 공사(公私)가 분명해야 한다. 공의 입장에 서야 하는 정치 지도자가 사를 전면에 내세워 정치를 한다면 국가의 균형은 무너지고 말 것이다.

공과 사를 구분하는 연습이 필요하다.

자료 : digjourney.com

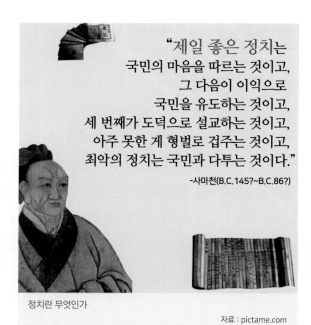

"제일 좋은 정치는
국민의 마음을 따르는 것이고,
그 다음이 이익으로
국민을 유도하는 것이고,
세 번째가 도덕으로 설교하는 것이고,
아주 못한 게 형벌로 겁주는 것이고,
최악의 정치는 국민과 다투는 것이다."

-사마천(B.C.145?~B.C.86?)

정치란 무엇인가

자료 : pictame.com

못난 정치 형벌로 겁주고, 최악의 정치 국민과 다툰다.

자료 : unmsong.blogspot.com

《논어》에는 공자와 제자인 자공子貢이 나눈 다음과 같은 사제문답이 있다.

"정치란 무엇입니까?"

"백성을 먹이는 것, 병력을 풍족히 하는 것, 그리고 백성의 믿음을 얻는 것이다."

"세 가지 중 어쩔 수 없이 하나를 포기해야 한다면 그건 무엇입니까?"

"병력이다."

"두 가지 중 하나를 더 포기한다면 무엇입니까?"

"먹는 것을 끊으면 된다. 사람은 누구나 죽기 때문이다. 그러나 백성의 믿음이 없다면 영원히 계속되는 정치는 성립하지 않는다."

아베 신조에게는 정권의 최우선 순위가 정반대이지만, 문재인에게는 공자가 말하는 세 가지 모두가 결여되어 있어 걱정스럽기 짝이 없다. 오히려 끊임없이 국민과 다투고 있지 않은가?

문재인과 아베 신조는 어떠한 죄를 범하고 있는지 스스로 가슴에 손을 얹고 물어보기 바란다.

참고문헌

- 김문성 · 김영익 · 김하영 외 지음, 문재인 정부, 촛불 염원을 저버리다, 책갈피, 2019.
- 김용태, 문재인 포퓰리즘, 다이얼, 2017.
- 길윤형, 아베는 누구인가 : 아베 정권의 심층과 동아시아, 돌베개, 2017.
- 노가미 다다오키 지음, 김경철 옮김, 아베 신조, 침묵의 가면, 해냄, 2016.
- 노다니엘, 아베 신조의 일본, 세창미디어, 2014.
- 리영희, 전환시대의 논리 2판, 창비, 2006.
- 문재인, 문재인이 드립니다, 리더스북, 2012.
- 문재인, 문재인의 운명, 북팔, 2017.
- 문재인 구술, 이나미 씀, 운명에서 희망으로, 다산북스, 2017.
- 아오키 오사무 지음, 이민연 옮김, 일본회의의 정체, 율리시즈, 2019.
- 아오키 오사무 지음, 길윤형 옮김, 아베 삼대, 서해문집, 2017.
- 이명찬 편, '일본회의'와 아베 정권의 우경화, 동북아역사재단, 2018.
- 조갑제 외, 문재인의 정체, 조갑제닷컴, 2017.
- 조국 · 오연호, 진보집권플랜, 오마이북, 2011.
- 조국, 왜 나는 법을 공부하는가, 다산북스, 2014.
- 조국, 조국, 대한민국에 고한다, 21세기북스, 2011.
- 함민복 · 김민정 엮음, 문재인 스토리, 모악, 2017.
- 호사카 유지, 아베, 그는 왜 한국을 무너뜨리려 하는가, 지식의숲, 2019.
- 青木慧, 改憲軍團 – 組織と人脈 –, 汐文社, 1983.
- 淺羽通明, 右翼と左翼, 幻冬舍新書, 2007.
- 魚住昭, 證言 村上正邦 我, 国に裏切られようとも, 講談社, 2007.

• 鈴木邦男, 新右翼最終章[新改訂增補版]: 民族派の歷史と現在, 彩流社, 2015.

• 生長の家本部 編輯, 生長の家五十年史, 日本教文社, 1980.

• 副島廣之, 私の步んだ昭和社, 明治神宮崇敬會, 1989.

• 中西輝政 監修, サッチャ-改革に学ぶ教育正常化の道 - 英國教育調查報告, PHP研究所, 2005.

• 中西輝政, 日本會議編著, 日本人として知っておきたい皇室のこと, PHP研究所, 2008.

• 堀幸雄, 增補 戰後の右翼勢力, 草書房, 1993.

• 堀幸雄, 最新 右翼辭典, 柏書房, 2006.

• 松浦芳子, 自決より四十年今よみがえる三島由紀夫, 高木書房, 2010.

• 峯岸博, 日韓の斷層, 日本經濟新聞出版社, 2019.

• 村上重良, 國家神道, 岩波新書, 1970.

• 実谷克実, 惡韓論, 新潮新書, 2013.

망령의 포로

문재인과 아베 신조

초판 1쇄 인쇄   2019년 11월 15일
초판 1쇄 발행   2019년 11월 20일

저 자   노 형 진
펴낸이   임 순 재
펴낸곳   **(주)한올출판사**
등 록   제11-403호
주 소   서울시 마포구 모래내로 83(성산동 한올빌딩 3층)
전 화   (02) 376-4298(대표)
팩 스   (02) 302-8073
홈페이지   www.hanol.co.kr
e-메일   hanol@hanol.co.kr
ISBN   979-11-5685-847-8